Jürgen Todenhöfer

DIE GROSSE HEUCHELEI

Jürgen Todenhöfer

DIE GROSSE HEUCHELEI

Wie Politik und Medien unsere Werte verraten

Unter Mitarbeit von Frederic Todenhöfer

Propyläen

Abbildungen im Bildteil: Marie Alice Brandner (S. 10 oben), Ali Noureldin (S. 11, 12, 15), Nina Priester (S. 16), Frederic Todenhöfer (alle anderen).

MIX
Papier aus verantwortungsvollen Quellen
FSC® C014496

Propyläen ist ein Verlag der Ullstein Buchverlage GmbH

ISBN 978-3-549-10003-5

2. Auflage 2019

Gesetzt aus der Quadraat Pro bei
LVD GmbH, Berlin
Druck und Bindearbeiten: GGP Media GmbH, Pößneck

INHALT

12. KAPITEL · JEMEN – DER VERGESSENE KRIEG 154

13. KAPITEL · SYRIEN, BLUTIGES SCHACHBRETT 178

Die USA und der Syrienkrieg 178

Der Syrienkrieg, ein Drama in drei Akten 182

1. KAPITEL
RÜCKKEHR NACH MOSSUL

Mossul, März 2017. Ein kühler, sonniger Tag. Zwei Jahre nach unserer Reise in den »Islamischen Staat« sind wir erneut in Mossul. Hier toben schwere Kämpfe. In einem Humvee der »Golden Division«, der Elite-Antiterror-Einheit der irakischen Armee, fahren wir Richtung Front. Wir, das sind zwei stämmige irakische Soldaten, eine ortskundige kurdische »Fixerin«, mein 33-jähriger Sohn Frederic und ich. Ohne »Fixer« mit guten Kontakten zu Militär und Bevölkerung kommt man in Mossul nirgendwohin.

Auf dem Dach des Humvees ein Maschinengewehr. Breitbeinig steht der MG-Schütze in unserem engen Kampffahrzeug. Mit seinen lehmverschmierten Stiefeln verdreckt er alle. Frederic stößt immer wieder mit dem Kopf gegen die harten Kanten des offenen Daches.

DER TOTE IS-KÄMPFER

Die Zerstörungen West-Mossuls sind apokalyptisch. Sie erinnern mich an die Verwüstungen von Ost-Aleppo, an deutsche Städte nach dem Krieg, an Hiroshima. Die Straße, auf der wir fahren, ist zu einem Lehmweg zusammengebombt. Links und rechts ausgebrannte, zusammengeschmolzene Autos, bizarre Häusergerippe. Um uns herum Maschinengewehrfeuer. Vor uns die Front. Ich schaue Frederic an. Er ist ganz ruhig.

Auf der rechten Straßenseite sehen wir einen toten IS-Kämpfer im schwarzen Kampfanzug. Aufgequollen liegt er auf dem Rücken. Wahrscheinlich ist er seit Tagen tot. Niemand hatte Zeit, Mut, Anstand, ihn zu bestatten. Freddy ist bleich. Ich wahrscheinlich auch.

Ich lasse anhalten. Nicht weit entfernt hören wir bellende Schüsse. Ich frage unseren Fahrer, wer da schieße: der IS oder seine Leute? Vorsichtig streckt er den Kopf aus dem Fahrzeug und lauscht. »Unsere Leute«, meint er. Wir steigen aus. Frederic geht vor zu dem toten IS-Kämpfer, um zu filmen. Ich will mir das nicht antun. Und gehe langsam in die andere Richtung. Vor mir ein mehrstöckiges Haus, das die Straße abschließt. Ich ahne nicht, dass ich auf eine Stellung des IS zulaufe. Dass ich im Visier des IS bin.

Ich will nachdenken. Über den toten Kämpfer, der hinter mir im Staub liegt. Über den Aufstieg und Fall des angeblich unbesiegbaren IS. Über die in Grund und Boden gebombten Stadtviertel, in denen Tausende Zivilisten ihr Leben verloren haben. Darüber, dass all das im Westen niemanden interessiert.

Die Schießerei hat aufgehört. Ich will umkehren. Zu unserem Humvee zurück. Plötzlich schlägt zischend, pfeifend, peitschend neben mir eine Kugel ein. Steinsplitter spritzen auf. Geduckt stürze ich zum Humvee. Frederic reißt mich ins Fahrzeug, zerrt die gepanzerte Tür zu.

»Verdammt knapp!«, flucht unser irakischer Fahrer. Die kurdische Fixerin bekommt kein Wort heraus. Nach einer Weile sagt sie, etwas so Enges habe sie noch nie erlebt. Ich sei dem Tod direkt entgegengelaufen. Freddy ist kreidebleich. Er hat im Rücken einen Steinsplitter abbekommen. Er blutet nur leicht. Obwohl die Wunde recht tief ist. Stumm legt er seine Hand auf meine Schulter.

DIE TRAGÖDIE MOSSULS

Seit meiner Rückkehr aus dem »Islamischen Staat« vor zwei Jahren wusste ich: Ich musste nach Mossul zurück. Die jahrtausendealte multikulturelle, multireligiöse Weltstadt im Norden des Irak hatte mich immer angezogen.

Schon Anfang 2003, kurz vor der US-Invasion, hatte ich sie besucht und bewundert. Stundenlang war ich durch ihre Gassen geschlendert. Sunniten, Schiiten, Jesiden und Christen lebten hier harmonisch zusammen. Genauso wie Araber und Kurden. Die

Menschen waren mir gegenüber sehr freundlich, obwohl sie unter den Sanktionen des Westens bitter zu leiden hatten. Diese Sanktionen, die der Vatikan »pervers« nannte, hatten in Mossul Tausende Menschen getötet. Im Gesamt-Irak hatten sie einer halben Million Kindern das Leben gekostet.

Nach der US-Invasion und dem Sturz Saddams hatte für die sunnitische Mehrheit Mossuls eine erneute Leidenszeit begonnen. Die neuen schiitischen Herrscher gingen hart gegen die einst so mächtigen Sunniten vor. Sie ließen sie spüren, dass ihre Zeit vorbei war. Durch Schikanen, durch Verhaftungen, durch Todesschwadronen.

Doch im Juni 2014 eroberten überraschend ein paar Hundert IS-Kämpfer Mossul. Zusammen mit gemäßigteren Widerstandsgruppen, die der IS schnell wieder ausschaltete. Die Sunniten von Mossul wehrten sich nicht gegen die »sunnitischen« Eroberer. Zu sehr waren sie von den Schiiten schikaniert worden. Außerdem hätten sie gegen den fanatischen IS keine Chance gehabt.

Sehr schnell bekamen auch die Sunniten Mossuls die Brutalität des IS zu spüren. Und gleichzeitig die der US Air Force. Die nahm bei ihren Luftangriffen gegen den IS keine Rücksicht auf die Zivilbevölkerung. Die Stadt geriet vom Regen in die Traufe.

Der IS durfte sich über den Bombenkrieg der USA nicht beschweren. Er hatte die militärische Auseinandersetzung mit den Amerikanern gesucht. Und bekommen. Zwar hätte der IS lieber gegen US-Bodentruppen gekämpft. Doch dass nun eine von den USA geführte Koalition von über sechzig Nationen gegen sie bombte und vielleicht irgendwann auch marschierte, machte die meisten IS-Kämpfer eher stolz als bange. Angeblich war ihnen all das in alter Zeit vorausgesagt worden: ihre Siege, ihre Niederlagen und schließlich der Endsieg. Der IS liebte die David-Rolle. Gegen den Goliath USA, gegen die ganze Welt. Sein Größenwahn kannte keine Grenzen. Auch dass die USA die vom IS besetzten Städte Tikrit, Baidschi, Ramadi, Falludscha in Grund und Boden bombten und zurückeroberten, brachte seine Überzeugungen nicht ins Wanken. Der IS war und ist bis heute überzeugt, eines Tages den Endsieg zu erringen.

DIE FRONT

Es ist früher Mittag. Der IS, der nur wenige Hundert Meter von uns kämpft, weiß, dass ganz Mossul fallen wird. Ost-Mossul ist von den US-Koalitionstruppen bereits zurückerobert worden, West-Mossul zu großen Teilen zerstört. Und doch geben die verbliebenen 2000 IS-Kämpfer nicht auf. Dass ihnen eine Übermacht von 100 000 Mann gegenübersteht, stört sie nicht. Auch dass zusammen mit ihnen noch immer 400 000 Zivilisten in der Stadt eingeschlossen sind, interessiert sie nicht. Von so etwas lassen sich apokalyptische Kämpfer nicht aufhalten. Fanatiker geben nie auf. Jeden Tag sprengten sich in Ost- und West-Mossul Selbstmordattentäter des IS in die Luft. Auch während unseres Aufenthaltes.

Wir gehen zu zwei Scharfschützen der irakischen Streitkräfte im obersten Stock einer Hausruine. Der eine sitzt, der andere liegt hinter seinem Maschinengewehr. Durch Schießscharten blicken sie auf die vom IS kontrollierte Altstadt. Auf das schiefe Minarett der Al-Nuri-Moschee. Dort hatte der »Kalif« des »Islamischen Staats« Abu Bakr Al-Baghdadi im Juni 2014 seinen einzigen öffentlichen Auftritt gehabt. Auch Frederic und ich waren im Dezember 2014 dort gewesen.

Die Front ist nur noch 300 Meter entfernt. Auch dort sitzen und liegen Scharfschützen des IS. Auch sie warten stunden- und tagelang, bis jemand vor ihr Präzisionsgewehr läuft. Natürlich sind auch die Scharfschützen, die wir gerade besuchen, in ihrem Visier.

DIE KOMMANDOZENTRALE DER »GOLDEN DIVISION«

Wir fahren zurück zum Hauptquartier der Golden Division. Ein Dutzend US-Humvees und Kommunikationsfahrzeuge mit großen Antennen stehen hier. Wir sehen amerikanische Soldaten. Obwohl es in Mossul offiziell gar keine US-Soldaten gibt. Frederic filmt. Er ist nicht nur mein wichtigster Freund und Berater. Er ist auch »Chef-Dokumentator«. Er fotografiert, filmt und protokolliert.

Überall sehen wir Kämpfer ohne militärische Erkennungszeichen. Vielleicht gehören sie Spezialkräften des irakischen Geheimdienstes an. Oder schiitischen Milizen, deren Brutalität die sunnitische Bevölkerung besonders fürchtet. Hatte die US-Koalition nicht versprochen, keine schiitischen Milizen im sunnitischen Mossul einzusetzen?

Manches erinnert an unsere Erlebnisse auf der Krim. Die Russen dort hatten auch keine militärischen Erkennungszeichen getragen. Ihre Regierung wurde dafür weltweit kritisiert. Ein westlich aussehender, perfekt US-Englisch sprechender Offizier ohne Hoheitsabzeichen erklärt mir lächelnd, im Krieg gebe es nun mal Dinge, die es nicht gebe. Nur weniges sei weiß, vieles grau, das meiste aber sei schwarz. Tiefschwarz.

Ich unterhalte mich lange mit dem Oberkommandierenden der Golden Division, Lt. General Abdul Ghani Al-Asadi. Ein knorriger, jovialer Mann. Für ihn hat der IS nichts mit Islam zu tun. Er zerstöre gezielt die zentralen Botschaften des Koran. Jeder kenne die Länder, die ihn bezahlten.

WO JUNGE SOLDATEN ZIELFOTOS KOORDINIEREN

Der General erlaubt uns, aufs Dach des Hauptquartiers zu gehen. Dort wollen wir uns einen Überblick über die militärische Lage in Mossul verschaffen. Wir sehen Erstaunliches. Wir wussten immer, dass die Luftschläge der 68-Mächte-Koalition irgendwo koordiniert werden mussten. Wir dachten an einen hoch technisierten Computerraum in den USA oder sonst wo auf der Welt. Aber dass ein US-Koordinationsteam ganz einfach auf einer sonnigen Dachterrasse in Mossul saß, nur wenige Kilometer von der Front entfernt, hatten wir nicht erwartet.

Fünf junge amerikanische Offiziere in Kampfkleidung knien, sitzen, stehen vor teilweise ungewöhnlichen Spezialcomputern. Auf ihnen sehen wir hochaufgelöste Satelliten- und Drohnenaufnahmen von Zielen in Mossul. Vielleicht stammen manche der Fotos sogar von den deutschen Aufklärungs-Tornados, die wichtiger Teil der Bomber-Koalition sind. Gebannt schauen die US-Soldaten auf ihre Bildschirme und setzen Funksprüche ab.

Ich wechsle ein paar Worte mit ihnen. Es sind freundliche, gut erzogene Jungs. Sie entscheiden über Leben und Tod von zahllosen Menschen. Selbst wenn es irgendwo noch weitere Offiziere geben sollte, die alles abnicken müssen. Die aber möglicherweise nicht mehr so genau hinschauen, weil sie ihren Männern hier vertrauen. Weil sie Mossul noch weniger kennen als diese. Und weil von oben sowieso nicht zu erkennen ist, wer sich in den Häusern aufhält. Von den Häusern der Nachbarschaft, die oft mitzerstört werden, ganz zu schweigen.

Wir fragen, ob wir filmen dürfen. Die Antwort lautet Nein. Wir fotografieren trotzdem. Wann kommt man schon mal so nah an die Stelle heran, an der sympathische junge Leute über Leben und Tod entscheiden? Von Menschen, die sie nicht kennen. In einer Stadt, in der sie noch nie waren.

ZURÜCK INS »BEFREITE« OST-MOSSUL

Am nächsten Tag sind wir im »befreiten« Ost-Mossul. Eine schwarze Rauchwolke steht über der Stadt. Stammt sie von einem per Fernsteuerung in die Luft gesprengten Auto? Eine weitere Rauchwolke steigt auf. Über uns Hubschrauber. Ständig hören wir Explosionen. Der IS scheint im befreiten Ost-Mossul noch recht aktiv zu sein. Mehrere Hundert IS-Kämpfer sollen bei Freunden und Verwandten untergetaucht sein. Als »Schläfer«. Wie in allen »befreiten« Städten.

Wir gehen zum »Saddam-Hospital«, das lange unter der Kontrolle des IS stand. Es ist völlig zerstört. Als die irakische Armee ihre Angriffe auf das Krankenhaus begonnen hatte, hatte der IS die Patienten in die Kellerräume gebracht. Dann hatten zähe Verhandlungen über die Freilassung der Kranken begonnen. Der IS hatte sich lange nicht bewegt. Die Patienten waren wichtige Geiseln. Schutzschilde. Erst nach zähem Ringen konnten sie evakuiert werden.

Dann hatte der Sturm auf das Krankenhaus begonnen. Die irakische Armee war überzeugt, dass alles ganz schnell gehen würde. Doch als sie in das Krankenhaus eindrang, wurde sie von Hunderten Kämpfern überrascht, die der IS heimlich zusammengezogen hatte. Die Armee musste US-Bomber zu Hilfe rufen. Die bombten das Krankenhaus in Grund und Boden. Patienten seien dabei nicht umgekommen, versichert uns ein Arzt, der angeblich dabei war.

Wir gehen durch das ausgebrannte Krankenhaus. Es riecht nach Leichen. Vor einer Betontreppe sehen wir zwei verweste IS-Kämpfer. Frederic wird es schlecht. Als er nach draußen geht, stolpert er über einen Unterkiefer. Ich frage den Sicherheitschef, der uns begleitet, warum man die beiden Toten nicht bestattet habe. Er antwortet, diese Leute hätten keine Bestattung verdient. Wortlos lasse ich ihn stehen. Er eilt mir nach und kramt verlegen ein Papier hervor. Auf ihm steht, die Beerdigungsinstitute seien durch die vielen Todesfälle zurzeit überlastet. Vielleicht sagt der Mann die Wahrheit. Aber hätte man die Leichen nicht wenigstens vor den Hunden schützen können, die hungrig um die verwesenden Körper streunen?

Vor dem Krankenhaus sehen wir ärmlich gekleidete, verschüchterte Kinder. Sie suchen in den Trümmern nach irgendetwas Verwertbarem. Um nicht zu verhungern.

DIE GEFANGENNAHME DER IS-KÄMPFER

Wir fahren durch breite Straßen, die wir noch von unserem Besuch beim IS kennen. Viele Gebäude, die wir Ende 2014 besucht hatten, sind jetzt zerstört: das Gerichtsgebäude, das Polizeigebäude, auch Privathäuser. Doch die Zerstörungen sind deutlich geringer als in West-Mossul. Der IS hat den weitläufigeren, moderneren Osten der Stadt offenbar nicht so intensiv verteidigt wie das dicht besiedelte, historische Stadtzentrum im Westen.

Auf meine Bitte fahren wir durch Seitenstraßen. Ich will den Alltag der »befreiten« Stadthälfte erleben. An einer Kreuzung stehen sechs Humvees mit Spezialeinheiten der irakischen Polizei. Für die Bewohner des Viertels hat das nichts Gutes zu bedeuten. Wir steigen aus. Frederic beginnt zu filmen. Doch sofort wird er von bewaffneten Polizisten bedrängt, die Kamera auszuschalten. Er filmt weiter.

Drei junge Männer werden gefesselt, mit verbundenen Augen, aus einem Haus geführt und in ein gepanzertes Fahrzeug gestoßen. Angeblich IS-Kämpfer. »Kamera weg, Kamera weg!«, schnaubt ein schwer bewaffneter Polizist. Frederic wird jetzt von allen Seiten angegangen. Brüllend versuchen Männer der irakischen Spezialeinheit, ihm die Kamera zu entreißen. Ein chaotisches Schieben und Stoßen beginnt. Die Männer sind wie unter Drogen. Sie drehen die Lautsprecher ihrer Humvees voll auf.

Ich laufe zum Kommandeur der Sondertruppe und fordere ihn ziemlich heftig auf, Ordnung zu schaffen. Und sicherzustellen, dass die Handgreiflichkeiten gegen Frederic beendet würden. Wir stammten aus Deutschland, einem Land, das diesen Kampf schließlich mitfinanziere. Es gelingt ihm nur halbwegs, seine Leute in den Griff zu bekommen. Es wird weiter gegrölt.

Irgendwann kann ich zu einem der »IS-Gefangenen« vordringen. In sich zusammengefallen sitzt der gefesselte junge Mann in einem Polizeifahrzeug. Er habe nichts mit dem IS zu tun, sagt er mit tonloser Stimme. Er ahnt, was auf dem Polizeirevier und im Gefängnis auf ihn zukommt.

Aneinandergefesselt, ebenfalls mit verbundenen Augen, werden sieben weitere Gefangene aus einem Haus gezerrt. Unter ihnen zwei ältere Männer. Eine alte Frau weint: »Warum nehmt ihr mir Mann und Sohn weg?« Ein Polizist treibt die Gefangenen mit einer langen Aluminiumstange zu einem Transportfahrzeug. Ich sehe noch, wie er auf sie einprügelt. Dann werde ich abgedrängt. Johlend, Fahnen schwenkend, zieht die Horde mit ihren gepanzerten Fahrzeugen ab. Ein Albtraum. Wehe den Besiegten!

IM KRANKENHAUS VON ERBIL

Wir fahren in die achtzig Kilometer entfernte Kurdenstadt Erbil. Zum Rojava-Krankenhaus. Man kann Kriege nur verstehen, wenn man die Opfer erlebt. Ihre Schmerzen, ihre Trauer.

Schon im Eingangsbereich liegen Verwundete. Auf schlichten Tragen. Frauen drängen herein, blutende Kinder auf dem Arm. Wohin ich blicke, verletzte Kinder, übermüdete Mütter, Väter mit fahlen Gesichtern. Schreie, Schluchzen, laute Zurufe. Im »befreiten« Ost-Mossul hat es heute Morgen einen Selbstmordanschlag des IS gegeben. Vor uns liegt ohnmächtig die achtjährige Hajer. Mit Splitterwunden im Gesicht und am Hinterkopf. Ihr Körper ist mit einer Wolldecke zugedeckt. Ihr Kopf ruht auf einem blutdurchtränkten Tuch.

Ihr Vater, ein dreißigjähriger Mann mit Schnurrbart und kurzen Haaren, steht schützend neben ihr. Mit belegter Stimme erzählt er, dass er mit Hajer auf den Markt gegangen sei. Seine Tochter liebe es, mit ihrem Vater einzukaufen. Oder einfach über den Markt zu bummeln, Geschäfte anzuschauen. Der Markt sei überfüllt gewesen. Plötzlich sei ein junger Mann herangestürmt. Es habe eine laute Explosion gegeben. Stände und Geschäfte hätten sofort Feuer gefangen.

Alle hätten sich zu Boden geworfen oder hingekauert. Er habe nach Hajer gerufen. Aber sie habe nicht geantwortet.

Dann sei die Feuerwehr gekommen. Sie habe versucht, die Brände in den Geschäften zu löschen und Brandopfer rauszuholen. Rettungswagen hätten die vielen Verwundeten in Krankenhäuser gebracht. Auch Hajer, die er regungslos neben einem Stand gefunden hatte.

Der Mann schweigt. Er reicht mir sein Handy mit einem Foto seiner Tochter. Aufgenommen vor wenigen Tagen. Strahlend lacht sie in die Kamera. Ein süßes kleines Mädchen. Der Mann hält die Hände vor die Augen und weint.

Ein hünenhafter Arzt spricht uns an. Er ist Deutscher. Ein Mann voller Herzlichkeit. Ich bin stolz und dankbar, dass ein Landsmann den Verletzten von Mossul hilft. Er bringt uns zur Intensivstation. Dort liegt ein zwölfjähriger Junge im künstlichen Koma. Opfer eines Luftangriffs der US-geführten Koalition. Er ist an Schläuche angeschlossen und wird künstlich beatmet. Sein Kopf ist bandagiert. Bekleidet ist er nur mit einer Windel. Elektroden auf seinem Oberkörper kontrollieren die Körperfunktionen. Seine Haut ist mit schwarzen Brandflecken und Krusten übersät.

Die Ärzte fürchten, dass er nicht überleben wird. Seine Verletzungen seien zu schlimm. Zu viele innere Blutungen. Ein junges Leben verlöscht, bevor es richtig angefangen hat. Niemand außer seiner Familie wird nach ihm fragen. Falls sie noch lebt. Niemand wird die Verantwortung für seinen Tod übernehmen. Warum auch? Westliche Piloten töten ja angeblich für eine gute Sache. Für unsere Werte. Für höhere Ziele. Glauben das nicht auch Terroristen?

2. KAPITEL
HEUCHELEI IM PARADIES

Rückflug nach München. Ich finde keine Ruhe. Die Bilder von Mossul gehen mir nicht aus dem Kopf. Bilder einer ausgelöschten Stadt, verletzter und sterbender Menschen.

Warum fahre ich alle paar Monate in Krisengebiete? In die finstere Welt des Krieges, des Terrors, der Geheimdienste, ganz vieler Verbrecher und ganz weniger Helden? Muss ich das wirklich? Ich stelle mir diese Frage immer wieder. Aber darf man sich anders verhalten, wenn man einmal der Wahrheit des Krieges ins Gesicht gesehen hat?

LEBEN WIR IN EINEM GOLDENEN ZEITALTER?

Immer, wenn ich aus einem Kriegsgebiet zurückkomme, ist die Ankunft in München ein Schock. Deutschland blitzt und strahlt vor Sauberkeit und Perfektion. Mit einem Wohlstand, der mir erst richtig auffällt, wenn ich aus Ländern komme, die nichts mehr haben. Selbst den Regen, der bei meiner Rückkehr auf München prasselt, empfinde ich als Geschenk. Unser Land, meine Heimat, kommt mir gerade vor wie das Paradies auf Erden.

Lebt Deutschland in einem goldenen Zeitalter? Die Antwort lautet Ja und Nein. Nie ging es der Mehrheit der Deutschen materiell besser als heute. Seit über siebzig Jahren leben wir im Frieden. Wir genießen mehr Freiheit als je zuvor. Technik und Medizin haben ungeahnte Höhen erreicht.

Doch haben wir bei unserem materiellen Aufstieg nicht auch

viele vergessen? Alte Menschen, die durch das Zerbrechen ihrer Familien in Einsamkeit und Armut geraten sind? Die nach ihrem Tod oft anonym beerdigt werden, weil das billiger ist? Mindestlohnempfänger, die nur durch mehrere Jobs überleben können? Und viele andere mehr?

Sicher, den Armen unserer Zeit geht es rechnerisch besser als früher. Aber ist nicht auch Verteilungsgerechtigkeit ein Menschenrecht? Und ein gewisses Maß an Mitmenschlichkeit?

Kann man von einem goldenen Zeitalter sprechen, solange Menschen anderer Hautfarbe und Religion in Deutschland so diskriminiert werden wie in unseren Tagen? Solange Politiker auf die Zukunftsfragen junger Menschen nur Materialismus und moralische Leerformeln anzubieten haben? Und solange unser Land mithilft, andere Länder durch Kriege und Sanktionen noch tiefer ins Unglück zu stürzen?

KULTUR-APARTHEID

Ich glaube, dass wir draußen vor der Tür viele vergessen haben. Die politischen Eliten des Westens fordern die Errungenschaften unserer Zivilisation letztlich nur für den Westen. Für sich selbst. Sie interessieren sich nicht für die Rechte von Menschen in anderen Kulturkreisen. Ihre Menschenrechtspolitik gegenüber dem »Rest der Welt« ist eine Mogelpackung. Eine raffinierte Verhüllung kalter, oft brutaler Interessenpolitik. Heimliche kulturelle Apartheid.

Der amerikanische Schriftsteller Mark Twain, Autor der Abenteuer von Tom Sawyer und Huckleberry Finn, brachte seine Verachtung gegenüber der Heuchelei des Westens mit den Worten zum Ausdruck: »Ich präsentiere Ihnen (…) [das] Christentum. (…) Verdreckt, besudelt und entehrt von Piraten-Raubzügen. (…) Ihre Tasche voller Zaster, ihr Mund voll frommer Heucheleien.«[1] Er war nicht der Einzige, der sich so drastisch ausdrückte.

DER KAMPF FÜR UNSERE »WERTE«

Immer wenn der »Westen« in anderen Ländern mordet und plündert, behauptet er, er kämpfe für das Gute. Seit Jahrhunderten. Er tötete im Namen der Christianisierung, der Zivilisierung, im Namen von Freiheit, Gleichheit und Brüderlichkeit, von Demokratie und Menschenrechten. Neuerdings in Wahrnehmung seiner angeblichen »Responsibility to Protect«, seiner angeblichen »Schutzverantwortung« für die Welt. Inzwischen kürzen westliche Politiker ihre Begründungen für Mord und Totschlag mit den Worten ab, sie kämpften »für unsere Werte«. Warum die Werte auch einzeln aufzählen, wenn man sich ohnehin nicht an sie hält?

In der Unabhängigkeitserklärung der USA aus dem Jahr 1776 heißt es feierlich: »Wir halten für selbstverständlich, dass alle Menschen gleich erschaffen sind. Dass sie von ihrem Schöpfer mit unveräußerlichen Rechten ausgestattet wurden. Darunter Leben, Freiheit und das Streben nach Glück.«[2] Doch diese großartigen Worte galten nur für weiße, wohlhabende und männliche Amerikaner. Frauen, Indianer, schwarze Sklaven und weiße Bedienstete waren ausgeschlossen. Thomas Jefferson, Vater der Unabhängigkeitserklärung und späterer US-Präsident, lehnte Sklaverei öffentlich ab. Privat besaß er bis zu seinem Lebensende Hunderte Sklaven. Zum Thema Frauen sagte Jefferson, Frauen seien viel zu schlau, um sich durch Politik Falten auf die Stirn zu holen.

DIE URMUTTER WESTLICHER HEUCHELEI

Heuchelei war schon bei der Gründung der USA eine beliebte Strategie. Vielleicht war die Unabhängigkeitserklärung der USA mitsamt der Erklärung der Menschenrechte sogar die Urmutter der modernen westlichen Heuchelei. Noch heute hängt die Unabhängigkeitserklärung in den Schulen der USA aus. Doch in Wahrheit folgt die US-Außenpolitik Machiavelli und Clausewitz. Amerikanische Interessen, nicht Werte, waren und sind oberstes Gebot der USA. Wir kämen der Wahrheit amerikanischer und westlicher

Außenpolitik ganz nahe, wenn wir das Wort »Werte« einfach durch das Wort »Interessen« ersetzen würden.

Ähnlich menschenfreundlich klang 1789 die Erklärung der Menschen- und Bürgerrechte der Französischen Revolution, auf die sich die heutige europäische Zivilisation so gern beruft. Doch im Namen von »Freiheit, Gleichheit und Brüderlichkeit« begann erst einmal ein gnadenloses Morden. »La terreur«, der Terror der Guillotine, wurde spätestens unter Robespierre zum wahren Symbol der Französischen Revolution. Selbst moderne Terroristen nehmen sich heute die Kopf abschneidende französische Guillotine zum Vorbild.

Auch die deutsche Verfassung liebt große Worte. In Artikel 1 des Grundgesetzes heißt es: »Die Würde des Menschen ist unantastbar. Sie zu achten und zu schützen ist Verpflichtung aller staatlichen Gewalt.«[3] Alte, vereinsamte und verarmte Menschen, aber auch Migranten könnten diesen Satz als blanken Hohn empfinden.

Ähnlich heuchlerisch klingen moderne westliche Politiker. George W. Bush erklärte seinen Soldaten am 1. Mai 2003 zum angeblich erfolgreich beendeten Irak-Feldzug: »Wo auch immer Sie hingehen, bringen Sie eine Botschaft voller Hoffnung. Eine Botschaft, die (...) immer neu ist. Mit den Worten des Propheten Jesaja gesprochen: ›Zu sagen den Gefangenen: Geht heraus! Und zu denen in der Finsternis: Kommt hervor!‹«[4] Ein US-Offizier war ehrlicher. Er sagte: »Es [war], wie Robbenbabys totschlagen.«[5]

AMERIKANISCHER EXZEPTIONALISMUS

Viele US-Politiker sind von der Einzigartigkeit der USA, von ihrer Sonderstellung in der Welt, vom amerikanischen »Exzeptionalismus«, überzeugt. Expansion und Imperialismus seien ihre geschichtliche, messianische, göttliche Aufgabe. Der Kampf »Gut gegen Böse« sei Amerikas offenkundige Mission, seine »manifest destiny«.[6] Für den Philosophen Allan Bloom erzählt »Amerika [...] eine einzige Geschichte: den ungebrochenen, unausweichlichen Fortschritt von Freiheit und Gleichheit.«[7] Für den Schriftsteller Herman Melville, den Autor des Klassikers *Moby Dick*, sind die USA das von Gott »auserwählte Volk – das Israel unserer Zeit.«[8]

Barack Obama bat an der Klagemauer von Jerusalem Gott, ihn »zu einem Instrument [s]eines Willens zu machen«.[9] Hat Obama sich wirklich als Instrument Gottes gesehen, wenn er im Weißen Haus persönlich die Opfer amerikanischer Drohnenschläge auswählte? Oder Bombenangriffe auf Afghanistan, den Irak und Libyen befahl?

FOLTERN IM NAMEN WESTLICHER WERTE

Im Namen westlicher Werte wurde weltweit gefoltert und vergewaltigt. Guantánamo und Abu Ghraib sind nur die bekannteren Beispiele. In Bagram bei Kabul ließen GIs gefangene Taliban-Kämpfer von Hunden »vergewaltigen«. Nachdem man sie nackt, mit dem Bauch nach unten, auf einen Hocker gefesselt hatte.[10] In Kandahar erstach und verbrannte ein GI sechzehn Zivilisten, darunter drei Frauen und neun Kinder.[11] Amerikanische Kill-Teams töteten Afghanen zum Zeitvertreib und schnitten ihnen Finger als Trophäen ab.[12] Wieder andere GIs urinierten auf gefallene Taliban.

Manche dieser Täter wurden verurteilt. Doch die öffentliche Empörung hielt sich in Grenzen. Was wäre geschehen, wenn Afghanen diese Taten an amerikanischen Bürgern, Frauen und Kindern begangen hätten? Oder an Deutschen?

Hunderttausende Unschuldige wurden im Irak im Namen unserer »Werte« getötet. Zehntausende in Afghanistan. Es ging nie um Werte. Immer nur um Interessen. Der damalige deutsche Bundespräsident Horst Köhler war so unvorsichtig, das 2010 offen auszusprechen. Es kostete ihn sein Amt. Auf dem Rückflug von einem Besuch der Bundeswehr in Afghanistan sagte er in einem Interview, ein Land wie Deutschland, »mit dieser Außenhandelsorientierung«, müsse wissen, dass »im Notfall auch militärischer Einsatz notwendig ist, um unsere Interessen zu wahren«.[13]

Er sprach aus, was andere westliche Politiker täglich denken und praktizieren. Doch er verstieß gegen das eiserne »Heuchelei-

Gebot«, das seit Jahrhunderten Grundkonsens der westlichen Zivilisation ist: Stets an die eigenen Interessen denken, nie davon reden! Statt von »Interessen« und »Außenhandelsorientierung« hätte Köhler einfach von »Werten« sprechen müssen. Er wäre Bundespräsident geblieben.

George W. Bush war da viel schlauer. Selbst härteste Aussagen verpackte er in erhabene Worte. Oder versuchte es zumindest. »Der beste Weg, das Böse zu Hause zu bekämpfen, ist, etwas Gutes zu tun«, sagte er. »Der beste Weg, es im Ausland zu bekämpfen, ist, das Militär von der Leine zu lassen.«[14] Jeder wusste, was es heißt, das Militär »von der Leine zu lassen«. Aber es geschah ja angeblich, um das Böse zu bekämpfen.

MACHT, MÄRKTE, MONETEN

Egal, ob Amerikaner oder Europäer, stets ging es ihnen um Macht, Märkte und Geld. Um *ihren* Wohlstand, *ihre* sozialen Errungenschaften, *ihre* Freiheit. Nie um die Freiheit der anderen.

Die USA wollen ihre Position als Weltmacht Nummer 1 verteidigen und ausbauen. Wie einst die Weltmacht Rom. »Verteidigung ihrer Werte« nennen sie das. Wer sie dabei unterstützt, ist Freund, wer sie behindert, Feind. Das ist das A und O amerikanischer Außenpolitik. Die USA werden immer versuchen, den Aufstieg amerikafeindlicher oder amerikakritischer Mächte und Machtblöcke zu verhindern. Schon deshalb werden sie Russland stets als Störenfried betrachten, der sich ihrem Hegemonialanspruch entgegenstellt. Man muss schon sehr naiv sein, um zu glauben, den USA gehe es im Konflikt mit Russland oder mit anderen Ländern um Menschenrechte.

Die kapitalistische Weltmacht USA war stets auf der Suche nach neuen Märkten. Angetrieben von großen landwirtschaftlichen und industriellen Interessenverbänden, die amerikanische Politiker bis heute zur Finanzierung ihrer Wahlkämpfe dringend benötigen. Um der Suche nach neuen Märkten Nachdruck zu verleihen, errichteten die USA weltweit Hunderte Militärstützpunkte. Um Demokratie ging es dabei nie. Doch die Behauptung, man kämpfe für den weltweiten Sieg der Demokratie, stützte die Legende vom Kampf des Guten gegen das Böse.[15] Sie legitimierte fast jede Brutalität.

US-Präsident Woodrow Wilson erklärte vor dem Ersten Weltkrieg offen: »Diplomatie und, wenn es sein muss, Gewalt müssen den Weg zu den [ausländischen Märkten] erschließen.« Sein zentrales Argument lautete: Die US-Industrien haben sich »bis zu dem Punkt ausgebreitet, wo sie aus den Nähten platzen werden, wenn sie keinen freien Zugang zu den Märkten der Welt finden«.[16] Manche Historiker meinen sogar, dies sei einer der Hauptgründe für den Kriegseintritt der USA in den Ersten und Zweiten Weltkrieg gewesen.

DIE SELBSTERMÄCHTIGUNG DER USA

Laut dem früheren Präsidenten Bill Clinton sind die USA jederzeit zum »unilateralen Einsatz militärischer Gewalt« ermächtigt, um sich den »ungehinderten Zugang zu Schlüsselmärkten, Energiequellen und strategischen Ressourcen zu sichern«.[17] Selbst Jimmy Carter sah das so.[18] Die USA sind der Überzeugung, dass sie selbstverständlich auch Regierungen beseitigen dürfen, die sich ihnen in den Weg stellen.[19]

Im Völkerrecht findet diese Selbstermächtigung, weltweit zu intervenieren, keine Grundlage. Auch deshalb wurde sie stets in edle Motive verpackt. Andere Großmächte vor ihnen sahen das ähnlich. Was die USA nach Auffassung des amerikanischen Publizisten Stephen Kinzer jedoch von allen anderen Großmächten der Geschichte unterscheidet, ist »ihr Eifer, sich selbst zu überzeugen, dass sie aus humanitären Gründen handeln«.[20]

DIE LANGE TRADITION DER HEUCHELEI

Heuchelei als Mittel der Politik hat eine lange Tradition. Der besiegte und gefangen genommene Häuptling Black Hawk, Schwarzer Falke, schleuderte 1832 in seiner Kapitulationsrede den siegreichen Amerikanern entgegen: »Ein Indianer, der so schlecht ist wie die weißen Männer, könnte in unserem Volk nicht leben, er würde getötet und den Wölfen zum Fraß vorgeworfen. Die weißen Männer (...) benutzen verlogene Bücher und handeln arglistig; sie lächeln den armen Indianern ins Gesicht, um sie zu täuschen; sie schütteln ihnen die Hände, um ihr Vertrauen zu erschleichen, (...) um sie zu betrügen. (...) Lebe wohl mein Volk! (...) Lebe wohl, Black Hawk.«[21]

Spätestens nach den Gemetzeln des Ersten Weltkriegs blieb vom Mythos der alles überragenden westlichen Kultur nicht mehr viel übrig.[22] Heute weiß die ganze Welt, dass sich kein führender westlicher Politiker im Ernstfall an die Werte seiner Zivilisation hält. Nur der Westen weiß nicht, dass die ganze Welt das weiß.

DAS VERNICHTENDE URTEIL SOLSCHENIZYNS, TOCQUEVILLES UND GANDHIS

Einige Philosophen, Schriftsteller und Denker haben versucht, der Politik des Westens ihre zivilisatorische Maske vom Gesicht zu reißen. Der Bürgerrechtler, Dramatiker und spätere Staatspräsident der Tschechoslowakei, Václav Havel, sprach bitter von einer »verlogenen ›Scheinwelt‹ großmäuliger Worte und phraseologischer Rituale (...)«. Von einem »gigantische[n] Auseinanderklaffe[n] von Wort und Tat«. In einem Brief an seine Frau schrieb er: »Alle sprechen von Freiheit, Demokratie, Humanität, Gerechtigkeit, Menschenrechten, Gleichheit (...), vom Frieden, (...) der Rettung der Umwelt (...).« Doch »alle dienen wir dabei (...) diesen Werten oder Idealen gerade nur so weit, wie es unerlässlich ist, (...) uns selbst zu dienen (...).«[23]

Der russische Literaturnobelpreisträger Alexander Solschenizyn schrieb in der Wochenzeitung *Die Zeit*: »Wir leben zwar im Computerzeitalter, aber noch immer nach dem Grundgesetz der Steinzeit: Wer den größeren Knüppel schwingt, hat auch recht. Bloß wahrhaben wollen wir es nicht (...). Die Berufspolitiker erweisen sich als besonders geschickt darin, auch noch dem Laster einen zivilisierten Anstrich zu geben (...). Das 20. Jahrhundert hat uns mit immer neuen Erfindungen aus dem Bereich der Heuchelei verwöhnt. Wir verfallen auf immer noch genialere Möglichkeiten, unsere Doppel-Tripel-, Quadrupelmoral anzuwenden (...).«[24]

Der Ägypter Mohammed Abdouh verglich die Sympathien des Westens für die Menschen des Mittleren Ostens mit der Liebe des Wolfes zum Lamm. Das er bekanntlich zu fressen begehre.[25]

Der französische Politikwissenschaftler Alexis de Tocqueville fand die Schurkereien des weißen Mannes allerdings gar nicht so schlecht. Er schrieb: »Die europäischen Völker sind oft die größten Schurken. Aber wenigstens sind sie Schurken, die Gott mit Willen und Kraft begabt hat, (...) für einige Zeit an der Spitze der Menschheit zu stehen. Nichts auf dem gesamten Erdball vermag ihrem Einfluss zu widerstehen.«[26]

Mahatma Gandhi fasste sich kürzer. Auf die Frage, was er von der westlichen Zivilisation halte, sagte er: »Sie wäre eine gute Idee.«[27]

Auch andere Zivilisationen haben versucht, ihre Interessenpolitik in ein helleres Licht zu stellen. So führte das Römische Reich angeblich nur »gerechte Kriege«. Doch keine Zivilisation hat versucht, all seine Brutalitäten als einen Akt der Nächstenliebe, als Dienst an der Menschheit darzustellen. Alles, was der Westen tut, wird in penetranter Weise moralisch überhöht. Er ist der ewige »Befreier«. In Korea, Vietnam, Afghanistan, Irak, Libyen, Syrien. Immer kommt er nur zur Befreiung. Obwohl die Völker der Welt schon lange nicht mehr vom Westen befreit werden wollen.

INNERER UND ÖFFENTLICHER RECHTFERTIGUNGSDRUCK

Einer der Gründe, warum die Europäer jahrhundertelang dazu neigten, ihre Untaten moralisch zu überhöhen, war der Versuch, das eigene Gewissen zu beruhigen. Sie rotteten schließlich ganze Völker aus. Da konnte das Gewissen schon mal rebellieren.

Zu diesem inneren Rechtfertigungsdruck kam mit dem Entstehen demokratischer Republiken öffentlicher Rechtfertigungsdruck. Kriege konnte man gegenüber dem Volk viel leichter durchsetzen, wenn man ihm erzählte, es gehe um die Verteidigung seiner

Freiheit oder um die Befreiung leidender Menschen.[28] Schließlich brauchte man das Volk, auch wenn es sonst nicht viel zu sagen hatte, bei den nächsten Wahlen wieder.

Daran hat sich bis heute im Kern nichts geändert. Es ist schwer, die Menschen in Deutschland von der Notwendigkeit eines Krieges gegen Afghanistan zu überzeugen, wenn man als Argument nur geostrategische Gründe vorlegen kann. Oder Bündnispflichten. Die Behauptung, man wolle afghanischen Mädchen helfen, endlich wieder eine Schule zu besuchen, ist da schon hilfreicher. Oder das Versprechen, dass man dort Brunnen bauen werde.

DAS ERFINDEN VON INTERVENTIONSGRÜNDEN

Notfalls werden emotionale Gründe erfunden. Als Saddam Hussein im Sommer 1990 Kuwait überfiel, das er als undankbare, abtrünnige Provinz betrachtete, beschloss die US-Regierung, ihn militärisch wieder zu vertreiben. Doch nur Teile der US-Bevölkerung fanden diese Idee, die das Leben amerikanischer Soldaten kosten konnte, gut.

Bis sie im Fernsehen die fünfzehnjährige Kuwaiterin Nayirah sahen. In einem tränenreichen Auftritt vor dem US-Kongress erzählte sie, sie habe als Krankenschwester den Angriff irakischer Soldaten auf ein Krankenhaus in Kuwait miterlebt. Die Iraker hätten Babys aus den Brutkästen gerissen, auf den Boden geworfen und sie dort elend sterben lassen. Empört schrie die Welt auf. In den USA stieg die Zustimmung für einen Angriff auf den »Brutkastenmörder« Saddam Hussein.[29] Der Krieg konnte beginnen.

Heute weiß man, dass die Brutkastenmorde von der amerikanischen PR-Firma Hill & Knowlton frei erfunden worden waren. Gegen ein astronomisches Honorar. Die junge kuwaitische Krankenschwester entpuppte sich als Tochter des kuwaitischen Botschafters in den USA.[30] So arrangiert man Kriege.

Irakische Diplomaten und Offiziere schätzen, dass in dem Krieg 100 000 irakische Soldaten ihr Leben verloren.[31] Müsste ich nicht schreiben »ermordet wurden«? Laut *New York Times* wurden

Hunderte irakische Soldaten von den US-Soldaten bei lebendigem Leib mit Bulldozern im Wüstensand begraben. Der Sprecher des Pentagon kommentierte das Unterpflügen irakischer Soldaten mit den Worten: »Ich will nicht respektlos sein, aber es gibt keine nette Art und Weise, jemanden im Krieg zu töten.«[32]

WANN BEGINNT DER UNTERGANG EINER ZIVILISATION?

Immer wenn ich in Diskussionen jungen Menschen die wichtigsten Werte unserer Zivilisation aufzähle, schauen sie mich ungläubig an. Sie wissen, dass diese Werte nicht Leitlinie westlicher Außenpolitik sind. Wenn ich sie Politikern vorhalte, lächeln sie milde. Oder schauen betreten weg.

Der tägliche Verrat an unseren Werten macht es einem Politiker wie Trump leicht, sie hohnlachend über Bord zu werfen und ganz offen auf nationale »Eigeninteressen« zu setzen. Genauer: auf das, was Trump als »nationale Interessen« definiert. In Wirklichkeit handelt es sich dabei fast ausschließlich um seine persönlichen Machtinteressen. »America first« bedeutet für ihn »Trump first«. Das ist Trumps narzisstische Sonderform der Heuchelei.

Der französische Soziologe Gustave Le Bon sagte: Der Untergang einer Zivilisation beginnt an dem Tag, an dem ihre Ideale in der Welt nicht mehr respektiert werden. Und an dem die Mehrheit ihrer Bevölkerung nicht mehr bereit ist, für sie Opfer zu bringen.[33] Diesem Punkt nähern wir uns jeden Tag ein Stück mehr.

3. KAPITEL
INSIDE MOSSUL. INNENANSICHT EINES KRIEGES

Ahmad Abdallah* lebt in den Trümmern des »befreiten« Mossul. Frederic traf ihn dort zehn Monate nach seiner »Befreiung«. Der Mann mit dem kleinen weißen Schnauzbart wird seine zerstörte Stadt nicht verlassen. Weil er sie liebt und seine Familie seit Urzeiten hier lebt. Mossul ist eine Stadt, die man nicht vergisst. Wiege der Menschheit, mit einer jahrtausendealten Kultur. Ahmad bleibt auch hier, weil er kein Geld hat, um wegzugehen. Die Bomben haben alles zerstört, was er besaß. Früher war er Lehrer. Jetzt bezieht er eine karge Rente.

Wie alle Iraker hatte er in seinem Leben nie Ruhe gefunden. Immer wieder wurde er »befreit«: 1958 befreite man ihn von der haschemitischen Monarchie, 2003 vom Sunniten Saddam Hussein, 2014 vom Schiiten Maliki und 2017 vom IS. Ahmad kann das Wort »Befreiung« nicht mehr hören. Für ihn waren alle Befreiungen ein Albtraum. Weil sie die Lage der Menschen stets verschlechterten.

DER IS: »REFORMER« UND MENSCHENSCHINDER

Kurz nach der Eroberung Mossuls hatte der IS noch Dinge getan, die der geschundenen sunnitischen Bevölkerung gefielen. Er hatte die vielen Checkpoints abgebaut, die alle als Schikane empfunden hatten. Er hatte die Preise für Lebensmittel, Obst und Gemüse deut-

* Name und Identität geändert.

lich gesenkt. Sich erfolgreich um die Strom- und Wasserversorgung gekümmert.

Doch die Freude über die verbesserten Lebensbedingungen hatte schon damals einen bitteren Beigeschmack. Der IS war demonstrativ brutal. Über 2500 schiitische Soldaten und Polizisten waren bei der Eroberung der Stadt hingerichtet worden. Das war nur der Anfang. Ständig wurden angebliche Spione und Kollaborateure gejagt und ermordet. Von einem mehrstöckigen Versicherungsgebäude im Zentrum Mossuls warf der IS Homosexuelle in die Tiefe.

Von all diesen Untaten machte der IS Fotos und Videos. Auf »Medien-Stationen« mitten in der Stadt führte er dann seine Barbareien auf großen Bildschirmen vor. »Public Viewing« im »Islamischen Staat«. Der IS wollte Furcht und Schrecken verbreiten. Hinrichtungen wurden zelebriert. Wenn nicht genügend Gaffer kamen, sammelte der IS sein Publikum zwangsweise ein. Erst wenn genügend Zuschauer da waren, erschoss oder köpfte er seine Opfer.

SCHIESSEN ALS SCHULFACH

Wer sich keinen langen Bart wachsen ließ, wurde bestraft. Umgerechnet fünfzig Dollar Strafe kostete ein kurz geschnittener Bart, hundert Dollar ein völlig abrasierter. Das war viel Geld für die Menschen in Mossul. Auch der alte Ahmad wurde eines Tages angehalten. Ein junger IS-Kämpfer fand, sein Bart sei zu kurz. Ahmad erwiderte, er habe acht Jahre lang im Krieg für sein Vaterland gekämpft. Er erwarte mehr Respekt. Ungerührt nahm ihm der IS-Mann den Personalausweis ab. Wenn der Bart lang genug sei, könne er den Ausweis wieder abholen.

Der IS respektierte niemanden. Wenn sich Frauen unter fünfzig nicht voll verschleierten, riskierten sie, dass der IS sogenannte Beißerinnen auf sie losließ. Die bissen ihnen in die Hände, bis sie vor Schmerz schrien. All das war irreal, gespenstisch, absurd. In den Schulen fingen sie an, den Kindern Krieg und Kampf beizubringen. Im Lehrplan ging es um Maschinengewehre, Bomben und Raketen. Ahmads Familie nahm ihre Enkel von der Schule. Ahmad konnte sich in der Stadt zwar frei bewegen. Doch wohin er auch ging, waren Kämpfer, Polizisten, Spione des IS. Der Schatten des IS war überall.

FLUCHT NACH ERBIL

Als die Brutalitäten des IS zunahmen, fuhr Ahmad mit seiner Familie nach Erbil. In die Hauptstadt der »Autonomen Region Kurdistan«. Sie liegt nur eine Autostunde von Mossul entfernt. Fast alle Straßen nach draußen waren damals noch offen. Es gab zwar »Grenz-Checkpoints«, die viel Zeit kosteten. Doch mit einer einleuchtenden Begründung kam man als Bürger Mossuls irgendwie durch. Zumindest anfangs.

In Erbil ging Ahmad nach zwei Monaten das Geld aus. Sein Hotel kostete hundert Dollar pro Tag. Hinzu kamen die Ausgaben für Essen und Trinken. Für Ahmad war das zu viel. Schweren Herzens fuhr er nach Mossul zurück. Die Freiheit Erbils konnte er sich nicht leisten.

OKTOBER 2016: DIE GROSSOFFENSIVE

Die US-geführte Großoffensive gegen den IS begann im Herbst 2016. An der Seite von über sechzig Nationen kämpften irakische Armee, Polizei und irakische Antiterror-Spezialeinheiten. Die Koalition griff zuerst Ost-Mossul an, den moderneren Teil der Millionenstadt.

Der Sunnit Ahmad freute sich, dass die Anti-IS-Koalition gut vorankam. Er dachte nicht: »Da kommen jetzt wieder die Schiiten, die uns früher so schikaniert haben.« Für ihn und die meisten Menschen in Mossul kam »die irakische Armee«, die sie vom Albtraum IS befreien wollte. Hoffentlich bald.

Doch dann machte die Koalition aus Ahmads Sicht zwei große Fehler. Statt den IS vom Norden Mossuls auf die freien Flächen im Süden der Stadt zu treiben, trieb sie ihn Richtung Altstadt, wo er sich verschanzen konnte. Der zweite Fehler waren die hemmungslosen Bombardements. Die USA dachten offenbar, in einer platt gebombten Stadt könne der IS nicht überleben. Dass das auch für die irakische Zivilbevölkerung galt, schien die Angreifer nicht zu interessieren.

MASSAKER MIT »PRÄZISIONSBOMBEN«

Ahmads Familie konnte die Kämpfe genau verfolgen. Nicht nur, weil sie das Einschlagen der Bomben, Raketen und Artillerie-Geschosse hörte und recht gut lokalisieren konnte. Sondern auch, weil sie jeden Tag heimlich vor ihrem kleinen Fernsehgerät mit Satellitenempfang saß. In einem fensterlosen Raum ihres Hauses. Der IS hatte zwar vor dem Endkampf »alle« Satellitengeräte eingesammelt. Aber Ahmads Familie hatte ihres gut versteckt. Ebenso wie ein kleines Transistorradio und Ahmads Handy. Abends, wenn der tagscheue IS aus seinen Schlupfwinkeln kroch, hatte die Familie längst alles wieder verstaut.

Im Haus neben Ahmads Familie wohnte ein IS-Kämpfer. Sie sahen ihn nur selten. Aber die Amerikaner hatten seine Bewegungen offenbar registriert. Oder ein Informant hatte ihn verpfiffen. Eines Tages beschossen sie ihn mit Raketen. Doch die angeblich so zielgenauen US-Geschosse trafen das falsche Haus und töteten einen einfachen Familienvater. Dem IS-Mann geschah nichts. Fast jeden Tag wurden auf diese Weise in West-Mossul Zivilisten getötet.

DAS MASSAKER VON AL-JADIDAH

Am 17. März 2016 waren rund 150 Menschen nach und nach aus einem umkämpften Gebiet in ein leer stehendes Gebäude des Stadtteils Al-Jadidah geflüchtet. Das Gebäude lag südlich von Ahmads Haus. Dort warteten die Flüchtlinge auf ihre Befreiung. Spätestens in ein oder zwei Tagen würde die Armee kommen und sie rausholen. Verwandte hatten ihnen das telefonisch mitgeteilt. Auf engstem Raum zusammengekauert, harrten sie aus.

Es war unwahrscheinlich, dass sie durch Bomben angegriffen würden. Die US-Flugzeuge und Satelliten hatten ja leicht erkennen können, dass hier nur Familien mit Kindern Zuflucht gesucht hatten. Doch die Flüchtlinge irrten. Die US-Bomber kamen und feuerten vier Raketen auf das Haus ab. 137 Menschen wurden zerfetzt, verbrannt, von den Trümmern des Hauses erschlagen.

ALI TEISIRS FAMILIE

Auch die Familie Ali Teisirs, eines Bekannten Ahmads, hatte in dem Haus Zuflucht gesucht. Ali Teisir selbst hielt sich zu diesem Zeitpunkt im »befreiten« Ost-Mossul auf. 24 Stunden lang versuchte er, seine Familie telefonisch zu erreichen. Niemand antwortete. Verzweifelt schlug er sich schließlich ins umkämpfte West-Mossul durch. Er wollte, er musste zu dem zerstörten Haus. Doch die Einschlagstelle der Raketen war von den Koalitionstruppen hermetisch abgeriegelt. Trotz allen Bittens und Flehens kam Ali nicht durch. Die Ruine blieb so lange gesperrt, bis die vier US-Raketen geborgen waren. Die »Befreier« kümmerten sich nur um ihre Raketen. Die Toten und deren Angehörige interessierten sie nicht. Spurentilgung.

Seinen kleinen toten Neffen fand Ali erst sechs Tage später. Er lag neben einem Abflussrohr. Am Körper seines Großonkels klebte noch der Koran, den er beim Einschlagen der Raketen wohl gerade gelesen hatte. Fünfzehn Familienmitglieder hatte Ali Teisir verloren: Vater, Mutter, einen Großonkel, seinen jüngeren Bruder, dessen Frau und deren drei Kinder, seine Schwester und ihren Sohn, seinen älteren Bruder, dessen Frau und deren drei Kinder.

US-TODESZELLE WEST-MOSSUL

Hätte ein irakischer Bomber in den USA 137 Zivilisten getötet, wäre der »Verteidigungsfall« ausgerufen worden. Der UN-Sicherheitsrat wäre zusammengetreten. Der gesamte Westen, auch Deutschland, hätte seine Flaggen auf Halbmast gesenkt. In Mossul aber waren derartige Massaker Alltag.

Auch Ahmads Familie musste immer mit dem Schlimmsten

rechnen. Seine Frau Saida und seine 25- und 30-jährigen Söhne Anis und Mohammed baten ihren Vater oft, zu fliehen. Sie wollten raus aus der Stadt. Aber wie? Ahmad hatte ihnen jedes Mal geantwortet: »Wir bleiben. Wenn wir sterben, dann in unserem Haus. Das ist besser, als auf der Straße zu sterben und von Hunden gefressen zu werden.« Er wusste, welche Verantwortung er damit auf sich lud.

Ahmad blieb nach außen ruhig, damit seine Familie ruhig blieb. Aber er machte sich große Sorgen. Er ahnte, dass die USA planten, alle Zufluchtsorte des IS zu zerstören. Und damit fast ganz West-Mossul, wo er und seine Familie nun einmal wohnten. Als sich die Kämpfe seinem Viertel näherten, schied eine Flucht endgültig aus. Der IS schoss auf jeden, der Richtung »Befreier« floh.

Die Koalition bombardierte nicht nur Häuser, sondern auch Straßenkreuzungen. Dort befanden sich Wasser- und Stromversorgung. Der IS sollte kein Wasser und keinen Strom mehr bekommen. Doch das traf auch die Zivilbevölkerung. Eines Nachts warf die Koalition hundert Meter hinter Ahmads Haus einen besonders schweren Sprengsatz ab. Es war, als würde das Haus in die Luft gehoben. Alle sprangen auf. Aber dann gingen sie wieder schweigend in ihre Betten. Sie konnten ja doch nichts ändern.

AUTOS ALS BARRIKADEN

Als die Bodenkämpfe sich Ahmads Straße näherten, stürmte ein IS-Kämpfer von Haus zu Haus und brüllte: »Autos raus! Alle Autos raus!« Ahmad versuchte, ihm zu erklären, dass sein Auto seinem Bruder gehöre. Der afghanisch gekleidete IS-Kämpfer schaute ihn wütend an: »In einer Stunde bin ich zurück. Wenn dein Auto nicht draußen steht, nehme ich einen von deiner Familie mit.«

Ahmad schwieg. Mit einer Maschinenpistole kann man nicht diskutieren. Zwei Stunden später wurden die Autos von einem Bulldozer zu einer Barrikade zusammengeschoben. Auch das Auto von Ahmads Bruder. Einige der Wagen wurden in Brand gesteckt. Warum auch immer.

WENN DER HUNGER KOMMT

Vor Beginn der amerikanisch geführten Großoffensive hatte Ahmads Frau noch kräftig Nahrungsmittel eingekauft. Reis, Bohnen, Linsen, Öl, Zucker. Doch diese Vorräte gingen zu Ende. Alles wurde knapp. Kaufen konnte man praktisch nichts mehr. Die Preise waren explodiert, hatten sich verhundertfacht. Viele hatten nur überlebt, weil der IS, zur Überraschung aller, jedem Haushalt einen Fünfzig-Kilo-Sack Mehl gebracht hatte. Mit dem Mehl konnten die Leute Brot backen.

Nur in der historischen Altstadt reichten die fünfzig Kilo Mehl nicht aus. Die Koalition hatte die Altstadt, in der überwiegend arme, einfache Leute lebten, monatelang von der Außenwelt abgeriegelt. Viele verhungerten. Zum Schluss bombte die US-geführte Koalition dann die ausgehungerte Altstadt zu Schutt und Asche. Und tötete Tausende Zivilisten. Menschen, die niemandem etwas getan hatten. Gleichzeitig löschte sie mehrere Jahrhunderte irakischer Geschichte aus.

DER IS AUF WOHNUNGSSUCHE

Die Strategie der Anti-IS-Koalition war inzwischen jedem klar. Erst wurde bombardiert, bis kein Stein mehr auf dem anderen stand. Anschließend rückten irakische Spezialeinheiten vor. Die IS-Kämpfer hatten sich mit ihren Familien dann meist schon zurückgezogen. In der Nähe ihrer neuen Kampfstellungen suchten sie sich neue Unterkünfte.

Ahmads Haus besaß einen Anbau mit drei kleinen Wohnungen. Zwei davon benutzte die Familie als Abstell- und Lagerraum. Die dritte Wohnung war frei. Ein wild aussehender IS-Kämpfer wollte sie unbedingt haben. Ahmads Familie aber wollte sie nicht hergeben. IS-Kämpfer aufzunehmen hieß, Angriffsziel zu werden. Inzwischen gab es zu viele Informanten in der Stadt. Wahrscheinlich hatten viele Bewohner von West-Mossul noch immer ein Handy, mit dem sie die Amerikaner oder die irakische Armee informieren konnten.

Der IS-Kämpfer ließ sich von Ahmad nicht abwimmeln. Schroff

sagte er: »Entweder wir bekommen die Wohnung oder wir nehmen deinen Sohn mit. Du kannst ihn dann suchen gehen.« Er bekam die Wohnung. Wenig später brachte der IS zehn Frauen und drei Kämpfer darin unter.

DER MANN AUS DEM KAUKASUS

Kurz danach tauchte ein weiterer IS-Kämpfer auf. Ein grober Kerl mit Motorrad. Er stellte seine Maschine vor der Haustür ab und stürmte die Treppe hoch. An der Küchentür fing ihn Ahmads Sohn Anis ab. Er versuchte, ihn zurückzudrängen. Der IS-Kämpfer brüllte, er brauche sofort eine Wohnung. Er sprach arabisch mit russischem Akzent. Wie eine Furie schoss Ahmads Frau Saida auf ihn zu. Der IS-Kämpfer musterte Ahmads Frau und zischte: »Ist es nicht ›haram‹, dass du deine Augenbrauen zupfst?«

Ahmads Frau schleuderte ihm einen vernichtenden Blick entgegen: »Was schaust du auf meine Augenbrauen? Ist es nicht viel eher ›haram‹, dass du auf meine Augenbrauen schaust? Ein Muslim hat vor einer Frau den Blick zu senken!« Dann schob sie den ungebetenen Besucher mit großer Entschiedenheit die Treppe hinunter. Ein Ausländer, der ihr den Islam erklärte, das ging gar nicht!

DER ANGRIFF AUF AHMADS STRASSE

Anfang Mai konzentrierten sich die Angriffe der Koalition auf Ahmads Straße. Gleich die erste Bombe explodierte neben seinem Haus. Sie traf die siebzehnjährige Tochter seines Nachbarn. Sie war sofort tot.

Ahmads Familie spürte, dass der Tod jetzt ganz nah war. Seit sieben Monaten schlugen Bomben um sie herum ein. Doch jetzt war ihr Viertel im Fadenkreuz der Angriffe. Sie wussten das auch aus ihrem Radio und ihrem Fernseher. Trotzdem rannten alle auf die Straße, um das Mädchen zu bergen. Dass das gefährlich war, interessierte sie nicht. Irgendwann würde man ihr Haus ohnehin zerstören. Wie die anderen Häuser der Stadt auch.

Ahmads Familie nahm die vor Verzweiflung schreienden Nachbarn in die Arme. Dann halfen sie ihnen, die Tochter im Garten zu begraben. Sie wussten, dass sie gerade ihrem Schicksal begegneten. Dass sie ihm nicht entrinnen konnten. Sie waren gläubige Muslime.

Am nächsten Nachmittag ging ihr Sohn Mohammed aus dem Haus, um Freunde zu treffen. Er wollte ihnen vom Tod der Nachbarstochter erzählen und besprechen, was man jetzt noch tun könne. Es war ein sonniger Tag im Mai. Seine Mutter hatte Mohammed noch nachgerufen: »Pass gut auf dich auf!« Diesen Satz, den wohl alle Mütter der Welt sagen, wenn ihre Kinder das Haus verlassen.

Mohammed hat die Rakete wahrscheinlich nicht gesehen, die direkt vor ihm einschlug. Vielleicht sah er für eine Tausendstelsekunde einen Lichtblitz. Dann war er tot. Wie mit einem Schwert hatten Teile der Rakete seinen Kopf vom Körper getrennt. Seine Mutter und sein Vater rannten raus und warfen sich weinend auf ihren toten Sohn. Den Schmerz von Eltern, die ihre Kinder verlieren, kann niemand beschreiben. Ich versuche es gar nicht erst. Am Nachmittag beerdigte die Familie Mohammed in ihrem Garten.

Am nächsten Tag verließ die Familie das Haus. Es war inzwischen unbewohnbar. Sie zogen zu ihrem Schwager ins Nachbarviertel. Sein Haus stand noch. Der IS zog sich Richtung Altstadt zurück.

EINMARSCH DER SIEGER UND PLÜNDERUNG

Am selben Tag rückten irakische Armee und Polizei in ihr Viertel ein. Die Polizei forderte alle Bewohner auf, ihre Häuser zu verlassen. Die Türen sollten sie offen lassen, damit die Häuser nach verdächtigen Gegenständen durchsucht werden konnten. Auch Ahmad ließ, wie befohlen, seine Haustür offen. Die Eroberer nahmen zwei Fernsehgeräte mit, seine besten Anzüge und alles, was sonst noch wertvoll war. Nichts entging ihnen.

Drei Jahre lang waren die Bewohner West-Mossuls vom IS gequält worden. Dann waren sie monatelang von der US-geführten

Koalition bombardiert worden. Ahmads Sohn war tot, sein Haus zerstört. Jetzt, zum Abschluss, wurde sein kaputtes Haus auf Anordnung der »Befreier« geplündert. Ahmad will nie mehr befreit werden.

Sein Sohn Anis hat an den Westen nur einen bitteren Wunsch: »Lasst uns einfach in Ruhe. Unser Volk leidet genug unter seinen eigenen Politikern. Wir brauchen nicht auch noch eure. Wir wollen nur leben und unsere Familien versorgen. Wir sind hier und ihr seid dort. Ihr wollt unser Öl? Ihr könnt es haben. Wir haben wegen des Öls nur gelitten. Ihr könnt auch all unsere Politiker haben. Aber lasst unser Land in Ruhe. Wir wollen keine Rache. Wir wollen Frieden. Und Ruhe. Auch von euch. Alles andere wird Gott richten.«

4. KAPITEL
DAS WELTUNTERWERFUNGSPROJEKT

Seit meinem achtzehnten Lebensjahr reise ich durch die Welt. Nach Algerien während des dortigen Freiheitskrieges. Nach Angola und Mosambik während des Kampfes gegen die portugiesischen Kolonialherren. Nach Chile, Kuba, Mexiko und Venezuela. Nach Süd- und Nordkorea, Myanmar, Laos, Kambodscha, Vietnam. Nach Afghanistan, in den Irak, nach Israel, Syrien, Somalia, Jemen. Und immer wieder auch in die USA und Russland.

Ich fuhr häufig in Länder, die Kriege und Revolutionen durchlitten. Oder sie anzettelten. Vielleicht weil ich im Zweiten Weltkrieg die Zerstörung meiner Stadt durch die britische Luftwaffe sehr nah miterlebt hatte. Oder weil ich in den afghanisch-pakistanischen Kriegskrankenhäusern als junger Abgeordneter gesehen hatte, was Krieg wirklich bedeutet. Meine Reisen wurden zu einer nicht endenden Suche nach der Wahrheit. Der Wahrheit über den Krieg, der Wahrheit über die westliche Zivilisation, der Wahrheit über uns.

DIE ZWEI GESICHTER DES WESTENS

In manchen Ländern Asiens, Afrikas und des Mittleren Ostens begegnete ich einer Brutalität des Westens, die mich verblüffte. Weil sie so gar nicht unseren offiziellen Werten entsprach. Ich lebe gerne im Westen und besonders gerne in Deutschland. Ich habe eine wunderbare Studienzeit in Frankreich verbracht. Auch in den USA bin ich großartigen Menschen begegnet. Ich habe mich dort fast immer wohlgefühlt.

Ich konnte mir den Widerspruch zwischen der Liebenswürdigkeit der Menschen im Westen und der militärischen Brutalität ihrer Politiker in nichtwestlichen Ländern lange nicht erklären. Deshalb begann ich eine zweite große Reise. Eine Reise in die Welt der Geschichte. Ich schaffte meinen Fernseher ab und begann, jahrelang jeden Tag viele Stunden zu lesen. Oft bis tief in die Nacht.

Ich lernte, dass der Siegeszug der Europäer und später der Amerikaner fast überall eine breite Blutspur hinterlassen hatte. Und dass das bei den meisten Historikern kaum umstritten ist. Der Politikwissenschaftler Samuel Huntington brachte es auf die Formel: »Der Westen eroberte die Welt nicht durch die Überlegenheit seiner Ideen oder Werte oder seiner Religion (...), sondern vielmehr durch seine Überlegenheit bei der Anwendung organisierter Gewalt. Oftmals vergessen Westler diese Tatsache; Nichtwestler vergessen sie nie.«[1]

DIE SPUR DER EUROPÄER

Die Erfolgsgeschichte der Europäer begann mit Christoph Kolumbus. Jenem Italiener, der sich 1492 im Auftrag der spanischen Krone aufmachte, einen Seeweg nach Indien zu finden. Und dabei auf das bereits mehrfach entdeckte, seit Jahrtausenden bewohnte Amerika stieß. Er hielt es bis zu seinem Tod für »Indien«. Ungewollt hatte er den Europäern das Tor zu einer für sie neuen Welt geöffnet.

Die Spanier kannten in dieser neuen Welt keine Gnade. Bartholomäus de las Casas war Augenzeuge der von den spanischen Eroberern angewendeten Methoden. Er schilderte, wie sie Indianern die Hände abhackten, wenn diese bei der Goldsuche erfolglos blieben. Wie sie Gefangenen zum Spaß den Kopf abschlugen. Er schrieb: »Unser Werk war es, Verzweiflung zu bringen und zu verwüsten, zu töten, zu zerfleischen und zu zerstören (...). Der Admiral war (...) so ängstlich darauf bedacht, dem König zu gefallen, dass er nicht wiedergutzumachende Verbrechen gegen die Indianer beging. (...) [Sie] ritten auf den Rücken von Indianern, wenn sie in Eile waren (...). Ich habe diese Taten, die so wider die menschliche

Natur sind, mit eigenen Augen gesehen und zittere, während ich dies schreibe.«[2]

Die Engländer gingen später ähnlich brutal vor. Sie erkannten, dass man mit Terror gegen Zivilisten noch mehr erreichen kann als mit offenem Krieg. Mit niedrigerem Risiko. William Bradford, englischer »Pilgervater« und späterer Kolonialgouverneur, erzählte, wie die Engländer die Zelte eines Indianerdorfes anzündeten. Und die in Panik fliehenden Indianer in Stücke hieben oder ihnen den Degen in den Bauch rammten. Es sei ein schrecklicher Anblick gewesen, wie sie brannten und das Blut aus ihnen hervorquoll. Der Gestank sei fürchterlich gewesen, der Sieg jedoch umso süßer. Und so hätten sie Dankgebete an Gott gesandt, »der so wundervoll für sie gewirkt hatte«, als er die Indianer »in die Hölle hinab schickte«.[3]

Ungefähr 150 Jahre nach der Ankunft von Kolumbus lebten nördlich von Mexiko nur noch zehn Prozent der Indianer, die einst das Land bevölkert hatten. Die Mehrheit war ausgelöscht. Meist durch die von den Europäern eingeschleppten Krankheiten. Aber auch durch deren unbeschreibliche Grausamkeiten. Die Europäer sahen darin einen Sieg der christlichen Zivilisation über die Barbarei. Kaum jemand widersprach ihnen.

DIE VERGEWALTIGUNG AFRIKAS

Mit unerbittlicher Härte gingen die Europäer auch in Afrika vor. Besonders berüchtigt waren die Grausamkeiten des belgischen Königs Leopold II. gegenüber den Kongolesen. Der Kongo-Freistaat war sein Privatbesitz. Seine dortigen Ländereien waren 76-mal größer als Belgien.[4] Wie die meisten Kolonialherren versuchte er, aus den Einheimischen möglichst viel herauszupressen. Eine epochale Erfindung verhalf ihm zu ungeahntem Reichtum: Der Engländer John Boyd Dunlop hatte den luftgefüllten Gummischlauch entwickelt, den Luftreifen.[5] König Leopolds Stunde war gekommen. Er besaß im Kongo endlose Wälder mit Kautschukbäumen. Der Kongo entwickelte sich zur »profitabelsten Kolonie (…) Afrikas«.[6]

Die rassistische Grundeinstellung jener Zeit half ihm. Die Afrikaner galten nicht als gleichwertige Menschen. Durch Söldner ließ Leopold selbst siebenjährige Kinder bis zur Bewusstlosigkeit auspeitschen. Sie hatten das »Verbrechen« begangen, in Gegenwart eines Weißen laut zu lachen. Vielleicht hatten sie sogar über ihn gelacht. Der belgische Richter Stanislas Lefranc hat derartige Szenen bestätigt.[7]

Noch brutaler ließ Leopold II. seine Leute gegen erwachsene Afrikaner vorgehen, die nicht produktiv genug waren. Ihre Familien wurden in Geiselhaft genommen, gefoltert, vergewaltigt, erschlagen. Frauen wurden geköpft, weil ihr Hof nicht sauber war.[8] Männer wurden ausgepeitscht oder abgeknallt. Den Erschossenen wurde die rechte Hand abgehackt.[9] Als Beweis dafür, dass die Soldaten die teuren Patronen nicht auf der Jagd verschossen hatten.[10] Da ihre Offiziere meist nur alle paar Wochen vorbeikamen, räucherten die Soldaten die abgeschlagenen Hände über Holzfeuern, damit sie nicht verwesten. Dann kamen sie in Körbe. Gelegentlich wurden Hände oder Füße aber auch bei lebendigem Leibe abgehackt, um an die breiten Kupferreifen zu kommen, die die kongolesischen Frauen um ihre Handgelenke oder Knöchel trugen.[11]

Die Zahl der in den Regenwäldern des Kongo massakrierten Menschen wird auf bis zu zehn Millionen geschätzt. Das war etwa die Hälfte der Einwohner des Kongo.[12] Und einer der größten Massenmorde der Geschichte. Entstanden aus Profitgier und Rassismus. Er ist längst vergessen, wie viele andere Massaker und Genozide der Geschichte.[13]

DER OPIUMKRIEG GEGEN CHINA

Auch dieser Krieg zeigt, wie grenzenlos Europas Gier nach Macht, Märkten und Moneten war. Großbritannien war damals weltweit der größte Drogenhändler. Es überfiel China, weil es sich weigerte, der unbegrenzten Einfuhr von Opium zuzustimmen. Der chinesische Kaiser Daoguang hatte 1839 sogar gewagt, ein Einfuhrverbot für Opium zu erlassen. Lin Zexu, der Sonderbeauftragte des Kaisers im Kampf gegen den Opiumschmuggel, ließ der englischen Königin Victoria ein Schreiben überbringen, in dem er an ihr Gewissen appellierte. Er schrieb:

»(…) Wo ist Euer Gewissen? (…) Ich habe gehört, dass das Rauchen von Opium in Ihrem Land streng verboten ist. Weil der durch Opium verursachte Schaden klar verstanden wird. (…) Angenommen, es kämen Ausländer nach England, um Opium zu verkaufen und die Menschen zum Konsum zu verführen: Das würdet Ihr, ehrenhafte Königin, doch sicher tief verabscheuen (…).« Er forderte: »Wenn Ihr solchen Schaden in Eurem Land nicht zulasst, solltet Ihr ihn doch wohl nicht auf andere Länder übertragen, schon gar nicht auf China!«[14]

Etwas Wirkungsloseres als einen Appell an das Gewissen der Königin hätte Lin Zexu in jenen Zeiten nicht vortragen können. Den Engländern ging es nicht um Gewissensfragen, sondern um Profit. 1840 griff deshalb ein Expeditionskorps der britischen Fernost-Flotte China an. Der Krieg dauerte fast drei Jahre. China war mit seinen hölzernen Sampans gegen die gepanzerten Kanonenboote der Engländer chancenlos. Es wurde vernichtend geschlagen und musste den englischen Drogenhandel wieder zulassen. Als Strafe für seine Widerspenstigkeit musste es hohe Reparationen bezahlen und Hongkong abtreten.[15]

1856 kam es wegen der Streitigkeiten über den Opiumhandel erneut zum Krieg gegen China. An diesem zweiten Opiumkrieg beteiligte sich auch Frankreich. Zeitweise erhielten die britisch-französischen Truppen Feuerschutz von amerikanischen Kriegsschiffen. Wieder wurde China schwer geschlagen, Peking wurde geplündert. China musste sich noch mehr öffnen und den Opiumhandel weiter liberalisieren. Die christliche Missionstätigkeit, die seit hundert Jahren verboten war, musste wieder erlaubt werden.[16] Abendländische Zivilisation!

Der indische Literaturnobelpreisträger Rabindranath Tagore schrieb zum Aufstieg des Westens: »(Er) überrennt (…) die ganze Welt wie ein wucherndes Unkraut (…). Er ist raubtierhaft und kannibalistisch (…), er ernährt sich von den Ressourcen anderer Völker und versucht, deren ganze Zukunft zu verschlingen (...).« Tagore sprach von der »irren Musik des Todes«, die die Eroberungen des Westens begleite. Über Rudyard Kipling, der in seinem Gedicht *Die Bürde des weißen Mannes* die Kolonisierung »frisch gefangener Halbwilder« in einen Akt der Menschlichkeit umdeutete, schrieb er voller Verachtung: »Furchterregend heult der Dichtermob.«[17] Was würde Tagore heute über die Kriegsberichterstattung mancher westlicher Medien schreiben?

Der französische Anthropologe Jean Louis Armand de Quatrefages de Bréau schrieb: »Keine Rasse hat häufiger und schrecklicher gegen die moralische und universelle Pflicht des Respekts vor dem menschlichen Leben verstoßen (...). Keine ›Zivilisation‹ war grausamer als die westliche (...). Was den Respekt vor dem menschlichen Leben betrifft, haben die weißen Europäer den barbarischsten Völkern nichts vorzuwerfen.«[18] Der polnisch-britische Schriftsteller Joseph Conrad sagte es noch einfacher: dass »die Eroberung der Erde (...) im Wesentlichen darauf hinausläuft, dass man sie Leuten wegnimmt, die eine andere Hautfarbe oder etwas plattere Nasen haben (...)«.[19]

Der scheinbar unwiderstehliche Siegeszug der Europäer endete, als sie im Ersten und Zweiten Weltkrieg die Barbareien, die sie gegenüber den Menschen Afrikas und Asiens begangen hatten, nun auch gegenüber den Menschen Europas begingen. Aus dieser Selbstverstümmelung ging nur ein Land als Sieger hervor: die Vereinigten Staaten von Amerika.

DER UNWIDERSTEHLICHE AUFSTIEG DER USA

Die USA hatten sich nach ihrer Unabhängigkeitserklärung im Jahr 1776 darauf konzentriert, ihr Land erst einmal nach Westen auszudehnen. Bis zum Pazifischen Ozean. Anfangs gehörten nur dreizehn Staaten im Osten Nordamerikas zu den USA. Sie umfassten nur ein Zehntel der Fläche des heutigen Staatsgebiets der USA. Die inneramerikanische Expansion nach Westen dauerte bis 1959, als

Alaska und Hawaii als neunundvierzigster und fünfzigster Bundesstaat hinzukamen. Die neuen Territorien wurden gekauft oder in blutigen Kriegen dem Nachbarn Mexiko entrissen. So etwa Arizona, Kalifornien, Nevada oder Utah. Ganz freiwillig kamen nur wenige.

Zwischen 1830 und 1880 wurde die Urbevölkerung dann endgültig vertrieben. In den USA, in Kanada, in Australien und in Neuseeland. Sie wurde »umgesiedelt, vertrieben oder in ›Reservate‹ gesperrt«.[20] Jeder Widerstand wurde gnadenlos gebrochen. US-Präsident Theodore Roosevelt meinte später trocken: Die Dezimierung der amerikanischen Ureinwohner sei notwendig gewesen, damit der Kontinent nicht zu einem »Tierpark für verwahrloste Wilde« werde.[21] Winnetou, der indianische Held meiner Jugend, war immer nur Verlierer.

DIE USA ALS KREUZFAHRERSTAAT

Spätestens in jener Zeit wurde der Eroberungs- und Missionierungsdrang der US-Amerikaner ein Teil ihrer Identität. Die USA wurden zum Kreuzfahrerstaat. Sie hatten gelernt, wie man versklavt, enteignet, bekehrt und tötet. Sie hielten es, wie alle europäischen Großmächte, für erwiesen, dass ihre Zivilisation hoch überlegen war und ihnen jederzeit das Recht gab, in weniger zivilisierten Staaten militärisch zu intervenieren. Oder sie zu kolonisieren. Ihre Politik war lupenreiner Rassismus in zivilisatorischer Verkleidung.

1854 erzwang Commodore Matthew Perry mit einem Geschwader amerikanischer Kriegsschiffe und unverhüllten Kriegsdrohungen die Öffnung der japanischen Häfen für den Handel mit Amerika. Es war der Beginn der »Politik der offenen Tür«. Die eigentlich »Politik der eingetretenen Tür« heißen müsste, wie Stephen Kinzer in *Overthrow* schrieb.[22] Ergänzt wurde sie ab 1901 durch eine Politik des »Großen Knüppels«, des »Big Stick«. Sie orientierte sich an dem Sprichwort »Sprich sanft und trage einen großen Knüppel. Du wirst weit kommen.«[23] Theodore Roosevelt formulierte diesen Leitspruch seiner Politik erstmals 1900. Er wurde zentrales Motto der amerikanischen Expansionspolitik.

Auch der heutige gigantische Militärhaushalt der USA ist nur so rational zu begründen. Mit rund 700 Milliarden Dollar war er 2018 mehr als zehn Mal so hoch wie der russische. Das ist Amerikas großer Knüppel. Ergänzt wurde die Politik des »Großen Knüppels« durch die sogenannte »Dollar-Diplomatie«. Erst in Lateinamerika, dann weltweit. Man kann fast alles kaufen.

WELTMACHT

Der Aufstieg der USA zur Weltmacht begann mit dem Ersten Weltkrieg, aus dem sich die USA klugerweise lange heraushielten. Sie warteten, bis die beiden kriegführenden Bündnisse – die »Entente« um Frankreich, Großbritannien und Russland sowie die »Mittelmächte« um Deutschland und Österreich-Ungarn – wie angeschlagene Boxer in den Seilen hingen. Dann traten sie aufseiten der »Entente« in den Krieg ein. Und entschieden ihn.

In den Jahren zuvor hatten sie sich auf den Verkauf von Kriegsgütern konzentriert – für die Entente. Der Exportüberschuss der USA stieg um das Achtzigfache. Während sich die Europäer ohne erkennbaren Sinn gegenseitig erschlugen, wurden die USA zum Sieger dieses monströsen Kriegs. Er kostete bis zu zwanzig Millionen Menschen das Leben.[24] 120 000 US-Soldaten fielen.

Nach ihrem Sieg zogen sich die USA trotz ihres erheblich gestiegenen wirtschaftlichen Einflusses weitgehend aus den europäischen Streitigkeiten zurück. Auch dem neu gegründeten »Völkerbund«, dem Vorläufer der heutigen »Vereinten Nationen«, traten sie nicht bei. Dafür begannen sie sich zunehmend für den Mittleren Osten zu interessieren. Für Öl und Gas.

Endgültig beerbten die USA die europäischen Großmächte erst nach dem Zweiten Weltkrieg, der Fortsetzung des Ersten. Der Zweite Weltkrieg kostete mindestens sechzig Millionen Menschen das Leben.[25] Bis zu 27 Millionen Menschen starben allein in der Sowjetunion.[26] Überwiegend durch deutsche Schuld.

Über die Kriegsschuldfrage kann man beim Zweiten Weltkrieg – anders als beim Ersten Weltkrieg – nicht streiten. Sie lag eindeutig bei Deutschland und Japan. Die Brutalität der Deutschen und der Japaner war beispiellos. Die Vernichtung von sechs Millionen europäischen Juden steht für sich. Sie ist bis heute ein unfassbares Menschheitsverbrechen.

KRIEGE SIND NIE FAIR

Auch die USA und Großbritannien haben im Zweiten Weltkrieg, wie schon in früheren Kriegen, schwerste Kriegsverbrechen begangen. Die Bombardierung deutscher Städte hatte das klare Ziel, die Zivilbevölkerung durch Bombenterror zu entmutigen (»moral bombing«).

1945 habe ich als Vierjähriger miterlebt, wie Amerikaner und Engländer die Heimatstadt meiner Eltern, Hanau, bombardierten. Wie die britische Royal Air Force meine Stadt unter dem Oberkommando von »Bomber Harris« in einer Nacht mit 279 Flugzeugen, 360 000 Brandbomben und 442 Sprengbomben in Schutt und Asche legte. Sie benötigte dazu gerade einmal sechzehn Minuten. Über 2000 Hanauer starben einen grauenvollen Tod.[27]

Die Legende vom gerechten Krieg der Alliierten ist eine Lüge. Man kann sehr wohl die These vertreten, dass Hitler letztlich an allen Verbrechen dieses Krieges schuld war. Auch an den Verbrechen seiner Feinde. Aber man sollte nicht bestreiten, dass die Feinde des Deutschen Reichs ebenfalls schreckliche Untaten begingen. Alles andere führt langfristig zur Verharmlosung von Kriegen. Es gibt keine sauberen, fairen Kriege. Auch der Zweite Weltkrieg war keiner. Von keiner Seite!

DIE USA KÄMPFTEN AUCH IM ZWEITEN WELTKRIEG UM INTERESSEN, NICHT UM WERTE

Eine Legende ist auch die Behauptung, die freiheitsliebenden USA hätten sich in diesen Krieg gestürzt, um die Ideologie des freiheitsfeindlichen Faschismus aufzuhalten. Die USA traten in den Krieg ein, weil die Japaner ihr pazifisches Imperium gefährdeten. Und weil Nazi-Deutschland sich aufmachte, die Vorherrschaft in Europa zu übernehmen. Und damit fast verhindert hätte, dass die USA das europäische Erbe antreten konnten.

Selbst die systematische Ausrottung der Juden durch die Deutschen hat US-Präsident Franklin D. Roosevelt leider nie ernsthaft interessiert. Andere US-Politiker auch nicht. Wie amerikanische Realpolitiker in dieser Frage noch in späteren Jahren dachten, zeigen freigegebene Tonband-Mitschnitte von Gesprächen zwischen dem späteren Außenminister Henry Kissinger und Präsident Richard Nixon. Nach einem Gespräch mit der israelischen Ministerpräsidentin Golda Meir, die – um sowjetische Juden freizubekommen – mehr amerikanischen Druck auf die Sowjetunion erbeten hatte, erklärte Kissinger gegenüber Nixon: »Die Auswanderung von Juden aus der Sowjetunion ist kein Ziel der amerikanischen Außenpolitik. Und wenn sie Juden in der Sowjetunion in die Gaskammern schicken, ist das auch kein amerikanisches Problem. Es ist vielleicht ein humanitäres Problem.«[28]

Ziel der USA während des Zweiten Weltkriegs war auch nicht, die Deutschen von ihrer kriminellen Diktatur zu befreien. Die USA wollten in erster Linie sich selbst von der Macht der Nazis befreien. Dass wir Deutsche dabei mitbefreit wurden, war ein Nebenprodukt einer rationalen, nachvollziehbaren Politik der USA.

Diese kühle Kriegspolitik der USA war außerordentlich erfolgreich. Deutschland und Japan waren nach dem Krieg keine Großmächte mehr. Und Großbritannien und Frankreich hatten aufgehört, Weltmächte zu sein. Die Entkolonialisierung in Afrika und Asien zeigte das bald drastisch. Beide Länder waren allenfalls noch regionale Großmächte. Einziger Rivale im Kampf um die Weltherrschaft blieb während der kommenden Jahrzehnte die Sowjetunion. Sie hatte dafür im Zweiten Weltkrieg einen unvorstellbar hohen Blutzoll gezahlt.

Wie schonungslos die USA ihre Machtinteressen verfolgten, zeigte der Koreakrieg von 1950 bis 1953. Hier kämpfte das von der Sowjetunion und später auch von China unterstützte Nordkorea gegen das von den USA und offiziell sogar von den Vereinten Nationen unterstützte Südkorea. Der Krieg kostete über drei Millionen Koreanern und einer Million Chinesen das Leben. Der Oberbefehlshaber der überwiegend amerikanischen UN-Truppen, General MacArthur, ließ keine Brutalität aus. Er wollte sogar Atomwaffen einsetzen und den Krieg auf China ausweiten.[29] 40 000 GIs fielen in diesem Krieg.[30]

Doch wie in den beiden Weltkriegen starben die US-Soldaten nicht, um irgendjemanden in Süd- oder Nordkorea zu befreien. Sondern um amerikanische Einflusszonen in Asien zu verteidigen und den Vormarsch der Sowjetunion und Chinas zu verhindern. Amerikaner sterben nicht für die Freiheit asiatischer Völker. So wie Asiaten nicht für die Freiheit Amerikas oder Europas sterben würden.

AUCH IN VIETNAM WURDE NICHT UM WERTE GEKÄMPFT, SONDERN UM INTERESSEN

Nichts anderes galt für die Vietnamkriege der Franzosen (1946–1954) und der Amerikaner (1964–1975). Kein Franzose, kein Amerikaner starb für die Freiheit Vietnams. Gestorben wurde für die »Interessen« des eigenen Landes. Die Diskussion, für wen die jeweiligen US-Kriege geführt wurden, erreichte in Deutschland peinliche Höhepunkte. Führende deutsche Politiker und Journalisten erklärten in den 60er-Jahren beflissen, Berlins Freiheit werde in Vietnam verteidigt.[31]

Über so viel vasallenhaften Unsinn reibt man sich heute erstaunt die Augen. Und betet ihn beim Afghanistankrieg folgsam nach. Wer 1966 in der Bundesrepublik nicht ganz so unterwürfig war, konnte aus seiner Partei fliegen. Wie der Kabarettist Wolfgang Neuss aus der SPD.[32]

Die Splitterbomben, Napalmbomben, chemischen Keulen der USA verwüsteten damals weite Landstriche Vietnams. Zornige junge Demonstranten schrieben auf ihre Spruchbänder: »Diesmal werdet ihr nicht sagen können, ihr hättet nichts gewusst«. In Sprechchören riefen sie dem amerikanischen Präsidenten Lyndon B. Johnson (LBJ) zu: »(...) LBJ, wie viele Kinder hast du heute umgebracht?«[33] Diese nicht angepassten jungen Leute haben mitgeholfen, den Vietnamkrieg zu beenden. Immer wieder frage ich mich: Wo bleibt Deutschlands Jugend heute, wenn westliche Bomberkommandos Städte des Mittleren Ostens dem Erdboden gleichmachen und dabei teilweise uranverseuchte Munition verwenden?

In der *Zeit* erschien 2003 ein Kommentar mit der Überschrift »Das Glück, ein Vasall zu sein«. Der Untertitel lautete: »Gegen das Großmachtstreben der USA hilft nur eins: Mitmachen.«[34] Wirklich?

DAS SCHEITERN DER SOWJETUNION

Trotz all ihrer Fehler feierten die USA im »Kalten Krieg« mit der Sowjetunion am Ende einen grandiosen Sieg. Die letzten zwei Jahrzehnte dieser dramatischen Auseinandersetzung zwischen Ost und West habe ich als Abgeordneter aktiv miterlebt. Die USA siegten aus vier Gründen:

1. Weil die amerikanische Wirtschaft der maroden sowjetischen Wirtschaft weit überlegen war.
2. Weil der sowjetische Versuch, wirtschaftliche Unterlegenheit durch militärische Stärke auszugleichen, an der nuklearen Nachrüstung des Westens scheiterte – eine Strategie Helmut Schmidts, die lebensgefährlich, aber erfolgreich war.
3. Weil die UdSSR in Afghanistan scheiterte.
4. Weil am Ende niemand mehr an die »Werte« der Sowjetunion glaubte.

DIE »NACHRÜSTUNG«

Ich war in jenen Jahren rüstungskontrollpolitischer Sprecher der Regierungsparteien CDU/CSU. Und dadurch im regelmäßigen persönlichen Kontakt mit den wichtigsten Sicherheitspolitikern der USA. Mit US-Verteidigungsminister Caspar Weinberger oder dem »Fürsten der Finsternis« Richard Perle. Ich lehnte den Imperialismus der Sowjetunion ab. So wie ich heute den Imperialismus der USA ablehne. Ich wollte mithelfen, der sowjetischen Führung die

Lust am Aufrüsten zu nehmen. Und die Lust am Überfallen kleinerer Länder wie Afghanistan.

Wie der sozialdemokratische Kanzler Helmut Schmidt hielt ich die damalige »Nachrüstung« als strategischen Schachzug für unvermeidbar. Obwohl ich, nachdem mir Richard Perle die amerikanische nukleare Zielplanung auf einen Zettel gemalt hatte, die Atomwaffenstrategien von West und Ost für völkerrechtswidrig hielt. Viele amerikanische Ziele lagen in der Nähe sowjetischer Großstädte. Für die Ziele der Sowjetunion im Westen galt wahrscheinlich Ähnliches.

Es gab keinen wirklichen Schutz der Zivilbevölkerung vor Atomwaffen. Es wird nie einen geben. Ich habe dieses Problem im Rüstungskontroll-Ausschuss des Deutschen Bundestags mehrfach sehr deutlich und ausführlich zu Protokoll gegeben. Es brachte mir die ausdrückliche und zornige Missbilligung meines Stellvertreters und CSU-Kollegen Hans Graf Huyn ein. Ich wusste schon damals, wie Helmut Schmidt, dass wir das nukleare Teufelszeug möglichst bald abschaffen müssen. Wenn es uns wirklich um »die Menschen und ihre Rechte« geht. Auch US-Präsident Ronald Reagan hat sich später dieser Meinung angeschlossen. Doch damals, in den 80er-Jahren, ging es darum, eine gefährliche nukleare Option der Sowjetunion zu neutralisieren. Es war ein hochriskantes Manöver. Ich verstehe heute jeden, der damals zur Nachrüstung wütend und entgeistert »Nein« sagte.

Hilfreich war in jenen Tagen, dass Willy Brandts Entspannungspolitik in der Sowjetunion belastbare Kontakte geschaffen hatte. Wir konnten sie nutzen, um Fehleinschätzungen zu vermeiden. Und um klarzumachen, worum es wirklich ging. Dass es auch nach der »Nachrüstung« Perspektiven für eine sinnvolle Kooperation gab.

Ich war damals mehrfach in Moskau. Und habe dort ungewöhnliche Freundschaften geschlossen. Zum Beispiel mit dem Oberbefehlshaber der sowjetischen Truppen, Generalfeldmarschall Sergei Achromejew. Zwei Mal sprach ich mit ihm beim Mittagessen unter vier Augen über den sinnlosen, blutigen Krieg seines Landes in

Afghanistan. Ich hatte diesen Krieg in tagelangen Fußmärschen recherchiert. Mit Blutblasen an den Füßen.

Der Generalfeldmarschall und ich standen in feindlichen Lagern. Wir haben uns trotzdem fast freundschaftlich verstanden. Damals lösten sich meine Feindbilder auf. Der Schlusssatz meiner Rede bei der »nuklearen Stationierungsdebatte« im Deutschen Bundestag lautete: »Ich bin optimistisch, dass der Tag kommen wird, an dem zwischen jungen Deutschen und jungen Russen eine ebenso selbstverständliche Freundschaft entstehen kann, wie sie heute zwischen Deutschen und Franzosen und Deutschen und Amerikanern besteht.«

An die Notwendigkeit dieser Freundschaft glaube ich heute noch. Gerade wir Deutschen sollten viel entschlossener für diese Partnerschaft und Freundschaft mit Russland eintreten. Wir sollten, bei aller berechtigten Kritik, die Dämonisierung Russlands und seiner Führung beenden.

Dem Imperialismus der USA habe ich in jenen Jahren zu wenig Beachtung geschenkt. Als Freund der USA, als Ehrenoberst und Ehren-Girlscout, war ich in dieser Frage blind. Wie die meisten meiner Kollegen in der CDU/CSU. Und in den anderen Parteien.

DAS ERFOLGSREZEPT DER USA

Anders als die Sowjetunion hatten die USA auf zahllosen Gebieten beeindruckende Erfolge vorzuweisen. Im gesamten Westen, dessen Führung sie übernommen hatten, herrschten überwiegend Frieden, Freiheit und Wohlstand. Nie zuvor war ein Land mächtiger und erfolgreicher als die USA. Das Imperium Americanum wird als größtes Weltreich aller Zeiten in die Geschichte eingehen. Auch seine Kritiker bestreiten das nicht.

Erfolgsrezept der USA waren die Freiheit des Einzelnen und seines Eigentums, die strikte Begrenzung staatlicher Macht, Wettbewerb, Pluralismus, Rechtsstaatlichkeit, Demokratie und Gewaltenteilung. Auch Arbeitsmoral und Klima spielten eine bedeutsame Rolle.[35]

Erfolgsfaktor war aber auch die gnadenlose Gewalt, die die USA gegenüber jedem anwendeten, der sich ihnen entgegenstellte und nicht nach ihrer Pfeife tanzte. Eine Gewalt, mit der sie bis heute ihre Vormachtstellung absichern. Dass US-Präsident Trump die USA als Opfer weltweiter Ausbeutung darstellt, ist kabarettreif.

Die US-Gewalt wurde fast immer in die großen Worte der amerikanischen Unabhängigkeitserklärung gekleidet. Sie diente angeblich den unveräußerlichen Menschenrechten, der Gleichheit aller Menschen, ihrer Freiheit und ihrem Streben nach Glück. Leider galten sie in Wahrheit nur für die Angehörigen des westlichen Kulturkreises. Und auch hier oft nur für seine Eliten. Für den »Rest der Welt« war und ist der amerikanische Traum ein blutiger Albtraum.

5. KAPITEL
LIEBLINGSSTRATEGIE KRIEG

Krieg heißt Menschen erschlagen. Notfalls auch Zivilisten. Wie kommt es, dass Politiker diesen Sprung in die Unmenschlichkeit immer wieder als etwas Großes, Erhabenes darstellen? Wie kommt es, dass das Erschlagen von Menschen im zivilen Leben als monströses Verbrechen gilt, im Krieg aber oft als Heldentat mit Orden belohnt wird? Was, außer dem ewigen Streben nach Macht, Märkten und Moneten, treibt Menschen dazu, politische Ziele mit Mord und Totschlag durchzusetzen?

KRIEGSGRÜNDE

GÖTTLICHE EINGEBUNG

George W. Bush vertraute dem Palästinenserpräsidenten Mahmud Abbas offen seinen angeblich »göttlichen Auftrag« im Antiterror-Krieg an. Er sagte: »Gott hat mir aufgetragen: George, geh los und bekämpfe die Terroristen in Afghanistan. Und ich habe es getan.«[1] Den französischen Präsidenten Chirac soll Bush mit seinen biblischen Prophezeiungen völlig durcheinandergebracht haben. In einem Telefonat versuchte er Chirac zu erklären, dass es im Irakkrieg darum gehe, den Mittleren Osten vor den biblischen Schreckensgestalten »Gog und Magog« zu retten. Beide waren Chirac unbekannt.[2] Einem befreundeten Kabinettsmitglied erläuterte Bush, Gott habe ihn auserwählt, sein Land durch diese bitteren Zeiten zu führen: »Ich glaube, es ist Gottes Wille, dass ich Präsident bin.« Bush war nicht der Einzige, der sich bei gottlosen Kriegen auf Gott berief.[3]

DAS RECHT DES STÄRKEREN

Viele scheinen zu glauben, Krieg gehöre zur Politik großer Staatsmänner einfach dazu. Der Schweizer Historiker Jacob Burckhardt schrieb: »Von Volk zu Volk gilt es als zeitweise (…) unvermeidlich, aus irgendwelchen Vorwänden übereinander herzufallen.«[4] Und: »Schwächere Nachbarn werden unterworfen (…), damit sie nicht ein anderer nehme.« Auf Vorrat sozusagen. Es gebe ein Königsrecht der Kulturstaaten, barbarische Länder zu erobern und zu knechten. Damit diese sich ihren sittlichen Normen fügten.[5]

Burckhardts Worte, geschrieben vor über hundert Jahren, klingen wie eine Beschreibung der Gegenwart. In der Tat greifen mächtige Staaten am liebsten deutlich schwächere Gegner an, die man allerdings aus innenpolitischen Gründen oft zu gefährlichen Monstern hochstilisiert. Wie etwa 2003 den bereits am Boden liegenden Irak, den man jahrelang zur Abrüstung gezwungen hatte. Selbst derart heimtückische Kriege werden von den Siegern als heroische Taten gefeiert.

Der moderne Krieg ist ein Krieg der Feiglinge. Wie frühere Herrscher mitzukämpfen oder die Front zu besuchen ist bei den Führern unserer Welt aus der Mode gekommen. Unsere »Staatsmänner« werden angeblich stets dringend zu Hause benötigt. Müssten sie selbst an die Front, gäbe es weniger Kriege.

FASZINOSUM KRIEG

Immer wieder erfassen Wellen der Kriegslust die Menschheit. Wie Epidemien. So etwa zu Beginn des Ersten Weltkriegs. Beispielhaft bleiben die Sätze des deutschen Divisionspfarrers Adolf Schettler aus dem Jahr 1915: »Der Soldat soll tot schießen, soll dem Feind das Bajonett in die Rippen bohren, soll die sausende Klinge auf den Gegner schmettern. Das ist seine heilige Pflicht, ja, das ist sein Gottesdienst.«[6] Ich habe diese seuchenartig wiederkehrende Kriegsbegeisterung in meinem Buch *Du sollst nicht töten* ausführlich beschrieben.

Nicht viel anders klang der junge Winston Churchill. Im Mittleren Osten gegen ungehorsame Araber kämpfend, schwärmte er von

»fröhlichen kleinen Kriegen gegen barbarische Völker«.[7] Er schrieb: »Wir gingen systematisch vor, von Dorf zu Dorf. Wir zerstörten die Häuser, schütteten die Brunnen zu, fällten die schattigen Bäume, verbrannten die Getreidefelder und brachen die Getreidespeicher auf.«[8]

Nach dem Ersten Weltkrieg galt Krieg den meisten Menschen wieder als unmoralisch, unzivilisiert, ordinär und dumm. Noch schroffer war die Ablehnung des Krieges nach dem Zweiten Weltkrieg. Bis heute bekennt sich niemand mehr offen zum Militarismus früherer Zeiten. Der britische Militärhistoriker John Keegan, der mehrere historische Schlachten analysierte, nannte kriegerisches Heldentum »Gewalttätigkeitspornografie«.[9]

Doch lange Enthaltsamkeit scheint die Bereitschaft zum Krieg zu steigern. Frieden ist nicht spannend. Inzwischen stimmen in Deutschland selbst Parteien, die einst Schwerter zu Pflugscharen verwandeln wollten, wieder Kriegseinsätzen zu. Stolz erklären sie, jetzt seien sie erwachsen geworden. Ex-Bundespräsident Joachim Gauck sagte 2014, Deutschland sei ja nun »eine solide und verlässliche Demokratie und ein Rechtsstaat (...). Im Kampf für Menschenrechte oder für das Überleben unschuldiger Menschen [sei] es manchmal erforderlich, auch zu den Waffen zu greifen.«[10] Das heißt: andere Menschen totzuschlagen. Gauck war nie im Krieg.

Die Lockerungsübungen auch deutscher Politiker in Sachen Krieg sind unverkennbar. Die moralischen Barrieren für den Eintritt in »fröhliche kleine Kriege« werden niedriger. Militäreinsätze im Ausland sind fast schon Routine. Die deutsche Bundeswehr ist inzwischen an Kriegseinsätzen beteiligt, bei denen Zehntausende Zivilisten getötet wurden – zuletzt in Mossul und Rakka. Dort sogar ohne Mandat des Sicherheitsrats.[11] In Deutschland erregt das kaum jemanden. Die Bevölkerung wird über die Rolle Deutschlands bei den Massakern von Mossul oder Rakka sicherheitshalber gar nicht informiert.

Von der Gleichgültigkeit gegenüber dem Krieg zu neuer Kriegslust ist es nicht weit. Jacob Burckhardt hat recht, wenn er sagt, im Menschen liege »ein Drang zu periodischer großer Veränderung.

(...) Es muss anders werden.«[12] Die nächste Welle der Kriegslust könnte Deutschland schneller erreichen, als uns lieb ist. Natürlich hat man keine Lust auf Kriege im eigenen Land. Sondern irgendwo anders, in einem fremden, »barbarischen« Land. Im Kampf um »unsere Werte«. Doch was macht uns so sicher, dass der Krieg nicht eines Tages wie ein Bumerang zu uns zurückkommt? Ich bin ein optimistischer Mensch. Und trotzdem nicht sicher, ob Deutschland weitere siebzig Jahre Frieden erleben wird.

TÖTEN, EIN URTRIEB DES MENSCHEN

Friedrich der Große schrieb 1760 an Voltaire: »Jeder Mensch hat ein wildes Tier in sich; nur wenige wissen es zu bezähmen, die meisten lassen ihm die Zügel schießen, wenn sie nicht durch die Furcht vor den Gesetzen davon abgehalten werden.«[13] Der Mensch ist nicht nur »edel, hilfreich und gut«. Unter einer recht dünnen Schicht ruhen in ihm auch wilde, animalische Urtriebe. Mühsam gezähmt durch Zivilisation, moralische Regeln, Gesetze und das Gewissen. Noch immer tötet er, wenn ihm der Nutzen der Tat deutlich größer erscheint als der Preis, den er dafür möglicherweise bezahlen muss.

Die Freude des Menschen am Töten zeigt sich ganz offen bei der Jagd. Hier kann der Jäger sein Urbedürfnis zu töten voll ausleben. Gustave Le Bon hat in drastischen Worten darauf hingewiesen, wie unverhüllt und lustvoll der Mensch bei der Jagd seine Triebe zeigt.[14] In Urzeiten war Töten ja auch oft zwingende Notwendigkeit, um zu überleben.

Ohne Abschreckung brechen die Urtriebe des Menschen schnell hervor: 1969 streikte im kanadischen Montreal die Polizei. In den wenigen Stunden, in denen sie nicht einsatzfähig war, gab es zwei Morde, sechs Banküberfälle, zwölf Brandstiftungen und Hunderte Plünderungen.[15]

Am günstigsten ist das »Kosten-Nutzen-Verhältnis« beim Töten im Krieg. Hier ist keine Strafe, keine Ächtung zu erwarten. Das persönliche Risiko mächtiger Kriegsführer liegt – anders als das Risiko kleinerer Kriegsherren – nahezu bei null. Wer wie Bush, Obama oder Trump im Namen von Großmächten mordet, hat im Falle des Misserfolges höchstens die Abwahl zu befürchten. Gegenüber dem verlockenden Gewinn an Macht und Ruhm erscheint das vielen Politikern als akzeptabler Preis.

DIE VERHARMLOSUNG DES KRIEGES

SCHÖNREDEREI

Politiker verwenden gerne schöne Worte für unschöne Dinge. Zivile Opfer höllischer Bombardements bezeichnen sie als »Kollateralschäden«, Massaker als »Befriedung«, Vertreibung als »Umsiedlung«. Manchmal verkleiden sie Gräueltaten auch in eine bewusst schwer verständliche Bürokratensprache: Die Verschleppung von Terrorverdächtigen in ausländische Foltergefängnisse nennen sie »außerordentliche Auslieferung«. Heuchlerische Weltklasse ist auch die Umschreibung eines mörderischen Militäreinsatzes als »humanitäre Intervention«.

All das ist erbärmlich, aber nicht neu. Die Nazis nannten die industrielle Vernichtung jüdischer Mitbürger »Endlösung«. Gerade der zynische Missbrauch der Sprache in jenen dunklen Jahren müsste auf demokratische Politiker abschreckend wirken. Doch spielerisch leicht gehen ihnen die heuchlerischen Worte von »humanitären Interventionen« und »Kollateralschäden« über die Lippen.

ANONYMISIERUNG

Wer Kriege verhindern oder beenden will, muss ihr wahres Gesicht zeigen. Indem er die Opfer zeigt. Das Bild eines getöteten Kindes entlarvt alle großen Worte über humanitäre Kriege. Stalin wird das Zitat zugeschrieben: »Ein Todesfall ist eine Tragödie, eine Million Todesfälle sind Statistik.« Mutter Teresa sagte: »Wenn ich nur auf die ganze Masse sehe, werde ich nie mit dem einen anfangen. Aber wenn ich auf jeden Einzelnen sehe, werde ich am Ende der ganzen Masse gerecht werden.«[16]

Ich habe jahrelang versucht, das Schicksal einzelner Kriegsopfer zu schildern. Auch das Schicksal junger GIs. Oft habe ich die Berichte mit Bildern belegt. Die jeweiligen Kriegsbefürworter wehrten sich meist heftig, wenn ich ihnen Fotos der Opfer ihrer »humanitären Interventionen« vorlegte. Als ich in einer großen deutschen Talkshow die Fotos noch unverletzter afghanischer Kinder zeigte, die später beim deutschen Bombenangriff auf Kundus starben, wurde ich niedergebrüllt. Der deutsche Entwicklungsminister Dirk Niebel und der damalige *Spiegel*-Journalist Matthias Matussek waren empört, dass ich ihnen die Realität eines Krieges vor Augen führen wollte, den sie für richtig hielten.[17]

Das Zeigen von Kriegsopfern ist inzwischen noch schwieriger geworden. Sogar Facebook überdeckt mittlerweile selbst schonend ausgewählte Fotos von Kriegsopfern. Auch auf meiner Seite. Bei den deutschen Leitmedien versuche ich es schon gar nicht mehr. Das häufigste Argument gegen das Publizieren von Fotos verletzter oder getöteter Kinder lautet: »Jugendschutz«. Das ist in der Tat ein starkes Argument. Aber wäre es dann nicht auch sinnvoll, Kriegsspielzeug oder gewaltverherrlichende Computerspiele für Kinder zu verbieten?

Ist der Jugendschutz überhaupt der wahre Grund der zunehmend restriktiven Haltung vieler Medien gegenüber der Veröffentlichung von Bildern von Kriegsopfern? Oder soll unsere Bevölkerung nur die Opfer *westlicher* Kriege nicht mehr sehen? Wenn Putin oder Assad Zivilisten töten, flimmern die Opferbilder doch auch über unsere Bildschirme!

Auch in Zukunft muss es möglich sein, Fotos verwundeter und getöteter Kinder in verantwortungsbewusster Form zu veröffentlichen. Zumindest, wenn sie für die Beschreibung des Krieges wichtig sind. Und wenn die Verletzungen überdeckt werden und nicht reißerisch in den Vordergrund gestellt werden. Die Fotos des US-Massakers im vietnamesischen My Lai, die ebenfalls monatelang niemand veröffentlichen wollte, halfen mit, den Vietnamkrieg zu beenden. Sie würden heute in vielen Medien nicht mehr gezeigt. Das ist eine Fehlentwicklung, die Kriegslügen erleichtert. Der

Schutz unserer Kinder vor verlogenen Kriegen ist wichtiger als ihr Schutz vor der Wahrheit des Krieges.

DONALD TRUMP UND DIE ACHTJÄHRIGE NORA

US-Präsident Donald Trump befahl nur wenige Tage nach seinem Amtsantritt einen Kommandoeinsatz gegen Terroristen im Jemen. Über dreißig Menschen starben. Darunter dreizehn Frauen und Kinder. Eine derartige Meldung interessiert heute kaum noch. Erst wenn man das Foto der kleinen Nora sieht, die kurz vor ihrem Tod im roten Kleid, weißen T-Shirt und roten Haarschleifen glücklich in die Kamera lächelt, entsteht aus einer Routinemeldung das Bild einer menschlichen Tragödie. Dieses fröhliche Mädchen hatten die »SEALs« getötet?

Laut Pentagon galt der Angriff ausschließlich Al-Qaida-Mitgliedern. Vierzehn von ihnen seien getötet worden, hieß es. Auch ein Soldat der US Navy SEALs sei gefallen. Der Tod von Zivilisten wurde vom Pentagon erst später zugegeben. Als unbeabsichtigter »Kollateralschaden«. Warum die Körper mehrerer Kinder zahlreiche Einschusslöcher aufwiesen und warum Nora an einem Genickschuss starb, blieb Geheimnis des Pentagon.

Trump erwies dem gefallenen Navy SEAL die letzte Ehre. Die toten jemenitischen Kinder und Frauen waren ihm keine Erwähnung wert. Das »Verbrechen« von Nora war: Sie war die kleine Tochter des 2011 von einer US-Drohne getöteten US-Bürgers und Al-Qaida-Ideologen Anwar Al-Awlaki. Darf man Kinder von Terroristen töten?[18]

RASSISMUS?

Im Krieg wird der Feind oft als seelenloses Objekt dargestellt, das keine Schmerzen hat, keine Gefühle. Zumindest interessieren diese nur selten. Der Feind wird entmenschlicht. Oder als Mensch zweiter Klasse behandelt, als »höherer Affe«, wie Jean-Paul Sartre das in den 50er-Jahren nannte.[19] Oder wie der palästinensische US-Bürger

Edward Said, ein Christ, schrieb: »Die Orientalen (...) standen (...) auf einer Stufe (...) mit Delinquenten, Geisteskranken (...).«[20]

Nach dem amerikanischen Bürgerkrieg wurden im besiegten Süden der USA viele schwarze Frauen vergewaltigt. Niemanden interessierte das. Ganz anders als die Vergewaltigung weißer Frauen. Die viktorianisch-europäische Zivilisation schützte sie selbst im besiegten Süden. Sie war eben eine Zivilisation für »Weiße«.[21]

Der Brite James Puckle erfand im 18. Jahrhundert ein »Maschinengewehr«, das man zweifach nutzen konnte. Mit runden Kugeln gegen Christen. Mit quadratischer Munition gegen »Heiden«. Die quadratische Munition fügte schreckliche Verletzungen zu. Sie war vor allem für muslimische Türken gedacht. Laut der Beschreibung der »Zwillingsbüchse« in der Patentanmeldung sollte sie »die Türken von den Vorzügen der christlichen Zivilisation überzeugen«.[22]

Heute tritt der Rassismus meist nicht mehr ganz so offen auf. Aber im Inneren vieler Menschen bleibt er ein mächtiger Trieb, der noch immer Kriege gegen Völker anderer Kulturen erleichtert. Wir sollten uns da nichts vormachen.

DER DIKTATOREN-VORWAND

Ein besonders beliebter Kriegsvorwand ist die Beseitigung von Diktatoren. Die meisten Menschen im Westen verabscheuen Diktatoren. Hitler und Stalin waren Diktatoren, Irak und Libyen wurden von Diktatoren geführt. An der Spitze Syriens steht ein Diktator. Und auch der teildemokratische Iran gilt einigen US-Politikern als totalitäre Diktatur.

Aber müssen wir nicht auch bei »Kriegen gegen Diktaturen« immer wieder zwei Fragen stellen und überzeugend beantworten?

Erstens: Wie viele Unschuldige darf man töten, um einen Diktator loszuwerden? Zweitens: Warum »befreien« die USA – wenn es ihnen wirklich um Freiheit und Menschenrechte geht – nicht auch Saudi-Arabien und die vielen anderen Diktaturen, mit denen sie verbündet sind?

IMPERIALER UNGEHORSAM

Den USA geht es in Wahrheit nie um die Regierungsform anderer Staaten. Sondern immer nur darum, ob andere Staaten sie als Führer der Welt, als das »neue Rom« anerkennen. Es geht um imperialen Gehorsam oder Ungehorsam. Der jüdisch-amerikanische Philosoph und Schriftsteller Noam Chomsky hat recht, wenn er sagt: »Das Einzige, was der amerikanischen Außenpolitik als Verbrechen gilt, ist Ungehorsam.«[23]

Deswegen haben die USA auch demokratische Staatsoberhäupter weggeputscht, wenn sie ihnen im Weg standen. Ich erinnere an den Putsch gegen den demokratisch gewählten Regierungschef des Iran Mohammad Mossadegh 1953. Oder an den Staatsstreich gegen den ebenfalls demokratisch gewählten chilenischen Präsidenten Salvador Allende 1973, den die USA wohlwollend und konspirativ begleiteten.

Oft ist den USA eine stabile Diktatur als Partner sogar lieber als eine instabile Demokratie. Sie arbeiten mit vielen Diktaturen unserer Welt eng zusammen – zum Beispiel mit den Golfstaaten. Oder früher mit Indonesiens Staatspräsident General Suharto, mit dem korrupten Diktator der Philippinen Ferdinand Marcos oder mit Chiles Augusto Pinochet. Die Behauptung der USA, es gehe ihnen um die Befreiung fremder Völker von ihren Despoten, war immer ein Märchen.

DIE UNTERSCHLAGUNG DER WAHRHEIT

Vor und nach Kriegen ist immer gelogen worden. Der ganze Krieg ist eine Lüge. Manche meinen sogar, die gesamte Politik sei eine Lüge. Friedrich Nietzsche schrieb: »(...) der Staat lügt in allen Zungen des Guten und Bösen. Und was er auch redet, er lügt – und was er auch hat, gestohlen hat er's. (...) Ach, auch in euch, ihr großen Seelen, raunt er seine düsteren Lügen!«[24]

Selbst wenn das in Zeiten der Monarchie so gewesen sein sollte, muss man sich in Zeiten der Demokratie damit nicht abfinden. Weil unser demokratischer Staat nicht nur einigen Privatleuten gehört, sondern uns allen. Die Regierenden sind unsere Beauftragten. Sie haben uns Rechenschaft abzulegen und selbstverständlich die Wahrheit zu sagen. Die Lüge gegenüber dem eigenen Volk ist eine Missachtung der Demokratie.

Was die US-Regierung ihrer Bevölkerung über ihre Kriege erzählt, macht sprachlos. Als im Sommer 2017 nach neun Monaten die blutige Schlacht um Mossul zu Ende ging, sprach der kurdische Militärgeheimdienst bereits von 40 000 Toten in Mossul. Er meinte dabei offensichtlich die gesamte Provinz Mossul. Das US-Zentralkommando gab zu diesem Zeitpunkt gerade einmal den Tod von 484 Zivilisten zu. Aber nicht etwa im zerbombten Mossul, sondern im gesamten Irak und in Syrien![25] Diese grotesk niedrige Zahl war eine Verhöhnung der vielen Tausend Opfer dieses Bombenkrieges. Und des amerikanischen Volkes, das einen Anspruch auf Wahrheit hat.

2004 fand im irakischen Falludscha eine der brutalsten Vernichtungsschlachten seit dem Vietnamkrieg statt. Alle Regeln des Völkerrechts schienen aufgehoben. Die USA setzten weißen Phosphor ein. Um die Moral der Menschen zu brechen, wurde die Stadt tagelang mit dröhnender Rockmusik beschallt. Und dann von enthemmten Marines fast völlig zerstört. Unzählige Menschen wurden getötet. Höhnisch gaben die Amerikaner den Straßen Falludschas anschließend neue Namen. Es waren die Namen verflossener Freundinnen: Virginia, Jenna, Isabella. Die Iraker sollten sich verdammt noch mal an amerikanische Kultur gewöhnen. Und an ihre Niederlage.

Ich habe Falludscha danach mehrfach besucht. Und auf den Friedhöfen der Stadt viele Stunden mit trauernden Irakern verbracht. Mark Kimmitt, Ex-Staatssekretär im US-Außenministerium, war in jenen Tagen einer der führenden US-Militärs im Irak. Auf Al-Jazeera wurde er Anfang 2018 zur Schlacht von Falludscha interviewt. Auf die wiederholte Frage nach der Zahl der Opfer sagte er, er habe keine Ahnung. Das Opferzählen habe man aufgegeben. »In der gesamten Geschichte des Krieges« habe es ohnehin »noch nie einen sauberen Krieg gegeben.«[26]

Wenn die Menschen des Westens die volle Wahrheit über die Kriege ihrer Regierungen erfahren würden, wären Kriege nicht mehr möglich. Genau deshalb sagt ihnen kein Politiker die Wahrheit. Genau deshalb schreibe ich meine Bücher.

6. KAPITEL
FASSUNGSLOS IN GAZA

Ich war mehrfach in Gaza. Das erste Mal 2011 während des »Arabischen Frühlings«. Da die Grenzen dicht waren, musste ich durch einen Tunnel ins Land robben. Ein bedrückendes Erlebnis. Auch weil mich junge Palästinenser im ersten Dorf, das wir erreichten, wie einen Retter feierten und auf ihren Schultern herumtrugen. Ein Europäer, der sie in diesen Tagen in ihrem Freiluftgefängnis besuchte, wo gab es denn so was? Ich musste mich richtig anstrengen, um wieder von ihren Schultern runterzukommen.

Immer, wenn ich nach Gaza komme, muss ich mir auf die Lippen beißen. An kaum einem Ort der Welt begegnet man so viel Hoffnungslosigkeit. Die meisten Menschen hier haben aufgegeben. Es gibt keine Jobs, kein sauberes Wasser, nur wenig zu essen. Die medizinische Versorgung ist katastrophal. Das Einzige, worauf die Menschen sich verlassen können, ist, dass es immer wieder Kriege gibt. Kriege, in denen Gaza keine Chance hat. Weil es eines der ärmsten und militärisch schwächsten »Länder« der Welt ist. Israel aber hat eine der modernsten, schlagkräftigsten Armeen der Welt.

Ein bekannter israelischer Ex-Politiker und Kriegsheld sagte mir in Jerusalem in einem langen persönlichen Gespräch, Gaza interessiere Israel nicht. Israel wolle die alten biblischen Gebiete im Westjordanland zurück, Judäa und Samaria. Es werde sie auch bekommen. Gaza könne haben, wer wolle. Die Ägypter oder die Jordanier. Die Einzäunung Gazas durch Gitter und Mauern sei die gerechte Strafe dafür, dass Gaza die Hamas gewählt habe.

Als ich erwiderte, Gaza sei ja inzwischen fast ein Konzentrationslager, antwortete er, natürlich sei Gaza ein »Konzentrationslager«. Etwas anderes hätten die Leute dort auch nicht verdient. Am Schluss fragte ich ihn, warum er nicht mehr im Kabinett sitze. Seine Antwort: »Weil ich dann all das nicht mehr sagen kann, was ich Ihnen gerade gesagt habe. Obwohl dort fast alle dasselbe denken.«

NACH GAZA IM KRIEG

Als ich Gaza im Juli 2014 erneut besuchte, herrschte seit vier Tagen Krieg. Frederic und ich reisten über den offiziellen Grenzübergang Erez ein. Die Beamten im israelischen Informationsministerium, die die Einreise nach Gaza zu genehmigen hatten, waren äußerst korrekt und hilfsbereit gewesen. Wie die Grenzbeamten. Doch in dem mehrere Hundert Meter langen, drei Meter breiten Käfig-Gang nach Gaza fühlten wir uns wie Tiere auf dem Weg zum Schlachthof.

Dann waren wir in Gaza. Einem seit Jahren erschöpft am Boden liegenden winzigen Stück Land, dem auch dieser Krieg jeden Tag tiefe Wunden schlug. Überall von Bomben zertrümmerte Häuser, am Straßenrand Kinder mit leeren Gesichtern. Wir kletterten durch Häuserruinen und sprachen mit ausgebombten Familien. Bei brütender Hitze. Über uns das unheimliche Surren israelischer Kampfdrohnen. In vielen Ruinen sahen wir Kinderspielzeug. Eigentlich war das nicht überraschend. Denn in den meisten Häusern hatten Kinder gelebt.

Ich stieg auf einen Trümmerhaufen, auf dem besonders viel Spielzeug lag. Neben den Tapetenfetzen eines Kinderzimmers ein Kinderwagen. Frederic richtete ihn auf und klopfte den Staub ab. Ich entdeckte einen angebrannten Teddybär und ein mit Löchern übersätes Kinderbuch. Ich schaute beides näher an und legte es zurück. Frustriert setzte ich mich auf den Trümmerhaufen. Frederic schluckte. Trotzdem wollte er die Szene festhalten und fotografierte. Auch der Gaza-Krieg war ein Krieg gegen Kinder. Wie alle Kriege.

Das Foto ging um die Welt. Kritiker schimpften und zeterten, es sei eine Fälschung. Ich hätte das Spielzeug selbst zu den Ruinen transportiert. Das konnten nur Leute sagen, die noch nie in einem Kriegsgebiet waren. Oder die nicht wollen, dass die Wahrheit über ihre Kriege bekannt wurde. Ein palästinensischer Fotograf erzählte mir, seit Jahren werde jedem, der in den Trümmern israelischer Bombardements Kinderspielzeug fotografiere, Fälschung vorgeworfen. Das sei fast schon ein »running gag«. Ein sehr makabrer allerdings.

DAS MÄDCHEN, DAS DIE SPRACHE VERLOR

Im überfüllten, nach Tod und verbranntem Fleisch riechenden »Al Shifa«-Krankenhaus sehe ich ein Mädchen mit einem Raketensplitter in der Stirn. Sie ist neun und heißt Maryam. Sie hat die Sprache verloren. Ihre erschöpften Eltern versuchen, ihr mit einem kleinen Apparat Sauerstoff zuzuführen. Ich übernehme das Gerät, um ihnen eine Pause zu verschaffen. Sie erzählen, dass die Ärzte nicht wagen, den Metallsplitter aus ihrer Stirn herauszuoperieren. Ich blicke mich um und sehe nur Not und Elend. Wer einmal gesehen hat, wie Eltern Leichentücher öffnen, um ihre Kinder noch einmal zu küssen, weiß: Es gibt keine Worte, um Verzweiflung und Leid des Krieges zu beschreiben.

Abends sitzen wir müde auf dem Dach unseres Hotels. Am Himmel spukhafte »Feuergefechte« zwischen Israel und Gaza. Das kurze Aufleuchten der Geschosse der Hamas, bevor sie vom israelischen Raketen-Abwehrsystem »Iron Dome« zerstört werden. Danach als Antwort Israels das höllische Zischen einer Rakete. Gefolgt von berstendem Krachen. Immer wieder tauchen israelische Jets über Gaza auf und feuern heulend, fauchend, donnernd ihre tödlichen Geschosse ab. Jedes Mal sterben Menschen in Gaza. Durchschnittlich fünfzig pro Tag.

Todmüde fallen wir in unsere Betten. Nachts überfliegt eine israelische Rakete unser Hotel so niedrig, dass das Gebäude in seinen Grundfesten wankt. Selbst mein Bett schwankt bedrohlich. Wie bei einem schweren Erdbeben. Dann eine dumpfe Explosion. Ich springe auf. Auf dem dunklen Flur treffe ich Frederic, der sich zu meinem Zimmer vortasten wollte. Wir wissen nicht, ob das Hotel getroffen wurde, und telefonieren mit der Rezeption. Wir erfahren, dass hinter dem Hotel ein Wohnhaus getroffen wurde. Das Hotel sei in Ordnung. Trotzdem ist uns spätestens jetzt klar: In Gaza gibt es keinen sicheren Platz mehr.

FUSSBALL-WELTMEISTERSCHAFT IN GAZA

Wir wollten uns trotzdem das Endspiel um die Fußball-Weltmeisterschaft im Fernsehen ansehen: Deutschland gegen Argentinien. Am liebsten in einem der vielen Strandcafés. Dann erfuhren wir, dass dort zu Beginn des Halbfinales Argentinien gegen Holland neun junge Palästinenser von einer israelischen Rakete getötet worden waren. Wir blieben lieber im Hotel. Doch an diesem Abend blieb der Himmel über Gaza relativ ruhig. Offenbar schauten sich die palästinensische Hamas und Israels Streitkräfte das Endspiel ebenfalls an.

TOD AM STRAND

Drei Tage später wurden am Strand von Gaza vier Kinder von Raketen der israelischen Marine getötet: Ismail (9), Zakaria (10), Ahed (10) und Mohamed (11). Zwei ihrer Cousins wurden schwer verletzt. Die Kinder hatten am Strand Fußball gespielt. Gaza war noch immer im Fußballfieber.

Ausländische Journalisten haben die Beschießung von ihrem Hotel aus beobachtet und fotografiert. Israel erklärte, Ziel der Raketen seien »Terroristen der Hamas« gewesen. Und kündigte eine Untersuchung an. Wie üblich wurde diese ein knappes Jahr später eingestellt.

Es war ein grotesk ungleicher Krieg. Die Hamas und andere radikale Gruppen verschossen überwiegend 1,20 Meter große, selbstgefertigte Terror-Raketen mit zehn bis zwanzig Pfund schweren Sprengköpfen. Die fast nie trafen. Israel antwortete mit hundertmal schwereren, modernen Bomben und Raketen, die fast immer trafen.[1]

WIE GEWALTTÄTIG SIND PALÄSTINENSER?

In vielen Medien wird der Eindruck erweckt, die Palästinenser seien ein besonders gewalttätiges Volk. Die Zahlen sprechen eine andere Sprache. In den dreißig Jahren vom Beginn der ersten palästinensischen »Intifada« am 9. Dezember 1987 bis zum 8. Dezember 2017 wurden auf israelischer Seite 1663 Menschen getötet.[2] Das ist eine schrecklich hohe Zahl. Keine Regierung der Welt würde sie hinnehmen.

Noch schrecklicher allerdings ist die Zahl der im gleichen Zeitraum von Israelis getöteten Palästinenser. Laut der israelischen Menschenrechtsorganisation B'Tselem liegt sie bei 11 011. Das ist mehr als das Siebenfache. Auch das würde kein Volk der Welt hinnehmen.

FRÜHSTÜCK MIT KISSINGER

Vor vielen Jahren hatte ich mich mit Ex-US-Außenminister Henry Kissinger zum Frühstück in seinem Haus in New York getroffen. Kissinger hatte in den 70er-Jahren lange versucht, zwischen Israelis und Palästinensern zu vermitteln. Ich fragte ihn nach seiner Lösung für den Palästina-Konflikt. Er legte das Brötchen, das er gerade verzehren wollte, aus der Hand und sah mich lange an. Dann antwortete er mit seiner tiefen Stimme: »Es gibt keine Lösung.«

Die Zeit wird zeigen, ob Kissinger recht hat. Ich glaube, dass die Geschichte mehr Fantasie hat als alle Politiker. Und dass nichts geregelt ist, was nicht gerecht geregelt ist. Die im 11. und 12. Jahrhundert von den Kreuzfahrern in Palästina gegründeten christlichen »Kreuzfahrerstaaten« – das Königreich Jerusalem, das Fürstentum Antiochia oder die Grafschaft Edessa – hielten sich nicht einmal 200 Jahre.

Ich glaube, dass Israel nur dauerhaft überleben wird, wenn es mithilft, einen wirklich lebensfähigen, unabhängigen palästinensischen Staat zu schaffen. Wenn es faire Partnerschaften und Freundschaften mit den arabischen Staaten *und* mit dem Iran schließt. In einer Welt voller Feinde wird es Israel schwer haben zu überleben. In einer Welt von Freunden jedoch könnte es eine historisch wichtige, konstruktive Rolle spielen.

Zurzeit scheinen rechte, auf die Überlegenheit ihrer Waffen setzende Politiker wie Netanjahu alle Trümpfe in der Hand zu haben. Netanjahu will ein großisraelisches Reich, das auch das Westjordanland umfasst. Und Teile Syriens, wie etwa die Golanhöhen. Um das zu erreichen, schafft er Fakten. Jeden Tag. Durch immer neue Siedlungen. Er weiß, die Welt wird gegen diese Politik zwar protestieren, aber nichts unternehmen. Er setzt auf die Macht des Faktischen. Und auf die politische und moralische Feigheit des Westens.

DER NÄCHSTE GAZA-KRIEG IST LÄNGST IN PLANUNG

Die Palästinenser haben Netanjahu bisher keine überzeugende Strategie entgegengesetzt. Der gemäßigte Palästinenserführer Mahmud Abbas setzt seit Jahren erfolglos auf Frieden und eine Zwei-Staaten-Lösung. Doch Netanjahu führt Abbas, den »Mann ohne Armee«, am Nasenring durch die Manege. Er hat keinen Respekt vor Männern ohne Macht.

Die in Gaza herrschende Hamas ist nicht erfolgreicher. Sie tritt Israel ausgerechnet auf jenem Feld entgegen, auf dem Israel am stärksten ist: auf dem Feld der Waffen. Das ist eine groteske Strategie! Militärisch ist die Hamas gegen Israel, gegen die größte Militärmacht des Mittleren Ostens, chancenlos. Die Hamas weiß das. Und doch sucht sie – wenn die gezielten Demütigungen durch Israel wieder einmal ganz unerträglich geworden sind – regelmäßig die militärische Auseinandersetzung. Auch, um ihre eigene Daseinsberechtigung zu unterstreichen. Dieser Versuch endet stets mit einer verheerenden militärischen Niederlage. »Rasenmähen«[3] nennen rechte Israelis diese Bestrafungsaktionen. Ich befürchte, dass die nächste »Rasenmäh-Aktion« längst in Planung ist. Und dass die Hamas das weiß.

EIN FRIEDENSPLAN FÜR PALÄSTINA

Die einzige Chance, die die Palästinenser haben, ist die Macht der öffentlichen Meinung. Eine Macht, vor der alle westlichen Politiker großen Respekt haben. Weil sie sie zu ihrer Wiederwahl benötigen. Wenn die 1,9 Millionen Menschen Gazas einmal im Monat in demonstrativ *gewaltlosen* Friedensmärschen zum israelischen Grenzzaun wandern würden, hätten sie eine Chance. In weißen Gewändern mit Transparenten »Freiheit für Palästina!«. Und anders als 2018 ohne Brandsätze, ohne brennende Reifen und ohne Steine werfende Jugendliche.

Die ganze Welt würde ihnen zuschauen. Mit ihnen fiebern. Jeder Schuss auf die friedlichen Demonstranten wäre eine Niederlage der Schießenden. Der Druck auf die westlichen Regierungen, sich energischer für einen lebensfähigen palästinensischen Staat einzusetzen, würde mächtig. Der Druck auf die israelische Regierung übermächtig. Selbst aus der israelischen Bevölkerung heraus.

Mit einer unverfälschten »Strategie Gandhi« hätten die Palästinenser eine realistische Chance, das Ziel eines eigenen Staates zu erreichen. Mit der »Strategie Kassam« werden sie scheitern. Die Welt, die die wahren Kräfteverhältnisse zwischen dem palästinensischen David und dem israelischen Goliath nicht kennt, wendet sich von der Kassam-Ballerei stets angewidert ab. Israel erhält jedes Mal einen weiteren Vorwand zum »Rasenmähen«. Und zur weiteren Ausdehnung seiner Macht.

RÜCKKEHR MIT HINDERNISSEN

Ein Jahr später, im September 2015, brachen Frederic und ich erneut nach Gaza auf. Es war unsere erste Nahost-Reise nach unserer Expedition in den »Islamischen Staat«. Begleitet wurden wir von Ahmed, einem jungen englischen Kameramann. Seine Mutter stammt aus Mauritius, sein Vater aus England.

Der Empfang am Flughafen in Tel Aviv war ungewöhnlich schroff. Mein Münchner Freund und Nachbar, der damalige Generalkonsul Israels in München, Dan Shaham, hatte mich bei einem unserer Abendessen vorgewarnt: »Sie werden dich nicht sehr begeistert empfangen. Du hast den Gaza-Krieg kritisiert und du warst beim IS«, hatte er gesagt. »Wenn's schwierig wird, ruf ich dich an«, hatte ich lachend erwidert. Und das Gespräch wieder vergessen.

Was sich dann am Flughafen von Tel Aviv abspielte, hatte ich nicht erwartet. Obwohl ich schon einmal große Schwierigkeiten bei der Einreise gehabt hatte. Als ich ausnahmsweise auf dem Landweg über Jordanien nach Israel einreisen wollte. Aber das war lange her. Meist war die Einreise reibungslos verlaufen. Manchmal sogar ausgesprochen freundlich. Diesmal war alles anders. Statt uns einen Einreisestempel zu geben, führten uns Grenzschutzbeamte in einen Raum, in dem zahlreiche weitere »Verdächtige« saßen. Nach 45 Minuten musste als Erster Ahmed zum Verhör. Ahmeds Problem war, dass er Ahmed hieß. Wir warteten eine Stunde, zwei Stunden. Dann gingen wir zur Sicherheitszentrale, um nachzufragen, wo das offizielle Problem lag.

DER TOBENDE SICHERHEITSCHEF

Dort schaltete sich, wie von einer Tarantel gestochen, der ganz in Schwarz gekleidete Sicherheitschef des Flughafens ein. Immer lauter werdend, schrie dieser Baum von einem Mann, er wisse genau, was ich in Gaza wolle. Er wisse alles über mich. Alles. Dabei schob er sein Gesicht immer näher an meines heran und schaute mich drohend an. Ich hatte noch nie auf einem Flughafen eine derart skurrile Szene erlebt. Als Frederic den Mann aufforderte, seinen Ton zu ändern, flippte er ganz aus. Wenn er das noch einmal sage, werde er uns ausweisen lassen. »I will deport you! You understand? I will deport you!«, brüllte er.

Ich ließ ihn stehen und rief meinen israelischen Freund Dan Shaham in München an. Der verstand sofort. Er bat mich, ihm den Sicherheitschef ans Telefon zu geben. In gerade einmal fünf Minuten waren alle Probleme geklärt. In einem letzten Aufbäumen brummte der Sicherheitschef zwar, Ahmed habe noch mindestens fünf weitere Stunden Verhör vor sich. Doch als ich wieder zum Handy griff, um Dan Shaham anzurufen, gab er auf. Wir erhielten die Erlaubnis einzureisen. Kurz danach waren wir in Tel Aviv.

Am nächsten Tag holten wir im Jerusalemer Informationsministerium unsere israelischen Presseausweise ab. Hier waren alle Mitarbeiter wie immer hilfsbereit. Wir hatten fast den Eindruck, dass sie uns mochten: Die zwei Deutschen, Vater und Sohn, waren wieder da! Auch sie wussten, wer wir waren. Selbst Ahmed wurde zuvorkommend behandelt. Israel hat viele Gesichter. Auch viele sympathische.

EIN SPIEL- UND BOLZPLATZ FÜR DIE KINDER VON GAZA

Diesmal waren wir nach Gaza gekommen, um ein wenig Licht in den grauen Alltag der Menschen zu bringen. Mit einem Teil des Honorars meines Buches *Inside* IS hatte ich den Kindern von Bait Lahiya im Norden Gazas einen großen Spielplatz bauen lassen. Mit Schaukeln, Rutschen, Karussells und allem, was dazugehört. Außerdem hatten wir einen Frischwasserbrunnen gebaut. Bei den Arbeiten für den Spielplatz war in 48 Metern Tiefe eine große Quelle entdeckt worden.

Außerdem hatten wir einen professionellen Rasenfußballplatz anlegen lassen. Einen Superplatz, hundert Mal besser als die Wiese im Englischen Garten in München, auf der ich an jedem freien Samstag Fußball spiele.

Heute war Einweihung. Endlich sah ich in Gaza glücklich leuchtende Kinderaugen. Und wie sie leuchteten! Die Augen der Fünf- und Sechsjährigen, als sie erstmals eine Rutsche hinuntersausen durften. Die Augen der Vierzehn- bis Sechzehnjährigen, als sie sich auf dem Fußballplatz daneben fürs Spiel aufwärmten. Zwei Mannschaften, die eine in hellgrüner, die andere in orangener Sportkleidung, waren aufgelaufen. Sie wussten, dass der frisch verlegte Rasen noch gut anwachsen musste. Und dass sie ihn erst in ein paar Wochen richtig bespielen konnten. Aber sie wollten wenigstens ein paar Bälle auf dem dichten saftigen Rasen spielen. So schoben wir uns den Ball ein paar Mal »lässig« zu und versuchten anschließend, ihn möglichst lang hin und her zu köpfen. Die Jungs wussten, hier entstand etwas ganz Tolles. Nur für sie.

Ich musste fest versprechen, zum offiziellen Eröffnungsspiel noch einmal nach Gaza zu kommen. Und mitzuspielen. Es war klar, dass ich diese Einladung annehmen würde. Wann kann man als Deutscher schon mal an einem Eröffnungsfußballspiel in Gaza teilnehmen?

GAZA, LAND OHNE HOFFNUNG

Große Teile Gazas waren noch immer trostlose Ruinenlandschaften, die Wunden der Menschen nicht verheilt. Viele Kinder waren traumatisiert. Ob sie heute Nacht sterben müssten, hatten sie ihre Eltern während der Bombennächte gefragt. Und wie sie sterben würden. Würde das Haus über ihnen zusammenstürzen? Würden sie verbrennen? Zu Krüppeln werden? Würden ihre Eltern mit ihnen sterben?

Viele Menschen lebten noch in ihren zertrümmerten Häusern, die teilweise bizarr aussahen. Und jederzeit einstürzen konnten. Niemand hatte Geld, um sie zu reparieren. Mein palästinensischer Freund Wahid sagte: »Ich liebe Gaza. Es könnte so ein wunderbarer Platz sein. Die Menschen hier wollen nur ein ganz normales Leben – Elektrizität, etwas zu essen, anständige Schulen und Krankenhäuser. Wie alle Menschen auf der Welt. Aber das, was man für ein normales Leben braucht, existiert in Gaza schon lange nicht mehr. Die Menschen kämpfen ums nackte Überleben.« Über fünf Milliarden Dollar Hilfe hatte die Staatengemeinschaft nach dem Krieg versprochen, doch kaum etwas davon war angekommen. Nach über einem Jahr lag Gaza noch immer auf der Intensivstation.

MARAH

Die elfjährige Marah war nur ein Beispiel von Tausenden. Wir besuchten sie in ihrem kleinen Haus im Zentrum Gazas. Sieben Geschwister und Cousins standen um sie herum, saßen neben mir auf der Couch oder auf meinem Schoß. Marah erzählte ihre Geschichte: Während des Krieges feierte sie am 27. Juli 2014 mit anderen Kindern das islamische Eid ul-Adha. Das Opferfest. Den höchsten muslimischen Feiertag. Die Kinder wollten einfach wieder mal spielen. Auf der Straße, ein paar Meter vor ihrem Haus.

Mitten im Spiel schlug die Bombe ein. Genau zwischen ihnen. Dreizehn Menschen starben, darunter elf Kinder. Marahs siebenjähriger Bruder Mohammed war sofort tot. Ihr fünfjähriger Cousin Khaled wurde von Bombensplittern an Kopf und Arm verletzt. Die Splitter konnten bis heute nicht entfernt werden. Sie selbst erlitt Verbrennungen im Gesicht und auf dem Kopf. Sie sind inzwischen verheilt. Marah erzählte, dass sie nachts trotzdem immer wieder aufwacht. Dass sie dann den Namen ihres Bruders ruft. Und ihre brennenden Haare löschen will.

Jemand hatte die Katastrophe mit dem Handy gefilmt. Auf dem wackeligen Video sehen wir die Zerstörungen, hören die verzweifelten Schreie der Kinder. Schreie, die nicht enden wollen. Schreie, die ich nie vergessen werde.

DER VATER, DER AUF SEINER KRÜCKE FLÖTE SPIELT

Auch Marahs junger Vater Mahmoud war schwer verletzt worden. In einer Notoperation wurde ein Teil des Oberarmknochens entfernt. Sein rechter Oberarm hatte dadurch jede Stabilität verloren. Sein Körper war noch immer voller Raketensplitter. Laufen konnte er nur mit einer Krücke. Doch er hatte die langen Tage im Krankenhaus genutzt, um ein Instrument zu erlernen. Eines, das er selbst erfunden hatte. Er hatte entdeckt, dass man mit Krücken Flöte spielen kann.

Stolz humpelte er mit seiner Krücke auf die enge Gasse vor dem Haus. Vorsichtig ließ er sich in einen Plastikstuhl gleiten, den Marah schnell rausgetragen hatte. Dann schraubte er den unteren Teil der Krücke ab. Und spielte uns mit dem oberen Teil ein Lied vor. Schüchtern und stolz. Ein Lied voller Trauer und Schönheit.

ERÖFFNUNGSSPIEL IN BAIT LAHIYA

Ein halbes Jahr später, im März 2016, waren wir erneut in Gaza. Zum Eröffnungsspiel in Bait Lahiya. Und auch, um weitere 50 000 Euro des Honorars meines Buches *Inside IS* zu überbringen. Für die Betreuung traumatisierter Kinder.

Natürlich bolzte ich beim Eröffnungsspiel der vierzehn- bis sechzehnjährigen Jungs mit. Meine Mannschaft trug orangene Trikots, unser Gegner gelbe. Die rund hundert Zuschauer hatten gedacht, dass ich trotz Fußballkleidung nur den Anstoß machen würde. Nachdem sie sahen, dass ich richtig mitspielte, köpfte, grätschte und schoss, bekam ich bei jedem Ballkontakt begeisterten Beifall. Besonders laut wurde er, als ich auch zur zweiten Halbzeit antrat. Nur Frederic war nicht ganz so respektvoll. »Mehr laufen, Mann! Schneller! Attacke!«, rief er mir von seinem schattigen Platz aus zu.

Ein Tor schoss ich nicht. Obwohl ich bei einem Eckball eine riesige Kopfballchance hatte. Und der kleine gegnerische Verteidiger, als er das merkte, respektvoll beiseitetrat. Es waren anderthalb Stunden reinen Glücks. Für mich und für die Jungs, die in neuen Trikots und Stutzen, aber teilweise barfuß spielten. Welcher Junge kann sich in Gaza schon richtige Fußballschuhe leisten?

Ich weiß, Fußball ist nicht alles. Der Sportplatz würde das perspektivlose Leben dieser Kinder und Jugendlichen nicht entscheidend verändern. Er würde sie nicht vor neuen Kriegen und neuen Bombardements schützen. Auch nicht vor Hunger. Aber er würde ihnen ein paar Stunden schenken, auf die sie sich die ganze Woche freuen konnten.

BOMBEN ÜBER BAIT LAHIYA

In der Nacht dieses wundervollen Tages hörten wir Explosionen. Ein Luftangriff, obwohl die Kampfhandlungen seit weit über einem Jahr beendet waren? Am nächsten Tag erfuhren wir, dass es tatsächlich einen israelischen Angriff auf eine Militäranlage der Hamas gegeben hatte. Splitter einer Rakete hatten ein Bauernhaus in der Nähe unseres Fußballplatzes getroffen. Und dort die sechsjährige

Isra'a und ihren Bruder, den zehnjährigen Yassin, im Schlaf getötet. Wir waren zurück in der Realität Gazas. Das kurze Glück von Bait Lahiya war vorbei.

Vor dem israelischen Luftangriff hatte offenbar eine extremistische palästinensische Splittergruppe eines ihrer idiotischen Kassam-Geschosse auf israelisches Gebiet gefeuert. Und wie meist nichts getroffen. Die israelische Regierung machte für diese gefährlichen Provokationen wie üblich die Hamas verantwortlich. Obwohl sie wusste, dass die Hamas seit Längerem keine Raketen mehr abfeuerte. Und auch nicht jeden Winkel Gazas kontrollieren konnte. Kassam-Geschosse konnten aus jedem Vorgarten, aus jeder Hausruine heraus abgeschossen werden. In Israel war bekannt, dass die Hamas teilweise brutal gegen radikale Splittergruppen in Gaza vorging. Aber solche »Details« spielten bei den Abstrafaktionen Israels keine Rolle.

Am Abend fuhren wir zu dem Bauernhaus, in dem Isra'a und Yassin gestorben waren. Die Decke ihres kleinen Zimmers war von einem Raketenteil durchschlagen worden. Die Wand voller Blutspritzer. Leise verließen wir den Raum. Und gingen zur Trauerfeier. Mehrere Hundert Menschen waren gekommen. Ich nahm den Vater der beiden getöteten Kinder in die Arme. Ich wusste nicht, was ich ihm sagen sollte. Irgendwann kann man zur Tragödie Gazas nichts mehr sagen.

Den westlichen Medien war der Tod der beiden Kinder keine Zeile wert. Was wäre los gewesen, wenn in Tel Aviv eine Kassam-Rakete zwei israelische Kinder im Schlaf getötet hätte?

MEIN BRIEF AN BENJAMIN NETANJAHU

Am 24. Juli 2014, mitten im Krieg, hatte ich dem israelischen Ministerpräsidenten einen offenen Brief geschrieben. Ich hatte ihn gebeten, sich einmal vorzustellen, er wäre nicht in Israel, sondern in Gaza geboren worden. Ich habe den Brief hier nur leicht gekürzt.

Sehr geehrter Herr Ministerpräsident Netanjahu,

darf ich Ihnen mitten im Krieg ein paar Fragen stellen? Als Deutscher, der weiß, dass die Generation seiner Vorfahren den Juden Unverzeihliches angetan hat, der das Existenzrecht Israels akzeptiert und der Antisemitismus wie jede Form von Rassismus für eine Schande hält.

Haben Sie sich schon mal vorgestellt, wie es wäre, wenn Sie nicht in Tel Aviv, sondern in Gaza auf die Welt gekommen wären? Sie hätten dann nicht die besten Schulen und Universitäten der USA besuchen können, sondern wahrscheinlich nur die bescheideneren Schulen und Universitäten von Gaza und im Westjordanland.

Wären Sie auch in Gaza Politiker geworden? Dann säßen Sie jetzt vielleicht wie 23 gewählte palästinensische Abgeordnete in israelischen Gefängnissen. Im Ofer-Gefängnis bei Ramallah oder im Hadarim-Gefängnis im Norden von Israel. Für Palästinenser ist es riskant, sich politisch zu betätigen.

Unterstellen wir daher, Sie wären ein angesehener Landwirt geworden und hätten begonnen, Blumen zu züchten. Sie hätten harte Zeiten durchlebt. Wegen der von Israel verhängten Blockade könnten Sie nur noch drei Prozent der früheren Blumenmenge exportieren. Die gesamte Wirtschaft Gazas liegt am Boden. Sie hätten fast alle Mitarbeiter entlassen müssen. Die wären jetzt arbeitslos – wie mehr als die Hälfte der arbeitsfähigen Bewohner von Gaza. Und müssten von der UNO durchgefüttert werden. Achtzig Prozent der Bevölkerung erhalten alle drei Monate Essensrationen wie damals die Iraker unter den vom Westen betriebenen Sanktionen.

Da Sie Ihre Familie von den paar Blumen, die Sie noch verkaufen würden, nicht ernähren könnten, hätten Sie sich mit einem Ihrer Brüder, der Fischer ist, zusammengetan. Allerdings wäre dieser auch in großen Schwierigkeiten. Israel hat den palästinensischen Fischern entgegen internationalem Recht verboten, außerhalb einer 3-Seemeilen-Zone zu fischen. Dadurch gehen den Fischern von Gaza 85 Prozent der Fischgründe verloren.[4] Wer diese Grenze überquert, wird von der israelischen Kriegsmarine beschossen. Ein Freund Ihres Bruders hat es gewagt. Er kehrte nie mehr zurück. Wie ein Dutzend anderer palästinensischer Fischer in den letzten fünf Jahren.

Auch sonst wäre Ihr Leben in Gaza beschwerlich. Vor allem wenn Israel wieder einmal – wie seit einigen Tagen – seine Stromlieferungen einstellt und gleich noch das Elektrizitätswerk von Gaza bombardiert. Wie gestern. Und daraufhin auch die Wasserversorgung zusammenbricht, weil die palästinensischen Wasserpumpen mit Strom betrieben werden. Gaza ist zurzeit ohne Strom und Wasser. Nichts geht mehr. Das Trinkwasser ist verseucht, das Abwassersystem zusammengebrochen. Wichtige Medikamente für Ihre Familie gäbe es schon seit Längerem nicht mehr. Die Folgen wären auch für Ihre Familie verheerend. Wie für alle palästinensischen Familien.

Für einen die eigene Freiheit liebenden Menschen wie Sie wäre es sicher hart, Ihre Heimat Gaza über den israelischen Grenzübergang Erez nur noch in medizinischen Notfällen und über den ägyptischen Grenzübergang Rafah nur dann verlassen zu können, wenn er ausnahmsweise einmal geöffnet ist. Sie würden im größten Freiluftgefängnis der Welt leben. Im Osten eingeschlossen durch militärische Todesstreifen, Stacheldraht und Betonmauern, im Westen zur Seeseite durch die Geschütze der israelischen Kriegsmarine.

Die einzige Möglichkeit, alte Freunde in Ägypten wenigstens gelegentlich wieder zu treffen, war in den letzten Jahren, wie ein Maulwurf durch einen der vielen Erdtunnel ins ägyptische Rafah zu krabbeln. Für viel Geld. Für einen stolzen Mann wie Sie wäre das zwar demütigend, aber was macht man nicht alles für die eigene Freiheit? Doch die neue ägyptische Regierung hat auch diesen letzten Fluchtweg in die Freiheit verrammelt. Zur Freude Israels. Sie hat viele der Tunnel einfach geflutet.

So bliebe Ihnen in diesen Tagen nur noch der Blick über das weite Meer, der noch immer wunderbar ist. Wenn man sich die israelischen Kriegsschiffe am Horizont wegdenkt. Und es bliebe der Traum von Freiheit. Vom Frieden, den Sie und Ihre palästinensische Familie lediglich vom Hörensagen kennen würden.

Wären Sie in diesen Tagen des israelischen Dauerbombardements Anhänger der gemäßigten Fatah, die seit Jahrzehnten durch Verhandlungen das Schicksal der Palästinenser zu verbessern sucht? Oder der radikalen, streng konservativen Hamas, die mit teilweise selbst gebastelten Raketen dilettantisch und in inakzeptabler Weise versucht, wenigstens ein paar Rechte der Palästinenser durchzusetzen?

Oder hätten Sie, wie viele Palästinenser, von der Politik einfach die Nase voll? Weil der aktuelle israelische Ministerpräsident den Palästinensern ohnehin nie gestatten wird, einen eigenen lebensfähigen und gleichberechtigten palästinensischen Staat aufzubauen? Und der nächste auch nicht? Ich befürchte, Sie würden mit der härtesten der sogenannten palästinensischen Terrorbewegungen, dem »Islamischen Dschihad« sympathisieren. Sie lassen sich ja nur selten von jemandem an Härte übertreffen. Doch wer weiß?

Stellen Sie sich vor, die Bomben der israelischen F16-Kampfjets hätten vor einigen Tagen auch Ihr Haus dem Erdboden gleichgemacht. Sie hätten dadurch wie unzählige Bewohner von Gaza zahlreiche Tote und Verletzte in Ihrer Familie zu beklagen und Ihren gesamten Besitz verloren. Eines der überlebenden, schwer verletzten Kinder im Shifa-Krankenhaus von Gaza, die kleine Maryam, wäre Ihre Enkelin. Maryam, an deren Krankenbett ich letzte Woche stand, hatte bei der Zerstörung Ihres Hauses schwere Verletzungen erlitten. Ein israelischer Raketensplitter steckt noch immer in ihrem Kopf. Niemand in Gaza kann sie operieren. In den Krankenhäusern fehlt es an allem. Der israelische Ministerpräsident interessiert sich nicht für die Krankenhäuser der Palästinenser. Er denkt nie an die Kinder von Gaza.

Was würden Sie als ausgebombter Bürger von Gaza von diesem israelischen Ministerpräsidenten denken, der unablässig von den Raketen der Hamas und des »Islamischen Dschihad« redet, die in zwei Kriegswochen zwei israelische Zivilisten getötet und zehn verletzt haben? Was auch ich schrecklich finde. Mord bleibt Mord, egal wer ihn begeht.

Leider sieht das der israelische Ministerpräsident anders. Ihm sind die 600 ermordeten und 4000 verletzten palästinensischen Zivilisten gleichgültig. Selbst die vier palästinensischen Kinder, die beim Fußballspielen am Strand getötet wurden, oder die Kinder, die beim Hühnerfüttern vom Dach ihres Hauses geschossen wurden, oder die neun jungen Fußballfans, die in einem Strandcafé beim WM-Spiel Argentinien–Holland von israelischen Raketen getötet wurden.

Auch das Beschießen von Behindertenheimen, Krankenhäusern, Ambulanzen, Schulen, all das stört ihn nicht. Noch nie hat dieser israelische Ministerpräsident über ein getötetes palästinensisches Kind geweint. Stattdessen höhnt sein Botschafter in den USA, eigentlich verdienten die israelischen Truppen wegen ihrer »unvorstellbaren Zurückhaltung« den Friedensnobelpreis. Seine Regierung begeht Kriegsverbrechen, und er fordert den Friedensnobelpreis. Unglaublich, würden wahrscheinlich auch Sie denken.

Sehr geehrter Herr Netanjahu, was würden Sie als Palästinenser von diesem israelischen Ministerpräsidenten und seiner Politik halten, wenn Sie Bürger von Gaza wären? Von einem Politiker, dessen Volk vor allem in Europa jahrtausendelang barbarisch behandelt wurde? Fast immer als Menschen zweiter Klasse? Wie ist es möglich, dass ein Politiker mit dieser tragischen Vorgeschichte seines Volkes nun die Bevölkerung von Gaza als Menschen dritter Klasse behandelt?

Hatte der Vater des Staates Israel, Theodor Herzl, nicht einen Musterstaat der Toleranz versprochen? Und geschrieben: »Und fügt es sich, dass auch Andersgläubige, Andersnationale unter uns wohnen, so werden wir ihnen einen ehrenvollen Schutz und die Rechtsgleichheit gewähren.«[5] Wo in Palästina gibt es ehrenvollen Schutz und Rechtsgleichheit für die Palästinenser?

Sehr geehrter Herr Netanjahu, stellen Sie sich bitte wirklich einmal vor, Sie seien nicht in Tel Aviv, sondern in Gaza geboren! Nur einen Augenblick! Vielleicht würden Sie dann erkennen, dass in Gaza und im Westjordanland Menschen leben, die dieselben Träume haben wie die Bürger Israels.

Sie, Herr Netanjahu, könnten mit einer Handvoll Menschlichkeit und Weitsicht, wie Jitzchak Rabin, ein echter Staatsmann werden. Läge das nicht auch im Interesse Ihres Landes? Israel wird in einer Welt von Feinden nicht überleben. Sondern nur in einer Welt von Freunden. Stellen Sie sich wenigstens einmal am Tag vor, Sie seien in Gaza geboren und nicht in Tel Aviv!

Ihr Jürgen Todenhöfer

7. KAPITEL
ACHT JAHRHUNDERTE ISLAMISCHER HOCHKULTUR, DIE ES ANGEBLICH NIE GAB

DUNKLES EUROPA, HELLER ORIENT

Wenn manche Europäer ans christliche Mittelalter denken, verklärt sich ihr Blick. Nostalgisch denken sie an stolze Könige, Kaiser, Ritter, Burgen, bunte Märkte. Doch das »Mittelalter«, das vom 5. bis zum 15. Jahrhundert dauerte, war eines der dunkelsten Zeitalter der europäischen Geschichte. Wissenschaft, Forschung, aber auch Hygiene und Körperpflege waren des Teufels. Sich zu waschen war Sünde. Je schmutziger man war, desto näher glaubte man sich Gott. Es war fromm, seine Kleidung so lange zu tragen, bis sie abfiel. Das christliche Mittelalter stank.

Königin Isabella von Spanien bekannte noch im 15. Jahrhundert, sie habe nur zwei Mal in ihrem Leben gebadet. Bei ihrer Geburt und bei ihrer Hochzeit. Der Körper des edlen Herzogs von Norfolk, der sich wie alle frommen Christen jener Zeit nicht wusch, war von eitrigen Abszessen übersät.[1] Die Gedärme der Menschen wurden von Würmern durchwühlt.[2]

Verdorbene Lebensmittel, Innereien und Fäkalien wurden einfach auf die Straße gekippt. Die Städte Europas gingen in Dreck und Kot unter.[3] Eine Müllabfuhr gab es bis Mitte des 19. Jahrhunderts fast nirgendwo. Stattdessen brachen ständig Seuchen und Epidemien aus. Paradiesisch war das nur für die Schweine, die die Straßen durchwühlten.[4]

Wissenschaftliche Forschung galt ebenfalls als sündig. Wer die Bibel kannte, in der angeblich alle wichtigen Wahrheiten standen, brauchte nicht nach der Wahrheit zu forschen. Das fanden zumindest die Kirche und die christlichen Herrscher jener Zeit. Viele Könige Europas konnten weder lesen noch schreiben.[5] Eine gewisse Bildung gab es lediglich bei Mönchen.[6] Leider beherrschten sie nur selten die griechische Sprache. Sie hatten dadurch nur wenig Zugang zu den Erkenntnissen der Antike.[7]

Gleichzeitig gab es immer wieder Kunde von einem sagenumwobenen Reich im Süden und Südosten Europas. Angeblich war es von Ungläubigen, von »Mohammedanern« geschaffen worden. Erst hörte man von der Pracht Andalusiens[8] im Süden Spaniens, dann kamen vergleichbare Informationen aus Sizilien. Schließlich berichteten sogar die Kreuzritter Ähnliches aus dem »Heiligen Land«. Dort hatten sie zu Hunderttausenden mehrfach vergeblich versucht, Jerusalem von den muslimischen »Heiden« zu befreien.

Die Kreuzzüge wurden für sie zu einer Reise in die Zukunft. In Syrien und Palästina begegneten sie einer Kultur, die ihnen in allen Bereichen voraus war. Einer Kultur, die Schulen, Universitäten, Bibliotheken und Krankenhäuser geschaffen hatte, die alles in den Schatten stellten, was sie aus ihren christlichen Ländern kannten. Sie trafen auf Menschen, die sich mehrfach am Tag wuschen und sich sogar die Zähne putzten. Wie konnte es außerhalb des Christentums eine höher entwickelte Welt geben?

Die Kreuzritter gaben ihre Erfahrungen nach der Heimkehr nur zaghaft weiter. Zwar übernahmen sie die eleganten Bärte, die sie bei den Arabern so bewundert hatten.[9] Insgesamt aber hüteten sie sich, zu Verkündern der Überlegenheit der arabisch-islamischen Zivilisation zu werden. Totschweigen war wohl das Klügste, was sie in jener intoleranten Zeit tun konnten.

Europa holte nur langsam auf. Erst ab 1130 ließ Bischof Raimund von Toledo[10] Schriften der Araber ins Lateinische übersetzen. Arabisch wurde zu einer elitären europäischen Gelehrtensprache. Arabisch-islamisches sowie griechisches Wissen wurde dadurch wenigstens einem kleinen Teil der Gelehrten Europas bekannt.

ALS CHRISTLICHE GELEHRTE BEI MUSLIMEN ABSCHRIEBEN

Laut dem französischen Sozialpsychologen Gustave Le Bon haben bis zum 15. Jahrhundert führende Gelehrte des langsam erwachenden Europa bedenkenlos bei Arabern abgeschrieben. Roger Bacon etwa oder Albertus Magnus.[11] Warum sollten sie zugeben, dass zahlreiche ihrer Erkenntnisse von Muslimen, von »Ungläubigen« stammten? Dass die Überlegenheit des islamischen Orients gegenüber dem christlichen Okzident erdrückend war? Dass uns ausgerechnet »Feinde«, Muslime, Wege aus der Barbarei des Mittelalters zeigten?

Seit dem 7. Jahrhundert hatten sich Morgenland und Abendland, Orient und Okzident, als Konkurrenten gesehen.[12] Die Identität Europas, ja sogar seine Grenzen waren letztlich im Konflikt mit der muslimisch-arabischen Welt entstanden.[13] Bis zum 15. Jahrhundert war Europa das rückständige Hinterland der muslimischen Welt. Als die Europäer dann mächtig wurden und sich zur Eroberung der Welt aufmachten, wollten sie nicht gestehen, dass sie acht Jahrhunderte lang im Schatten einer überlegenen »heidnischen« Kultur gelebt hatten.

FUND IN EINER PARISER BÜCHEREI

Vor einigen Jahren entdeckte ich in Paris in einer winzigen Buchhandlung Gustave Le Bons verstaubtes Buch *La civilisation des Arabes*. Mit großem Gewinn hatte ich bereits seine weltberühmten Klassiker über die Psychologie der Massen und über die Französische Revolution gelesen. Ich fing an zu blättern und stieß auf einen Satz, der mich in seiner Schonungslosigkeit verblüffte:

»Die Araber waren es, die Europa zivilisiert haben.«[14] Und weiter: »Wenn man die wissenschaftlichen Arbeiten der Araber und ihre Entdeckungen studiert, sieht man, dass kein Volk derart Großes in derart kurzer Zeit produziert hat.«[15]

Vor mir entstand in immer klareren Konturen eine aus dem Gedächtnis des Westens verbannte Hochkultur, deren Länder ich seit meiner Jugend bereist hatte. Ohne zu wissen, dass diese islamische

Welt den Westen acht Jahrhunderte lang überragt hatte. Ich erinnerte mich an die architektonischen Symbole jener Zeit, in denen ich viele Stunden verbracht hatte. An die Al-Aqsa-Moschee in Jerusalem, die Alhambra-Burg im spanischen Granada oder den Naqsch-e-Dschahān-Platz im iranischen Isfahan. Die islamische Hochkultur war eine der faszinierendsten Zivilisationen der Menschheitsgeschichte. Acht Jahrhunderte lang überstrahlte sie all ihre Gegenspieler. Heute weiß das kaum noch jemand. Wurde sie vergessen oder bewusst verdrängt?

DER AUFSTIEG DES ISLAMISCHEN WELTREICHS

Zwei Jahre nachdem Mohammed im Jahr 630 Mekka fast gewaltlos erobert und anschließend die arabische Halbinsel geeint hatte, verstarb er. Das durch den neuen Glauben tausendfach verstärkte Selbstbewusstsein seiner Anhänger aber lebte weiter. Zwei Jahre nach dem Tod des »Gesandten Gottes« begann ein einmaliger Siegeszug. Die Muslime eroberten Palästina, Syrien, Ägypten, Nordafrika, das sagenumwobene persische Reich und zwei Drittel Spaniens.

Innerhalb von 120 Jahren dehnten sie das »Reich des Islam« bis nach Indien aus. Es war nun mehr als doppelt so groß wie das Römische Reich in seiner Blütezeit. Das goldene Zeitalter des Islam hatte begonnen. Seine weltweit berühmten, nur im christlichen Europa verkannten Hauptstädte waren Damaskus, Bagdad, Isfahan und das spanische Córdoba.

TOLERANZ ALS STOLZ UND STRATEGIE

Die meisten territorialen Eroberungen der muslimischen Araber erfolgten mit militärischer Gewalt. Wie fast alle Eroberungen der Weltgeschichte. Der entscheidende Unterschied zu den militärischen Erfolgen christlicher Herrscher war die Toleranz der islamischen Sieger gegenüber den Besiegten. Besonders in Glaubensfragen. Niemand wurde zur Übernahme des Islam gezwungen. Der Islam als Religion wurde nicht mit Gewalt verbreitet. Ganz anders als das Christentum. Christliche Eroberungszüge endeten meist mit der Zwangsbekehrung der Andersgläubigen, ihrer Ermordung, Versklavung oder Vertreibung.

Wie vor ihnen die Römer führten die Araber Territorialkriege, keine Religionskriege. Muslim zu sein war ein Privileg. Zu Privilegien wird man nicht gezwungen. Die muslimischen Eroberer waren auch keine Zerstörer. Neben ihrer legendären Toleranz zählten Ritterlichkeit und Menschlichkeit zum Stolz der islamischen Zivilisation. Die Regeln der Ritterlichkeit lernte der europäische Adel auf seinen unritterlichen Kreuzzügen von muslimischen Arabern. Der Islam war in seiner jahrhundertelangen Blütezeit weltbürgerlicher und kosmopolitischer als das Christentum. Vielleicht auch wegen der Bedeutung des internationalen Handels, dessen Drehscheibe der arabische Orient war.

Als der arabische Feldherr und spätere Kalif Umar Jerusalem eroberte, tat er den Christen nichts an. Sie durften selbstverständlich ihren Glauben behalten. Als einige Jahrhunderte später christliche Kreuzfahrer die Heilige Stadt eroberten, massakrierten sie gnadenlos Muslime und verbrannten Juden. Kreuzzüge begannen damit, dass in Europa erst einmal die Synagogen brannten: in Mainz, Köln, Neuss, Xanten, Regensburg und Prag.

Die muslimischen Eroberer profitierten bei vielen Eroberungen oft davon, dass ihre christlichen Gegner heillos zerstritten waren und die unterworfenen Völker tyrannisiert hatten. Die Bevölkerung empfing daher die neuen Herren, die ihren Glauben und ihre Sitten respektierten, häufig mit großer Erleichterung. Für die Sicherheit und den Frieden, die ihnen die neuen Machthaber garantierten, mussten sie eine Wehrersatzsteuer, die Dschizya, zahlen. Doch die war in der Regel niedriger als die Steuern, die ihnen vorher abgepresst worden waren.[16] Und sie durfte die Zakat, die Armensteuer, die Muslime zu zahlen hatten, nicht übersteigen.*

* Heute gibt es die Dschizya in keinem islamischen Land mehr.

Die Anziehungskraft des Islam war so groß, dass ihn mehrere Länder Südostasiens auch ohne den Einmarsch arabischer Heere freiwillig annahmen. Botschafter des Islam waren dort oft indische Händler. In Malaysia, Indonesien, Teilen West-Chinas, den Philippinen, Thailand und Brunei. Der junge Islam war einfach »in«.

AL-ANDALUS

Strahlende Erfolge feierte der Islam im Süden Spaniens, in »Al- Andalus«. Dort begründeten die Araber im Jahr 711 eine fast acht Jahrhunderte währende märchenhafte Hochkultur. In Córdoba gab es schon im 10. Jahrhundert für damalige Verhältnisse äußerst moderne Kliniken. Die Bibliothek des Kalifen soll 600 000 Bücher besessen haben. Als Karl der Weise vier Jahrhunderte später die Nationalbibliothek in Paris gründete, konnte er mit Mühe 900 Bände zusammentragen.[17] In Al-Andalus gab es beleuchtete Straßen, die nachts gereinigt wurden, Kanalisation, Wasserleitungen, sauberes Trinkwasser.[18] Die Bürger von Al-Andalus benutzten Zahnbürsten, Seife und Deodorant. Zur gleichen Zeit hausten die Menschen in London meist in verschmutzten, unhygienischen Behausungen und liefen durch ihre eigenen Exkremente.[19]

Benachbarte Herrscher huldigten dem Kalifen von Córdoba voll Bewunderung. Eine Tochter mit einem arabischen Prinzen zu verheiraten galt in den Blütezeiten von Al-Andalus als glänzende Partie.[20] Dichter aller Religionen[21] schufen, sich gegenseitig befruchtend, Werke der Weltliteratur.

Muslime, Christen und Juden lebten in Andalusien, wie in anderen islamischen Ländern, meist friedlich zusammen. Juden spielten als Mittler zwischen Orient und Okzident eine wertvolle Rolle. Al-Andalus zeigte eindrucksvoll, was möglich ist, wenn unterschiedliche Kulturen und Ethnien miteinander und nicht gegeneinander arbeiten.[22]

PIONIER DES SOZIALSTAATS UND DER EMPIRISCHEN NATURWISSENSCHAFTEN

Wer tiefer in die Geschichte der islamischen Hochkultur eintaucht, kommt aus dem Staunen nicht heraus. Er hört von Herrschern, die Staatsbedienstete mit Trommeln losschickten, um Bedürftige aufzufordern, sich zu melden.[23] Die ihre ganze Kraft in die Errichtung der besten Schulen und Universitäten steckten, die die Menschheit bis dahin kannte. Die hygienische Krankenhäuser bauten zu einer Zeit, als es im übrigen Europa so etwas wie Krankenhäuser noch gar nicht gab.

Kaum zu schlagen waren die muslimischen Araber im Bereich der Wissenschaften. Nach der Eroberung einer Stadt begannen sie meist, nicht nur sofort eine Moschee zu bauen, sondern auch Schulen zu gründen. Die »älteste, kontinuierlich betriebene Bildungseinrichtung der Welt« ist – laut *Guinness Buch der Rekorde* und UNESCO – die Universität von Al-Qarawīyīn. Sie wurde im Jahr 859 im marrokanischen Fez gegründet.[24] Benjamin von Tudela, der bedeutendste jüdische Reisende des Mittelalters, berichtet, er habe in Alexandria zwanzig Bildungseinrichtungen und Schulen gesehen.[25] Während die Kirche im christlichen Europa die Wissenschaften systematisch bekämpfte, wurden sie von den muslimischen Arabern systematisch gefördert.

Die islamische Hochkultur leistete Großes in Medizin, Mathematik, Astronomie, Geografie, Sozialwissenschaften, Physik und Chemie. Sie war Pionier der »empirischen Naturwissenschaften«, ohne die es den wissenschaftlichen und wirtschaftlichen Aufstieg Europas so nie gegeben hätte.[26]

Man kann die Leistungen der islamischen Hochkultur nicht darauf reduzieren, dass sie das Wissen der Antike wiederentdeckt und an die Moderne weitervermittelt habe. Obwohl auch das eine große geschichtliche Leistung gewesen wäre. Sie schuf unendlich viel Neues, von dem unsere Zivilisation bis heute profitiert.[27]

In der Medizin beschrieb sie erstmals den kleinen Blutkreislauf korrekt und erkannte die Versorgung des Herzens durch die Koronargefäße. In der Mathematik verdanken wir ihr die Einführung der Dezimalzahlen sowie die Entwicklung und Weiterentwicklung der Arithmetik, Algebra und Geometrie. In der Astronomie entwickelte sie ein neues Verfahren zur Bestimmung des Radius der Erdkugel. Die damalige Berechnung von 6339,6 Kilometern liegt nah am heutigen realen Wert: 6378,1 Kilometer. In der Chemie erfand sie die Wasserdampfdestillation zur Erzeugung von Ölen. In der Physik gelang ihr die Berechnung der Geschwindigkeit des Lichts und des Schalls. In der Technik erfand sie das Pyknometer zur Bestimmung der Dichte von Festkörpern und Flüssigkeiten. Und so weiter.[28]

DIE ISLAMISCHE HOCHKULTUR ALS FUNDAMENT DER WESTLICHEN ZIVILISATION

Die arabisch-islamische Hochkultur ist das unverzichtbare Zwischenstück zwischen Antike und moderner westlicher Zivilisation. Sie ist – ob uns das gefällt oder nicht – eines der Fundamente, auf denen wir heute stehen. Sie ermöglichte die Renaissance und den Aufstieg des Westens. Der deutsche Dichter Johann Gottfried Herder sagte: »Jeder Schritt zur Vervollkommnung geschah unbewusst nach arabischem Muster.«[29]

Warum hat der Westen so große Schwierigkeiten, das zuzugeben? Der schottische Islamwissenschaftler Montgomery Watt schrieb: »Weil Europa sich gegen den Islam wehrte, spielte es den Einfluss der Sarazenen herunter und übertrieb seine Abhängigkeit vom griechisch-römischen Erbe.«[30] Und: »Wir unterschätzen oder ignorieren Umfang und Bedeutung des islamischen Einflusses auf unser kulturelles Erbe. Im Interesse unserer guten Beziehungen zu Arabern und Muslimen müssen wir anerkennen, wieviel wir dem Islam verdanken. Unsere Dankesschuld überspielen oder bestreiten zu wollen wäre ein Zeichen von unangebrachtem Hochmut.«[31]

Um die Leistung der muslimischen Araber richtig einschätzen zu können, muss man nur vergleichen, was sie und was die christlichen Europäer während des Mittelalters aus dem gemeinsamen

Erbe der griechisch-römischen Zivilisation machten – die Araber quasi alles, die Europäer fast nichts. Die Kultur des Okzidents ist erst aus der Kultur des Orients entstanden.

Zur historischen Leistung der islamischen Araber noch einmal Gustave Le Bon: »Sie haben Europa zivilisiert, (…) intellektuell und moralisch (…). Sie waren unsere Lehrer und Zivilisatoren (…).«[32]

DER EINFLUSS DER ISLAMISCHEN KULTUR AUF UNSEREN ALLTAG

Der Einfluss der islamischen Kultur auf unser tägliches Leben ist bis heute eigentlich unübersehbar. Unzählige Dinge des Alltags – wie Seife und Zahnbürste – verdanken wir jener legendären, untergegangenen islamischen Hochkultur.

Hier einige arabische Wörter, die zeigen, wie viel wir vom islamischen Orient lernten: Algebra, Algorithmus, Alkohol (!), Amulett, Aprikose, Arsenal, Artischocke, Azur, Bohnenkaffe (»bunn«+ »qahwa«), Chemie, Chiffre, Elixier, Estragon, Fanfare, Gala, Gazelle, Giraffe, Gitarre, Ingwer, Jacke, Jasmin, Kabel, Kadi, Kaliber, Kandare, Kandiszucker, Kapern, Karaffe, Karat, Koffer, Konditor, Lack, Lava, Lila, Limonade, Limone, Magazin, Marzipan, Maske, Massage, Matratze, Merino, Mokka, Monsun, Mumie, Mütze, Natron, Orange, Papagei, Razzia, Risiko, Safari, Safran, Sandelholz, Satin, Sirup, Sofa, Sorbet, Spinat, Talisman, Tarif, Tasse, Watte, Zenit, Ziffer, Zucker usw.[33]

Viele deutsche Wörter sind auch der türkischen oder der persischen Sprache entlehnt. Aus dem Persischen stammen zum Beispiel die Wörter »Schach«, »Pistazie«, »Paradies« und »Schal«. Aus dem Türkischen »Joghurt«, »Kaviar« und »Kiosk«.

Für manche rechtskonservative Politiker ist der Satz, der Islam und seine Kultur gehörten nicht zu Deutschland, fast ein Glaubensbekenntnis. Obwohl er meist nur ein Zeichen von Ignoranz ist. Denn all diese Politiker benutzen regelmäßig Wörter, die wir der islamischen Hochkultur entnommen haben. Sie sprechen täglich Arabisch, Persisch und Türkisch und wissen es nicht.

DER UNTERGANG DER ZIVILISATIONEN

Es scheint das Schicksal aller Zivilisationen zu sein, unterzugehen. Wie die griechische, römische und andere Zivilisationen endete auch die arabisch-islamische Zivilisation im Staub der Geschichte.[34] Manche sehen den entscheidenden Wendepunkt in der Eroberung Bagdads durch die Mongolen im 13. Jahrhundert. Hunderttausende Zivilsten wurden damals ermordet.[35]

Doch es gab auch hausgemachte Gründe. Streng orthodoxe Gelehrte gewannen zunehmend an Einfluss. Sie legten den Koran immer wörtlicher, enger, strenger aus. Ganz anders als Mohammed selbst. Und anders als weitsichtige Kalifen, die den Islam als Inspiration, Motivation und Energiequelle sahen, nicht als Fessel des Fortschritts. In der Blütezeit des Islam hatte viel Gedankenfreiheit geherrscht – »Liberté d'esprit«.[36] Jetzt waren einzelne Buchstaben des Koran angeblich wichtiger als sein weltumspannender Geist.

Während das christliche Europa seine blinde Bibelhörigkeit zunehmend aufgab und sich neuen Herausforderungen mit neuen Ideen öffnete, verlor die islamische Welt die Dynamik, mit der sie die Welt erobert hatte. Sie erstarrte.[37]

BANNERTRÄGER TÜRKEI

Neuer Bannerträger wurden die kraftvollen Türken. Das 1299 gegründete multikulturelle Osmanische Reich erreichte eine in den Hauptstädten Europas viel bewunderte Blüte. Lange Zeit war es ein wichtiger Machtfaktor Europas.

Erst im Zuge des Ersten Weltkriegs wurde das Osmanische Reich zerschlagen. Und in britische und französische Interessensphären aufgeteilt. Diese Zerschlagung war eine der größten politischen Fehlentscheidungen der Geschichte. Der Mittlere Osten hat sich bis heute nicht von ihr erholt.[38]

DIE RÜCKEROBERUNG ANDALUSIENS – EIN »CHRISTLICHER« MASSENMORD

Die arabisch-islamische Hochkultur war zu diesem Zeitpunkt schon lange erloschen: 1492, mit der »Reconquista«, der Rückeroberung des muslimischen Königreichs Granada durch die katholische Königin Isabella von Kastilien. Jene Königin, die so stolz war, dass sie sich nur zweimal im Leben gewaschen hatte. Wenige Monate nach der »Reconquista« brach Kolumbus auf, den Seeweg nach Indien zu entdecken. Europa war erwacht.

Für Muslime und Juden begannen in Spanien nun bittere Zeiten. Unter Bruch aller Zusagen der neuen christlichen Machthaber wurden Hunderttausende Muslime und Juden Spaniens erschlagen oder vertrieben. Viele flohen in arabische Länder. In Spanien zurückgebliebene, zwangsbekehrte Muslime und Juden wurden der »heiligen« Inquisition unterworfen. Sie endeten meist auf dem Scheiterhaufen.[39]

Da das Foltern und Hinrichten von Millionen Arabern und Hunderttausenden Juden zu zeitaufwendig war, begann man im Laufe des folgenden Jahrhunderts, die Massenvertreibungen und Massenmorde systematisch zu organisieren. Der Mönch Bleda schilderte voller Stolz, dass man während einer dieser Massenvertreibungen über zwei Drittel der Muslime totgeschlagen habe.[40]

Die Schätzungen über die Zahl der ermordeten oder vertriebenen Muslime liegen bei bis zu drei Millionen.[41] Da es sich bei den ausgeschalteten Muslimen und Juden um die geistige und wirtschaftliche Elite des Landes handelte, fiel Spanien kulturell ins Mittelalter zurück. Es hat sich jahrhundertelang nicht von diesem rassistisch-religiösen Völkermord erholt.[42]

Mit der endgültigen Auslöschung der arabisch-islamischen Hochkultur 1492 und der Zerschlagung des Osmanischen Reichs 1922 endeten die zwei mächtigsten islamischen Reiche der Geschichte. Der politische Einfluss des Islam sank nun stetig. Der geistige Einfluss der Botschaft Mohammeds aber wuchs weiter. Weltweit. Ganz im Gegensatz zu anderen großen Religionen.

VOR WAS RETTETE UNS KARL MARTELL?

Das christliche Europa pflegt sich bis heute zu beglückwünschen, dass Karl Martell, »Karl der Hammer«, im Jahr 732 den Vormarsch der muslimischen Araber in Frankreich stoppte. Von der »Rettung des Abendlandes« ist die Rede. Gustave Le Bon stellte die berechtigte Frage, ob 732 eine Eroberung des im dunkelsten Mittelalter versunkenen christlichen Abendlandes durch die aufblühende islamische Kultur wirklich so verheerend gewesen wäre.[43] Durch eine Kultur, die sich und der Menschheit anschließend in Andalusien ein kulturelles Denkmal für die Ewigkeit schuf.

War die Dunkelheit, in der das christliche Abendland weitere Jahrhunderte verbringen sollte, wirklich die bessere Option? Diese schreckliche Zeit nicht endender Kriege, Bürgerkriege, Hexenverbrennungen und, als höllischem Finale, der massenmörderischen Brutalität der beiden Weltkriege?

Die westliche Zivilisation hat zwar heute eine Blüte erreicht wie kaum eine Zivilisation zuvor. Doch zu welchem Preis? Wären Christen, Juden und Muslime gemeinsam nicht viel weiter gekommen als gegeneinander? So wie in Andalusien?

8. KAPITEL
EUROPA SCHLÄGT ZURÜCK

DIE KOLONISIERUNG DER MUSLIMISCHEN WELT

Das christliche Europa hat sich mit den Erfolgen des Islam nie abgefunden. Der »heilige« Zisterzienser-Mönch Bernhard von Clairvaux hat das gegenüber Kreuzfahrern in die klassischen Worte gefasst:

»Der Soldat Christi (…) tötet unbekümmert, noch sicherer stirbt er. Wenn er stirbt und wenn er tötet, unterstellt er sich Christus. Denn nicht ohne Grund trägt er das Schwert: Er steht im Dienst Gottes, um den zu bestrafen, der Böses tut. (…) Durch den Tod der Heiden wird der Christ verherrlicht. (…) Die sind keine Mörder, die gegen die Feinde der Kirche kämpfen.«[1]

Hat der IS, der »Islamische Staat«, beim Christen Bernhard von Clairvaux abgeschrieben?

Martin Luther tobte 1530, der Koran sei ein »verfluchtes, schändliches Buch, voll von Lügen«.[2] Papst Clemens VII. ließ den Koran im selben Jahr angeblich sogar öffentlich verbrennen. Und der Dichter Dante Alighieri verdammte in seiner *Göttlichen Komödie* Mohammed für alle Ewigkeiten in die Hölle. Dort lässt er ihn vom Teufel immer wieder mit dem Schwert spalten.[3] Es gibt keine Niederträchtigkeit, auf die christliche Europäer gegenüber dem Konkurrenten Islam verzichtet hätten.

Von ernst zu nehmender muslimischer Seite gab es keine vergleichbaren Äußerungen des Hasses über das Christentum. Es konnte sie auch nicht geben. Denn Jesus gilt im Islam als Prophet Gottes, Allahs. Er wird, wie seine Mutter Maria oder wie der jüdische Prophet Mose, von allen Muslimen verehrt und im Koran häufiger erwähnt als Mohammed selbst.

Mit dem beginnenden Niedergang des einst so mächtigen Osmanischen Reichs im 18. Jahrhundert ergab sich für die europäischen Mächte nach Jahrhunderten der Demütigung und mehreren gescheiterten Kreuzzügen endlich die »Gelegenheit« zu zeigen, dass die christliche Religion und ihre Zivilisation der muslimischen Welt eben doch überlegen seien. Nicht nur den Osmanen, auch den Safawiden in Persien und den muslimischen Mogulen in Indien. Auch deren Reiche waren Ende des 18. Jahrhunderts nur noch »leere Hüllen«.[4]

Die christlichen Europäer hatten zu dieser Zeit bereits Teile Amerikas, Afrikas und Asiens erobert und geplündert. Ihr Siegeszug schien unaufhaltsam. Sie erhoben den Anspruch, dass ihre Zivilisation allen anderen Zivilisationen weit überlegen sei: religiös, intellektuell und materiell.[5] Und dass ihnen dies das Recht gebe, jederzeit in unzivilisierten Ländern militärisch einzugreifen.

Napoleons Einmarsch in Ägypten 1798 markierte eine Zeitenwende. Der Islam hatte die politisch-militärische Auseinandersetzung mit dem Christentum verloren. Die arabische Welt wurde zum Spielball der Weltmächte.[6] Sie wurde kolonisiert und versklavt. Toleranz war für die Kolonisten ein Fremdwort. Für die Muslime begann eine Zeit der tiefen Demütigung und des Leidens. Sie dauert bis heute an.

DIE GLOBALE GIER DES »WEISSEN MANNES«

Gegen 1830 nahm auch der wirtschaftliche Siegeszug des Westens Fahrt auf. Durch systematische Industrialisierung, durch überlegene Waffentechnik, durch den Ausbau der Informationstechnologie mit Unterseekabeln und Telegrafen.[7] Die kolonisierten Länder wurden zu Rohstofflieferanten und Kreditnehmern degradiert, die westliche Industriegüter zu diktierten Preisen abzunehmen hatten.[8] Kapital wurde zu einem Instrument, mit dem man die Rohstoffländer abhängig machen und beherrschen konnte.

Der Mittlere Osten war allerdings nur noch *ein* Beuteobjekt unter mehreren. Die Gier der Europäer war global geworden. Überall ging es ihnen um Macht, Märkte und Moneten. Um Geostrategie und Wirtschaft. Öl spielte noch keine zentrale Rolle. 1880 wurden 85 Prozent des weltweit gehandelten Öls in den USA produziert.[9]

Den Engländern ging es im Mittleren Osten vielmehr um die Sicherung ihrer Land-Transportwege nach Indien und um die Eindämmung Russlands. Den Franzosen um »gloire et prestige«, um Ruhm und Ansehen. Um eine »mission civilatrice«, eine zivilisatorische Mission in der Tradition der Kreuzzüge.[10] Und später – als sie in Algerien französischen Arbeitslosen gewaltsam Grundbesitz verschafften – um die Auslagerung ihrer sozialen Probleme.

»LAWRENCE VON ARABIEN«, AGENT DES VERRATS

Im Ersten Weltkrieg wurden die arabischen Länder dann in einer Weise verraten, die den Führern der beteiligten europäischen Staaten noch heute die Schamröte ins Gesicht treiben müsste. Bekanntester Agent des Verrats war der britische Geheimdienst-Offizier »Lawrence von Arabien«. 1915 versprachen die Engländer dem Scherif von Mekka, Hussein, einen großen unabhängigen arabischen Staat – falls er sich gegen das Osmanische Reich erheben würde.[11] 1916, kurz nach diesem Versprechen, teilten Engländer und Franzosen im geheimen Sykes-Picot-Abkommen – hinter dem Rücken der kämpfenden Araber – dieselben arabischen Provinzen des Osmanischen Reichs in eine englische und eine französische Einflusszone auf. 1917 versprachen die Briten außerdem dem englischen Zionisten Baron Rothschild ihre Unterstützung für »eine nationale Heimstätte für das jüdische Volk in Palästina«.

Edward House, außenpolitischer Berater des damaligen US-Präsidenten Woodrow Wilson, hatte die englische Regierung vor dieser Politik gewarnt. In seinem Tagebuch notierte er: »Ich habe Balfour gesagt, dass das alles ganz schlimm sei. Sie schaffen da eine Brutstätte für künftige Kriege.«[12]

Das Sykes-Picot-Abkommen war so kurzsichtig, dass Sykes

schon 1918 vorschlug, es wieder fallen zu lassen.[13] Churchill ging nach dem Krieg noch weiter: Die sowjetische Gefahr ahnend, plädierte er dafür, das Türkisch-Osmanische Reich unter internationaler Kontrolle in seinen Vorkriegsgrenzen wiederherzustellen. Und auf alle Gebietsansprüche zu verzichten.[14] Doch das Kind war längst in den Brunnen gefallen.

1920, nach dem Ersten Weltkrieg, wurde das Osmanische Reich im Diktatfrieden von Sèvres auch offiziell zerlegt. Grundlage war das Sykes-Picot-Abkommen. Fünf neu zugeschnittene Kunststaaten entstanden. Teilweise mit dem Lineal, ohne Rücksicht auf Ethnien, Religionen und Geschichte. Staatsmänner aus aller Welt standen verzweifelt vor Landkarten und fluchten, wo bloß »dieser verdammte« Fluss oder »dieses verdammte« Dorf sei, die sie bei der Neuordnung des Mittleren Ostens gerade suchten.[15] Allein im Irak wurden 7000 Jahre Geschichte von der Landkarte gefegt.

DER »SIEG DES KREUZES ÜBER DEN HALBMOND«

Als der Kommandeur der französischen Truppen Henri Gouraud am 25. Juni 1920 in Damaskus einzog, ging er zum Grabmal des islamischen Helden Saladin, der einst Jerusalem von den Kreuzrittern befreit hatte. Er trat gegen den Sarkophag und rief pathetisch: »Die Kreuzzüge sind hiermit beendet. Wach auf, Saladin, wir sind zurück! Ich weihe meine Anwesenheit dem Sieg des Kreuzes über den Halbmond.«[16]

Ähnlich hatte sich 1917 der britische General Edmund Allenby bei seinem Einmarsch in Jerusalem geäußert. Auch er sah darin eine Vollendung der Kreuzzüge.[17] Die Kreuzzug-Ideologie steckte bei der Neuordnung des Mittleren Ostens ganz tief in den Köpfen der europäischen Sieger. Wie das Bedürfnis, Rache zu nehmen für all die Niederlagen, die die Muslime den Europäern jahrhundertelang zugefügt hatten.

Die Engländer versuchten später gegenüber ihren Bündnispartnern wenigstens die Form zu wahren. Husseins Sohn Faisal durfte in einer eigens für ihn arrangierten Zeremonie auch in das bereits eroberte Damaskus einmarschieren. Eine bizarre Veranstaltung. Da Syrien allerdings auch den Franzosen versprochen war, jagten diese Faisal 1920 mit Bomben und Granaten ins englische Exil.

Großbritannien machte Faisal zum weisungsgebundenen Marionettenkönig des neu geschaffenen Irak. Er war damit materiell versorgt. Parallel bombte sich Churchill den Irak im Rahmen seines berüchtigten »police bombing« zurecht. Arthur »Bomber« Harris, der 1945 auch meine Heimatstadt Hanau vernichtete, sammelte hier wichtige Erfahrungen für seine künftigen Bombenstrategien.[18]

Auch Faisals Bruder Abdallah wurde von den Engländern abgefunden. Sie machten ihn zum weisungsgebundenen »König von Transjordanien«. Auch er war nur Marionette Großbritanniens. Aber wie sein Bruder hatte er finanziell ausgesorgt. Von einem großen unabhängigen arabischen Staat war keine Rede mehr.

Es war ein britisch-französisches Schurkenstück. Man hatte den Arabern eingeredet, sie könnten sich ihre Unabhängigkeit von den Osmanen erkämpfen. In Wirklichkeit ließ man sie in den Krieg ziehen, um sie anschließend, ungestört von den Osmanen, selbst beherrschen zu können. »Lawrence von Arabien« schämte sich am Ende für diesen Verrat.[19] Im Westen wurde er dennoch – oder vielleicht gerade deshalb – zum Helden.

DER FLUCH VON SYKES-PICOT

Die künstlichen Grenzen von Sykes-Picot sind noch immer offene Wunden. An fast all diesen Grenzen wird heute gekämpft. Der amerikanische Historiker David Fromkin nannte den von den Siegern nach dem Ersten Weltkrieg diktierten Frieden einen »Frieden zur Beendigung jeden Friedens« – »A peace to end all peace«.[20]

Die künstliche Zerteilung der muslimischen Welt wurde zu einer Triebfeder des Terrorismus im Mittleren Osten. Der selbst ernannte »Kalif des Islamischen Staates«, Abu Bakr Al-Baghdadi, sagte bei seinem einzigen öffentlichen Auftritt in der Al-Nuri-Moschee von Mossul: »[Unser] Vormarsch wird nicht enden, bevor wir nicht den letzten Nagel in den Sarg der Sykes-Picot-Verschwörung geschlagen haben.«[21] 2014 hat der IS die befestigten Anlagen der Sykes-Picot-Grenze zwischen Syrien und dem Irak sofort zerstört.

Im Dezember 2014 überquerten Frederic und ich auf unserer Fahrt durch den »Islamischen Staat« zweimal die Sykes-Picot-Grenze. Die Augen der meist finster dreinblickenden IS-Terroristen leuchteten, als sie die zerstörten Grenzanlagen sahen. Weil sie in ihnen ein Symbol westlicher Arroganz, Respekt- und Rücksichtslosigkeit sahen. Gegenüber allem, was die Menschen des Mittleren Ostens in Jahrtausenden geschaffen hatten.

FRONTALANGRIFF AUF ISLAM UND KORAN

Der Islam und die muslimische Welt wurden in den letzten zwei Jahrhunderten auf mehreren Ebenen angegriffen. Militärisch, politisch, ideologisch. Die Behauptung etwa, der Koran und der Islam seien gewalttätig, ist so häufig aufgestellt worden, dass sie inzwischen fast als unstreitig gilt. Das Feindbild Islam sitzt ganz tief.

Der französische Historiker Alexis de Tocqueville schrieb: »Ich habe den Koran intensiv studiert. (...) [Meine Studien] überzeugten mich davon, dass es wenige Religionen in der Welt gegeben hat, die für die Menschheit so tödlich waren wie die des Mohammed.«[22] Hatte Tocqueville den Koran wirklich gelesen und verstanden? Hatte er auch die viel kriegerischere Bibel gelesen?

Der deutsche »Islamwissenschaftler« Hans-Peter Raddatz formulierte: »In keiner anderen Kultur, geschweige denn Religion, findet sich die Kodifizierung von Mord, Raub, Versklavung und Tributabpressung als religiöse Pflicht. In keiner anderen Religion findet sich die geheiligte Legitimation von Gewalt als Wille Gottes gegenüber Andersgläubigen, wie sie der Islam als integralen Bestandteil seiner Ideologie im Koran kodifiziert und in der historischen Praxis bestätigt hat.«[23] Wie kann man als »Wissenschaftler« etwas derart Faktenwidriges schreiben?

Was soll man sagen, wenn die sonst so vorsichtig formulierende deutsche Kanzlerin Angela Merkel sagt, der »Islam muss sich von Terror abgrenzen«?[24] Sie erweckt damit den Eindruck, die Repräsentanten des Islam täten das nicht. Sie haben sich tausendfach vom Terror distanziert. Die Kanzlerin weiß das. Hat sie jemals gesagt, das Christentum müsse sich von den völkerrechtswidrigen Kriegen des »christlichen« Westens abgrenzen? Etwa vom Irakkrieg George W. Bushs, den dieser auch mit der Bibel begründet hatte? Für den Angela Merkel als Oppositionspolitikerin ausdrücklich und entschieden eingetreten war. Von jenem Krieg, in dem US-Soldaten »Jesusgewehre« einsetzten, in deren Zielfernrohre Stellen des Neuen Testaments eingraviert waren.[25]

KORAN UND GEWALT

Der Koran enthält – wie die Bibel und andere »heilige Bücher« – in der Tat zahlreiche Beschreibungen von Krieg und Gewalt. Teilweise mit Ratschlägen Gottes, wie sich Mohammed und seine Anhänger in bestimmten Situationen ihres Verteidigungskrieges gegen die angreifenden Mekkaner verhalten sollten. Doch es ist einfach grotesk, die göttlichen Anweisungen in der Schlacht von Badr im Jahr 624 auf heutige Situationen zu übertragen. Genau das aber machen Islamfeinde und Terroristen in erstaunlicher Übereinstimmung.

Ein Beispiel von vielen: In der zweiten Sure des Koran wird beschrieben, wie sich Mohammed und seine Medinenser in ihrer fast aussichtslosen Schlacht gegenüber den Angreifern aus Mekka verhalten sollten.[26] Die von Terroristen und Islamfeinden wie ein Mantra zitierte Passage lautet: »Tötet sie [die gegen euch den Krieg begonnen haben], wo immer ihr sie findet. Und vertreibt sie von dort [von Mekka], von wo sie euch vertrieben haben.« (Koran 2:191)

Für jeden, der nur diesen Ausschnitt des Koran liest und dem der in Klammern dargestellte geschichtliche Hintergrund verschwiegen wird, klingt das Zitat furchterregend. Er könnte glauben, dass damit für alle Zeiten alle Andersgläubigen gemeint seien. Und nicht nur die damaligen mekkanischen Angreifer, deren Ziel es war, Mohammed und seine Anhänger zu jagen und zu ermorden.

Unredlich ist auch, dass die Koran-Manipulateure den Anschlussvers[27] unterschlagen. Er lautet: »Sollten sie [die Angreifer] ihre Aggression beenden, so ist Gott vergebend und gnädig.« (2:192) Gott sagte demnach laut Koran den Verteidigern von Medina: Vergebung gegenüber Angreifern, die ihren Angriff beenden, ist besser als weiteres Töten und Verfolgen. Diesen für jene kriegerischen Zeiten bemerkenswerten göttlichen Hinweis wegzulassen ist eine Verfälschung des Koran.

Fairerweise müsste man auch den Vers davor nennen: In Sure 2, Vers 190 heißt es: »Und kämpft auf Gottes Weg gegen diejenigen, die gegen euch kämpfen. Doch übertretet nicht! Gott liebt keine Übertreter.«[28] »Übertretet nicht!« heißt: Tut nichts Verbotenes! Das Töten unschuldiger Zivilisten aber ist im Islam ausdrücklich verboten. In Sure 5, Vers 32 heißt es unter anderem: »Wer einen Menschen tötet, ohne dass dieser einen Menschen getötet hat (...), so sei es, als hätte er alle Menschen getötet. Und wer ihm das Leben erhält, so sei es, als hätte er der ganzen Menschheit das Leben erhalten.«[29] Dieser zentrale Koranvers wird in der öffentlichen Diskussion des Westens leider nur selten zitiert.

Der erste Kalif nach dem Tod des Propheten, Abu Bakr al-Siddiq, den die IS-Terroristen angeblich besonders verehren, forderte von seinen Soldaten zehn Dinge, die schon Mohammed seinen Anhängern aufgetragen hatte: »Begeht keinen Verrat! Betreibt keine Ausbeutung! Seid nicht arglistig! Verstümmelt niemanden! Tötet keine Kinder, keine alten Menschen und keine Frauen! Vernichtet und verbrennt keine Dattelpalmen! Fällt keine nutzbringenden Bäume! Schlachtet kein Schaf, keine Kuh, kein Kamel, es sei denn zur Nahrung! Ihr werdet Menschen antreffen, die der Welt entsagt haben und in der Zurückgezogenheit leben; lasst sie in ihrer Andacht in Frieden!«[30]

Das ist Islam. Wer auch nur eine Spur Anstand hat, kann nicht all das unterschlagen.

BIBEL UND GEWALT

In der Bibel finden sich erheblich mehr Schilderungen von Schlachten und anderen Gewalttätigkeiten als im Koran. Der katholische Theologe Raymund Schwager berichtet von 600 Bibelstellen, die Gewalt unter Menschen schildern. Und von tausend Bibelpassagen, in denen Gott selbst Gewalt anwendet.[31] Da werden Kinder erschlagen und verspeist, Holzsammler am Sabbat gesteinigt[32] und ganze Völker ausgerottet. Der deutsche Althistoriker Alexander Demandt kommentiert die Bibelmassaker mit den Worten: »Kriegsgräuel kennen wir natürlich auch von Griechen, Römern und Germanen; aber als Gott wohlgefällig betrachtet sie nur das Alte Testament.«[33]

Hier nur zwei von vielen Hundert Gewaltpassagen des Alten Testaments: »Der Herr, Euer Gott, wird Euch in das Land bringen, das Ihr in Besitz nehmen sollt. Dort wird er mächtige Völker vertreiben und Euch ihr Land geben: die Hethiter, Girgaschiter, Amoriter, Kanaaniter, Perisiter, Hiwiter und Jebusiter – sieben Völker, die größer und stärker sind als Ihr. Der Herr, Euer Gott, wird sie Euch ausliefern. Ihr sollt sein Urteil an ihnen vollstrecken und sie töten. Zeigt keine Gnade!«[34]

Den Königen Judäas und den Einwohnern Jerusalems ließ Gott ausrichten: »Worte gegen Judäa und Jerusalem: Ich gebe ihnen das Fleisch ihrer Söhne und Töchter zu essen; einer wird das Fleisch des anderen verzehren in der Not und Bedrängnis (...).«[35]

DAS ALTE TESTAMENT GILT AUCH FÜR CHRISTEN

Das bei Pseudo-Christen beliebte Argument, das Alte Testament habe für Christen keine Gültigkeit mehr, ist unzutreffend. Das Alte Testament gilt für Christen uneingeschränkt weiter. In allen Kirchen wird regelmäßig aus ihm gepredigt. Für Jesus war das Alte Testament das einzige Buch Gottes, an das er glaubte.

Auch das Neue Testament ist in Sachen Gewalt nicht immer zimperlich. Bei Matthäus 10,34 sagt Jesus: »Denkt nicht, ich sei gekommen, um Frieden auf die Erde zu bringen! Ich bin nicht gekommen, um Frieden zu bringen, sondern das Schwert.«[36] Und in der Offenbarung des Johannes: »Wenn jemand das Tier anbetet und sein Bild, (...) der wird von dem Wein des Zornes Gottes trinken (...). Und er wird gequält werden mit Feuer und Schwefel vor den heiligen Engeln und vor dem Lamm. Und der Rauch von ihrer Qual wird aufsteigen von Ewigkeit zu Ewigkeit; und sie haben keine Ruhe Tag und Nacht (...).«[37]

Zu Recht unterstellt niemand der Bibel, diese oft mythologischen Berichte aus vergangenen Zeiten seien Handlungsanweisungen für unsere Zeit. Jesus und Mohammed wären entsetzt, wenn sie sähen, wie schamlos ihr zentraler Aufruf zu Gerechtigkeit, Barmherzigkeit und Nächstenliebe von machtgierigen oder ignoranten Menschen verbogen und missbraucht wird.

Es gibt Stimmen, die dem Monotheismus generell die Hauptschuld am Elend unserer Welt geben. Sie vergessen oder verdrängen, was in Zeiten der Herrschaft atheistischer Ideologien geschah: Sowjetkommunisten und Nationalsozialisten ermordeten jeweils über zwanzig Millionen Menschen, chinesische Kommunisten über vierzig Millionen.[38] Religionen töten nicht, Menschen töten. Mit dem gottlosen Argument, selbst ihre Untaten dienten einem höheren Zweck.[39]

WENN EUROPÄER ÜBER GEWALTTÄTIGKEIT REDEN

Der Vorwurf, Muslime und der Islam seien besonders gewalttätig, hat, wenn er von europäischer und deutscher Seite kommt, etwas besonders Infames. Es waren keine Muslime, die während der Kolonisierung bis zu fünfzig Millionen Menschen massakrierten. Die die beiden Weltkriege mit rund achtzig Millionen Toten anzettelten. Und die sechs Millionen Juden schändlich ermordeten. Keine andere Zivilisation war in den vergangenen Jahrhunderten gewalttätiger und blutiger als die westliche. Auch gegenüber Muslimen. Der Täter als Ankläger – diabolischer Höhepunkt westlicher Heuchelei!

DIE SYSTEMATISCHE DISKRIMINIERUNG UND BELEIDIGUNG ALLES ISLAMISCHEN

Der amerikanische Literaturwissenschaftler und Christ Edward Said beschreibt in seinem Weltbestseller *Orientalismus* die kühle Systematik, mit der westliche Politiker, Publizisten und Wissenschaftler zwei Jahrhunderte lang versuchten, den Islam und die muslimische Welt zu diffamieren und diskreditieren. Was sie alles unternahmen, um die angebliche Minderwertigkeit des großen Rivalen Islam wissenschaftlich zu »belegen«. Wie sie dabei Juden und Muslime oft als »Semiten« genüsslich in einen Topf warfen. Die Araber waren danach »kamelreitende, terroristische, hakennasige, käufliche Wüstlinge«.[40] Die wegen ihrer Minderwertigkeit nie eine Zivilisation hervorgebracht hätten.[41] Die man kolonisieren und zivilisieren müsse.

Diese planmäßig gezüchtete Islamfeindlichkeit stieg in bestimmten Phasen stark an. Während der Entkolonisierung der 60er- und 70er-Jahre, nach 9/11, nach den ersten Anschlägen des IS in Europa und nach dem Zustrom Hunderttausender arabischer Flüchtlinge im Jahr 2015.

Inzwischen hat die Islamfeindlichkeit in Europa ein neues Hoch erreicht. Im Jahr 2016 wollten laut dem Antisemitismusbericht des Deutschen Bundestags 21 Prozent der Deutschen keinen Muslim als Nachbar haben.[42] Nur Sinti, Roma und Asylbewerber erzielten schlechtere Werte.

Fast jeden Tag findet man in deutschen Medien negative Berichte über den Islam und die Muslime. In einer Dichte, die man gegenüber dem Judentum zu Recht nicht durchgehen lassen würde. Wenn Politiker der AfD oder der CSU in ihren öffentlichen Veranstaltungen ausrufen, der Islam gehöre nicht zu Deutschland, tobt der Saal vor Begeisterung.

Viele Muslime in Deutschland haben inzwischen Angst. Eine junge Deutsch-Palästinenserin fragte mich kürzlich, ob sie sich auf ihre dritte Flucht vorbereiten müsse. Auch ältere muslimische Mitbürger, die schon seit einem halben Jahrhundert in Deutschland leben, stellen sich die bange Frage, ob Deutschland ihnen noch lange eine sichere Heimat bieten werde. Jeden Tag werden Muslime in den Straßen Deutschlands angepöbelt und Moscheen angegriffen. Die meisten Muslime haben es schon lange aufgegeben, deshalb die Polizei zu informieren.

Hatten wir uns nicht vorgenommen, nie mehr Menschen wegen ihrer Abstammung, Herkunft oder Religion zu benachteiligen? Steht das nicht sogar in Artikel 3 unseres Grundgesetzes? Verstoßen all diese islamfeindlichen Hassprediger nicht gegen die Werte unseres Grundgesetzes, von denen sie täglich reden?

ISLAMFEINDLICHKEIT ALS WAHLPROGRAMM

Donald Trump wusste, dass man mit Islamfeindlichkeit Wahlen gewinnen kann. Ständig warnte er vor Muslimen. »Ich denke, der Islam hasst uns«,[43] sagte er scheinheilig und schlug »Schutzmaßnahmen« gegen die islamische Gefahr vor. Seine Beraterin Kellyanne Conway machte Reklame für Trumps »Fünf-Punkte-Plan zum Sieg über den Islam«.

Professor Juan Cole von der University of Michigan fasste diesen Plan verkürzt zusammen:

1. Lasst keine Muslime in die USA!
2. Stellt ihre Moscheen unter Beobachtung!
3. Erfasst alle Muslime in einem staatlichen Register!
4. Foltert notfalls verdächtige Muslime. Nicht nur mit »Waterboarding«, sondern auch mit echter Folter!
5. Nehmt Familienmitglieder [verdächtiger muslimischer Terroristen] in Geiselhaft, um Kooperation zu erreichen![44]

Sieht niemand, dass das ein Rückfall in finsterste Zeiten ist?

REFORMSTAU IN DER MUSLIMISCHEN WELT

Fairness gegenüber dem Islam und muslimischen Mitbürgern zu fordern heißt nicht, mit allen politischen und gesellschaftlichen Verhältnissen in der muslimischen Welt einverstanden zu sein. In manchen muslimischen Ländern wird noch immer gefoltert,

Frauen haben häufig nicht die gleichen Rechte wie Männer. In der muslimischen Welt gibt es einen riesigen Reformstau. Doch wer diese Welt auch nur ein bisschen kennt, weiß: Mit dem Islam hat das wenig zu tun. Die meisten gesellschaftlichen Probleme im Mittleren Osten sind Probleme der patriarchalischen Strukturen, die der Islam einst selbst vorfand. Und die noch immer die dortigen Gesellschaften prägen.

Vor einigen Jahren besuchte ich im pakistanischen Rawalpindi den ehemaligen Geheimdienstchef Pakistans Hamid Gul. Ich kannte ihn seit Jahrzehnten. Ich erlaubte mir daher, ihm einen Vortrag über die mangelnden Frauenrechte in den paschtunischen Regionen und über die inakzeptable Gewalt der Taliban gegenüber Zivilisten zu halten. Hamid Gul erwiderte kühl: »Als wir Paschtunen vor über tausend Jahren den Islam annahmen, haben wir nicht versprochen, unsere paschtunischen Sitten und Bräuche aufzugeben. Der Islam ergänzte die paschtunische Stammesgesellschaft, aber er ersetzte sie nicht.«

DAS VERSAGEN DER POLITIKER

Diese patriarchalischen Strukturen in der muslimischen Welt gilt es zu überwinden. Das ist Aufgabe der dortigen Politiker, die leider häufig vor dieser Aufgabe versagen. Der Islam würde den dringend nötigen Reformen nicht entgegenstehen. Der Islam sieht die Frau grundsätzlich als gleichberechtigt an. Laut Koran wurden Mann und Frau von Gott aus einem Wesen geschaffen. Mohammed nennt die Frauen »Ebenbürtige der Männer«.[45]

Die Bibel ist gegenüber Frauen viel kritischer. Frauen hatten sich nach Auffassung von Apostel Paulus ohne Wenn und Aber dem Mann »unterzuordnen« und »still zu verhalten«.[46] Das sind noch die freundlicheren Worte des »Chefideologen« des Christentums Paulus zur Rolle der Frau. In christlichen Ländern mussten sich die Frauen ihre Rechte hart erkämpfen. In der Schweiz durften sie erst ab 1971 wählen; in einigen Schweizer Kantonen sogar erst ab 1990.

Auch in der muslimischen Welt werden sich die Frauen durchsetzen. Überall! Ihr Gegner wird nicht der Islam sein, sondern der Patriarchalismus. Eine Männerwelt, der es schwerfällt, Privilegien aufzugeben. Gerade weil Männer den Frauen in manchem unterlegen sind.

AUFSTEHEN GEGEN DIE ZUNEHMENDE ISLAMFEINDLICHKEIT!

Nur wenige Führungspersönlichkeiten der westlichen Welt haben sich den antiislamischen Dämonisierungskampagnen klar entgegengestellt. Eine war Papst Franziskus. Auf die Frage, warum er beim Thema Terror nie den Islam erwähne, antwortete er: »Wenn ich über islamische Gewalt sprechen will, muss ich auch über christliche Gewalt sprechen. (…) Nicht alle Muslime sind gewalttätig, und nicht alle Katholiken gewalttätig. (…) Es gibt Gewalttäter in allen Religionen (…). Ich denke, dass es in fast allen Religionen eine kleine fundamentalistische Gruppe gibt. Die haben wir auch.« Den Islam mit Gewalt gleichzusetzen sei »nicht gerecht und nicht wahr«. [47]

9. KAPITEL
DIE MUSLIMISCHE SUCHE NACH WEGEN AUS DER KRISE

UNSICHERHEIT ÜBER DEN RICHTIGEN WEG

Muslimische Politiker und Intellektuelle haben in den vergangenen zwei Jahrhunderten verzweifelt nach Auswegen aus der Krise der islamischen Welt gesucht. Aus ihrer Demütigung, die durch den Kolonialismus und die Militärinterventionen der Franzosen, Engländer und später der Amerikaner ständig zunahm.

Manche sahen im Wahhabismus die Lösung. Der in Arabien entstandene Wahhabismus ist eine strenge, puritanische Version des Islam. Seine Anhänger glauben, durch wortgetreue Beachtung des Koran könne man zu den Ursprüngen des Islam und damit zu seiner ruhmreichen Vergangenheit zurückkehren. Doch liegt die Zukunft der muslimischen Welt in der Vergangenheit? Mohammed war ja nie ein rückwärtsgewandter Reaktionär, sondern ein weit nach vorne blickender, egalitärer Reformer.

Die in Ägypten entstandene sozialrevolutionäre Muslimbruderschaft war dogmatisch beweglicher als der Wahhabismus und der mit ihm wesensverwandte Salafismus. Sie war zu demokratischen Kompromissen bereit. Trotz schwerer Rückschläge wie etwa in Ägypten scheint sie für viele Muslime nach wie vor eine wichtige geistige und politische Option zu sein.

Andere Denker und Politiker der muslimischen Welt setzten auf einen modernen Islam, auf Nationalismus, Panarabismus oder Sozialismus. Während des Ost-West-Konflikts nach dem Zweiten Weltkrieg kam es dabei mehrfach zu »Lagerwechseln«. Ägypten stand unter Präsident Gamal Abdel Nasser im Lager der Sowjetunion, unter seinem Nachfolger Anwar as-Sadat wechselte es ins Lager der USA.

Die tiefe Zerstrittenheit über den richtigen Weg nahm zu, als arabische Armeen mehrfach von Israel geschlagen wurden. Die arabische Welt hatte die Gründung Israels auf palästinensischem Boden immer als westliche Provokation angesehen. Als Landraub. Israel war für viele Araber ein »Kreuzfahrerstaat«.[1] Als Saudi-Arabiens König Ibn Saud 1945 auf dem US-Kriegsschiff USS *Quincy* den amerikanischen Präsidenten Franklin D. Roosevelt traf, forderte er von ihm einen Einwanderungsstopp für Juden in Palästina. Wenn die Juden einen eigenen Staat wollten, sollten sie ihn in Deutschland gründen. Aber nicht in Palästina. Nicht die Palästinenser seien am Leid der Juden schuld, sondern die Deutschen.[2]

Die militärischen Niederlagen gegen Israel schwächten die Führer aller politischen Richtungen der arabischen Welt. Konservative wie Modernisten. Wie sollten diese Leute eine Renaissance der arabischen Welt erreichen, wenn sie nicht einmal gegen das kleine Israel siegen konnten?

DIE ZIELE DER USA

»ÖL, IHR DUMMKÖPFE!«

Als die USA nach dem Zweiten Weltkrieg die strategische Bedeutung des Öls entdeckten, rückte der Mittlere Osten immer mehr ins Zentrum ihrer Politik. Bis heute geht es den USA dort um die Kontrolle dieses Rohstoffs. Zwar produzieren sie inzwischen ungefähr achtzig Prozent ihres Eigenbedarfs in den USA selbst. Den Rest importieren sie hauptsächlich aus Kanada und Mexiko. Nur 3,2 Prozent des von Amerika verbrauchten Erdöls stammen vom Persischen Golf.[3]

Trotzdem ist es den USA wichtig, die Kontrolle über die Ölquellen im Mittleren Osten zu behalten. Über das Blut der Weltwirtschaft. Und sie nicht an China oder Russland zu verlieren. Außerdem sehen sie im Mittleren Osten einschließlich Iran und

Afghanistan eine wichtige Pufferzone zu Russland und China. »Vorfeldsicherung« nennen Militärstrategen das.

Die muslimische Welt geriet durch die kompromisslose Härte der amerikanischen Interessenpolitik immer tiefer in die Krise. Von den Europäern betrogen, kolonisiert und mit Diktatoren vollgestopft, wurde sie nun von den Amerikanern, den neuen Herren der Welt, regelmäßig militärisch verprügelt und am Nasenring durch die Weltmanege geführt. Dabei hatten viele Araber die USA lange als Hoffnungsträger angesehen. Die Amerikaner waren schließlich weltweit gegen den Kolonialismus angetreten. Allerdings nur so lange, bis die Araber die englischen und französischen Kolonisten vertrieben hatten. Dann übernahmen die USA selbst deren Rolle. Wie zu Zeiten »Lawrence von Arabiens« wurden die »Befreier« die neuen Herren.

DIE EINTEILUNG DES MITTLEREN OSTENS IN FREUNDE UND FEINDE

Viele Menschen im Westen haben längst den Überblick über die Konflikte im Mittleren Osten verloren. Dabei sind die Grundlinien amerikanischer Interessenpolitik recht einfach. Sie lauten: Erstens: Wer unsere Rolle als Weltmacht Nummer 1 akzeptiert, ist Freund, wer nicht, ist Feind. Zweitens: Divide et impera – Teile und herrsche! Das dadurch entstehende Chaos im Mittleren Osten wird hingenommen. Oft ist es sogar gewollt.

Die führenden Politiker der muslimischen Welt haben hiergegen nie ein erfolgreiches Mittel gefunden. Oder nicht finden wollen. Als von den USA geschützter Despot lebt es sich ganz gut, wie sich in Golfstaaten wie Saudi-Arabien zeigt. Amerikanische Präsidenten können in dieser Frage sehr direkt sein. Donald Trump rief das seinem Verbündeten König Salman von Saudi-Arabien im Jahr 2018 auf einer Wahlveranstaltung in Mississippi gnadenlos in Erinnerung. Er sagte: »Ich liebe den König. Aber ich habe ihm gesagt: König, wir beschützen Sie. Ohne uns wären Sie vielleicht schon in zwei Wochen weg (...). Sie müssen [halt] für Ihr Militär zahlen.«[4] Und die saudische Führung muss kräftig zahlen.

DIE SCHWIERIGKEITEN EINER VON DEN USA UNABHÄNGIGEN POLITIK

Vielleicht gibt es zurzeit auch gar keine erfolgversprechende Gegenstrategie gegen den Herrschaftsanspruch der USA im Mittleren Osten. Die USA können jeden Staatsmann, der sich dort gegen sie auflehnt, nicht nur fallen lassen, sondern auch vernichten. Jeder Politiker im Mittleren Osten kennt die Regierungschefs, die versucht haben, eine von den USA unabhängige Politik durchzusetzen. Der demokratisch gewählte iranische Premierminister Mohammad Mossadegh oder die Diktatoren Saddam Hussein und Muammar al-Gaddafi sind nur die bekanntesten unter ihnen. Ihr Hauptverbrechen in den Augen der USA war mangelnder Gehorsam. Für andere Dinge haben sich die USA in der Regel nicht interessiert.

Zurzeit versuchen drei Staaten des Mittleren Ostens, einen von den USA unabhängigen Kurs zu steuern: Iran, Syrien und der nördliche Jemen. Sie bezahlen dafür einen hohen Preis.

STÄRKE DURCH KOOPERATION!

Ich glaube fest, dass eine engere politische und wirtschaftliche Kooperation die arabischen und muslimischen Länder zu deutlich mehr Unabhängigkeit vom Westen führen würde. Vergleichbar den Schritten zur europäischen Einigung, die weitsichtige West-Europäer nach dem Zweiten Weltkrieg unternahmen. Die bisherigen Einigungsversuche der arabischen und muslimischen Welt waren zu zaghaft. Wahrscheinlich hätten die USA ein Zusammenwachsen der muslimischen Welt auch bekämpft. Genauso wie Israel. Trotzdem ist eine engere Kooperation langfristig die wichtigste Option der Staaten des Mittleren Ostens.

DAS NEUE MEKKA DER ARABISCHEN WELT HEISST WASHINGTON

Der Grad der Unterwürfigkeit der meisten Regierungen des Mittleren Ostens hat inzwischen ein peinliches Ausmaß erreicht. Man muss sich nicht ganz so tief vor den USA verneigen, wie das einige arabische Potentaten tun. Spötter sagen: »Das neue Mekka der Araber liegt nicht mehr in Saudi-Arabien. Es liegt in Washington.«

Eine weitere Frage an viele Führer muslimischer Länder lautet: Darf man von ihnen nicht eine Politik verlangen, die sich mindestens so sehr am Wohl ihrer Völker orientiert wie am Ausbau ihrer persönlichen Macht und ihres Reichtums? Eine Politik fürs Volk, zumindest in wirtschafts- und sozialpolitischen Fragen? Der Mittlere Osten hat teilweise schreckliche Politiker hervorgebracht. Die die Menschenrechte mit Füßen treten. Die für ihre Folterkeller berüchtigt sind und manchmal sogar im Auftrag des Westens foltern. Die ihre Eigeninteressen in schamloser Weise über die Interessen des Volkes stellen. Der Rückstand vieler muslimischer Länder hat viel mit der Inkompetenz und Gier der augenblicklichen politischen Klasse zu tun.

Die Bevölkerung vieler islamischer Staaten hat ihre unterwürfigen, raffgierigen und erfolglosen Regierungen satt. Sie werden deren Politik auch nicht ewig hinnehmen. Der Arabische Frühling hat angedeutet, was auf einige Regierungen der Region zukommen könnte, wenn sie ihre Politik nicht fundamental ändern.

FLUCHT IN DEN EXTREMISMUS

Angesichts des Scheiterns fast aller Lösungsansätze der jüngeren Vergangenheit wandten sich muslimische Minderheiten auch dem Extremismus zu. Vom Westen war ja ebenfalls keine Lösung zu erwarten. Im Gegenteil, er war eines der Probleme. Er hatte gegenüber der muslimischen Welt keines seiner großen Versprechen gehalten. Wo waren Freiheit, Gleichheit, Brüderlichkeit, Menschenrechte gegenüber der muslimischen Welt? Wo war die Freiheit der Palästinenser? Ein »Selbstbestimmungsrecht« für die Länder des Mittleren Ostens gab es immer nur im engen Rahmen amerikanischer Interessen.[5]

Die Flucht muslimischer Minderheiten in den Extremismus war ein Irrweg. Aber war sie überraschend? Hat in Deutschland – nach den Demütigungen des Versailler Vertrags – nicht sogar eine *Mehrheit* auf die Karte des Extremismus gesetzt? Auf die Nazis?

HAUPTURSACHEN DES EXTREMISMUS

Die kategorische Verurteilung des Terrorismus darf kein Grund sein, die Augen vor seinen Ursachen zu verschließen. Hauptursache des Terrorismus ist das Gefühl totaler Ungerechtigkeit und Perspektivlosigkeit. Das Gefühl, es gebe keine andere Lösung mehr als Gewalt. Die monströsen Ungerechtigkeiten des Westens im Mittleren Osten sind der Hauptgrund für das Entstehen des mittelöstlichen Terrorismus. Wer das nicht sieht, wird das Terrorismusproblem nie lösen.

Das macht die Schuld von Terroristen nicht kleiner. So wie die Tatsache, dass der ungerechte Versailler Vertrag das Entstehen des Nationalsozialismus begünstigte, dessen Barbareien nicht entschuldigt. Aber wer Krieg und Terrorismus in Zukunft verhindern will – nicht alle wollen das wirklich –, muss sich die Mühe machen, zu untersuchen, warum diese zwei verwandten Krebsgeschwüre der Menschheit immer wieder entstehen.

KRIEG UND TERROR – EIN TEUFELSKREIS

Die chaotische Entwicklung der letzten zwanzig Jahre lässt sich verkürzt und ohne moralische Bewertung in sechs Phasen unterteilen:

Phase 1: Am 11. September 2001 reagierte Bin Laden mit mörderischem Terrorismus auf die vielen, oft kriegerischen Demütigungen der muslimischen Welt durch den Westen.

Phase 2: Auf diesen brutalen Terrorismus antworteten die USA mit noch brutaleren Kriegen. In Afghanistan, im Irak und in anderen muslimischen Ländern.

Phase 3: Das wiederum führte zu einer massiven Vermehrung der Zahl der Terroristen vor allem im Irak, die vom Westen erneut militärisch bekämpft wurden (Stichwort Al-Zarkawi).

Phase 4: Gegen dieses tödliche Karussell von Krieg, Terror, Krieg und gegen ihre eigenen erfolglosen, korrupten Regierungen erhoben sich im »Arabischen Frühling« große Bevölkerungsteile.

Phase 5: Im Dunstkreis dieses Volksaufstandes wurden Terrorbewegungen wie der IS oder Al-Qaida/Jabhat Al-Nusra noch stärker. Der Westen, aber auch Russland bekämpften sie erneut mit Kriegen.

Phase 6: Große Teile des Mittleren Ostens liegen nun in Schutt und Asche. Hunderttausende wurden getötet oder schwer verletzt. Wird aus diesem Leid und Elend Wohlstand, Gerechtigkeit und Frieden entstehen? Oder wird sich der Teufelskreis von Krieg und Terror weiter drehen?

WAS IST ÜBERHAUPT »TERRORISMUS«? EINE KLEINE GESCHICHTE DES TERRORISMUS

ALEXANDER DER GROSSE UND DER SEERÄUBER

Alexander der Große beherrschte vor über 2000 Jahren, viel gefürchtet und viel bewundert, das größte Reich der Antike. Der Legende nach fingen seine Soldaten eines Tages einen Seeräuber. Alexander ließ ihn vorführen und fragte ihn, mit welchem Recht er die See unsicher mache. Der Seeräuber antwortete: »Mit demselben [Recht], mit dem du die Länder unsicher machst.«[6] Weil er nur *ein* Schiff besitze, nenne man ihn verächtlich »Räuber«. Alexander aber nenne man ehrfürchtig »Eroberer«, weil er eine große Flotte habe. Das solle Recht sein?

Unterscheiden sich Piraterie und Terrorismus vom Krieg nur dadurch, dass die Mächtigen dieser Welt über die größeren Bataillone und die größeren Budgets verfügen? Ist Terrorismus der Krieg der Armen, Krieg aber der Terrorismus der Reichen, wie Peter Ustinov meinte?[7]

Wenn man am Krankenlager eines durch Bombensplitter verletzten Kindes steht, fällt es schwer, einen Unterschied zwischen Terrorismus und Krieg zu erkennen. Ich finde beide abscheulich. Auch weil die meisten Kriege keine reinen Verteidigungskriege sind. Und die Kriegsherren nie alles tun, um die Zivilbevölkerung zu schützen. Ich habe in meinem ganzen Leben nicht einen einzigen gerecht geführten, reinen Verteidigungskrieg erlebt. Der Terrorismus des Mittleren Ostens ist die illegitime Antwort auf die illegitimen Kriege des Westens. Ich lehne beide uneingeschränkt ab. Die überwältigende Mehrheit der Menschen des Mittleren Ostens tut das auch.

JÜDISCHE EIFERER, MUSLIMISCHE ASSASSINE, CHRISTLICHE MÖNCHSBANDEN

Der Terrorismus ist jahrtausendealt. Schon die alten Griechen und Römer kannten und fürchteten ihn. Terroristen kämpften im Namen des Judentums, des Christentums, des Islam und im Namen moderner Ideologien. In Wahrheit hat der Terrorismus diese Ideen alle verraten. Terrorismus war und ist immer Mord. Wir müssen ihn deshalb auch immer bekämpfen. Mit Härte, aber auch mit Klugheit. Nicht so, dass wir ständig neue Terroristen züchten.

Terrorismus versucht, durch besondere Brutalität Furcht und Schrecken zu verbreiten. Und dadurch bestehende Macht- und Herrschaftsverhältnisse zum Einsturz zu bringen. Den folgenden geschichtlichen Überblick über den Terrorismus verdanke ich meinem Freund, dem Althistoriker Alexander Demandt. Wir haben lange Gespräche darüber geführt. Ich konnte ihm von meinen jahrzehntelangen persönlichen Erfahrungen mit dem Terrorismus berichten. Er breitete eine jahrtausendelange Geschichte des Terrorismus vor mir aus.[8]

Schon vor über 2000 Jahren wendeten die jüdischen »Zeloten« Terrormethoden an. Diese radikal-religiösen Banden strebten einen jüdischen Gottesstaat auf Erden an. Mit Brand- und Mordanschlägen terrorisierten sie das ganze Land.

Marco Polo berichtete von muslimischen »Assassinen«. Ihr Anführer, der »Alte vom Berge«, habe auf einer Burg in Persien gehaust, seine jugendlichen Anhänger mit Haschisch berauscht und dann zum Morden losgeschickt. Marco Polos Erzählungen mögen im Detail Legende sein. Überliefert ist, dass der »Alte vom Berge«

und seine Anhänger im 12. Jahrhundert den Nahen Osten tyrannisierten und christliche und muslimische »Fürsten« ermordeten.

Christliche Mönchsbanden zerstörten im 5. Jahrhundert Götterbilder, Tempel und Synagogen. Sie begingen Mord und Totschlag an Andersgläubigen. Die christlichen Kaiser reagierten darauf recht milde, weil die Bischöfe ihnen für den Fall größerer Härte Höllenstrafen androhten.

TERRORISMUS IM MITTELALTER UND IN DER FRÜHEN NEUZEIT

Die Judenpogrome und die Inquisition der Dominikaner im Mittelalter waren reinster Terror. Die »Hunde des Herren«, wie die Dominikaner von ihren Gegnern genannt wurden, verfolgten, folterten und verbrannten Andersgläubige. Am schlimmsten wüteten die Spanier. Nicht nur in Amerika, Mexiko und Peru. Auch zu Hause, vor allem nach der Wiedereroberung Andalusiens. Gegen Muslime, Juden und Protestanten. »Zur Ehre Gottes« und zur »Abschreckung« aller potenziellen Abweichler verbrannten sie an hohen Feiertagen Hunderte auf großen Scheiterhaufen. Sie zelebrierten ihren Terror geradezu. Manchmal in Gegenwart des Königs.

Radikale Protestanten wie der sozialrevolutionäre Thomas Müntzer terrorisierten Anfang des 15. Jahrhunderts katholische Mönche und Pfarrer. Sie beriefen sich dabei auf das Lukas-Evangelium, in dem es heißt: »Doch jene meine Feinde, die nicht wollen, dass ich über sie herrschen soll, bringt sie her und erwürgt sie vor mir.«[9]

TERRORISMUS IM NAMEN REPUBLIKANISCHER VERNUNFT

Nicht nur »im Namen Gottes« wurde terrorisiert. Auch »im Namen der Vernunft« und des »Fortschritts«. Vor allem während der Französischen Revolution. Sie gab dem Terrorismus seinen Namen: la terreur – der Schrecken. Auch dieser Terror war unentschuldbar. Republik und Demokratie hätten die absolute Monarchie auch ohne Enthauptungsterror besiegt. Die Zeit war reif für eine Wende. Die neuere Geschichte Englands zeigt, dass Demokratie auch ohne terroristische Revolutionen siegen kann.

TERRORISMUS DER NEUZEIT

Auch der Kommunismus des 20. Jahrhunderts setzte, wie der Nationalsozialismus, auf Terror. Auf Staatsterror. Es gab weißen Terror (seitens der Monarchisten), roten Terror (seitens der Kommunisten) und braunen Terror (seitens der Nazis). Lenin und Stalin wollten Schrecken verbreiten. Eine Atmosphäre der Todesfurcht schaffen. Hitler war immer Terrorist. Die Reichskristallnacht gegen die Juden war ein Terroranschlag. Die Schauprozesse Stalins gegen seine eigenen Generale waren ebenfalls Terror. Genauso wie die millionenfache Verfolgung und Ermordung angeblicher Klassenfeinde in sibirischen Lagern.

Auch Churchills Bombenkrieg war terroristisch. Churchill sprach intern ganz offen von Terror. Um die Moral der Deutschen zu brechen. Hitlers Bombenkrieg gegen England hatte ähnliche Motive.[10]

Nach dem Zweiten Weltkrieg wurde gnadenlos weiter terrorisiert. Gegen die Kolonialherrschaft Großbritanniens und Frankreichs, die ihrerseits oft terroristisch war. Zionistische Terrororganisationen wie die Stern-Gruppe (Lechi) und die Irgun Zwai Leumi verübten Anschläge gegen Briten und Palästinenser. Die Irgun sprengte in Jerusalem das bekannte King David Hotel in die Luft. Sie tötete dabei über neunzig Menschen: Araber und Engländer, Muslime, Christen und Juden.[11] Der Anführer der Irgun, Menachem Begin, wurde 1977 israelischer Ministerpräsident. 1978 erhielt er den Friedensnobelpreis. Zusammen mit dem ägyptischen Präsidenten Sadat.

Auch der palästinensische Widerstand bediente sich oft terroristischer Methoden. Bis heute. Einer der bekanntesten palästinensischen Terroristenführer, George Habasch, war marxistischer Leninist, aufgewachsen als griechisch-orthodoxer Christ.

Terroristisch gingen auch die antikolonialen »Mau Mau«, die Unabhängigkeitskämpfer Kenias, vor. Wie die vietnamesischen

Viet Minh gegen die Kolonialherrschaft Frankreichs. Oder die antikolonialistische algerische Befreiungsfront FLN gegen die mit Gegenterror reagierenden französischen Kolonialherren Algeriens.

Der Unabhängigkeitskampf begann meist mit Anschlägen auf Militäreinrichtungen. Nach Auffassung mancher Staatsrechtler war er so lange legitim, bis er in Anschläge gegen Unbeteiligte mündete. Aus Widerstandskämpfern wurden Terroristen. Oft ganz bewusst. Kaum etwas zermürbt Gegner so sehr wie die Ermordung ihrer Frauen und Kinder. Die Unabhängigkeitskämpfe, die ich in Algerien, Simbabwe, Angola, Mosambik, Sambia oder Namibia persönlich miterlebt habe, waren zu jenem Zeitpunkt längst terroristisch geworden. Von beiden Seiten.

In Europa beherrschte jahrelang der Terrorismus linksextremistischer Gruppen wie der deutschen »Roten Armee Fraktion« (RAF) oder der italienischen »Roten Brigaden« die Schlagzeilen. Sie kämpften gegen den westlichen »Spätkapitalismus«.

Terrorismus ist keine islamistische Erfindung. Man muss schon sehr ignorant oder böswillig sein, um das zu behaupten.

WIRD DIE TERRORGEFAHR ÜBERTRIEBEN?

Viele Menschen im westlichen Europa haben das Gefühl, die Zahl der Terroropfer bei uns nehme ständig zu. Doch dieser von Politik und Medien erweckte Eindruck trügt. Die offizielle Kriminalstatistik zeigt, dass die Zahl der jährlichen Terroropfer in den 70er-, 80er- und frühen 90er-Jahren mit jährlich 100 bis 400 Toten höher war als in unseren Tagen. Erst durch die Attentate in Paris und Nizza 2015 und 2016 stieg die Zahl der Toten wieder vorübergehend auf 175 bzw. 142 Tote.[12]

Diese statistischen Erkenntnisse können das Leid der heutigen Opfer und ihrer Familien nicht verringern. Mit jedem einzelnen Opfer stirbt eine Welt. Trotzdem sollte man darüber nachdenken, ob das Terrorismusproblem im Westen nicht von manchen Medien und Politikern übertrieben wird. Weil damit das Sensationsbedürfnis der Massen befriedigt wird oder weil manche Politiker offenbar Feindbilder brauchen?

In Deutschland wurden seit der Wiedervereinigung 1990 vierzehn Menschen durch muslimische Terroristen getötet. Aber mindestens (!) 169 Menschen durch Rechtsextremisten.[13] Trotzdem wird der Eindruck erweckt, als sei das Leben der Deutschen täglich durch islamistische Terroristen bedroht. Die viel größere Gefahr rechtsextremistischer Gewalt wird deutlich weniger wahrgenommen.

In den USA ist die Lage ähnlich. Jedes Jahr werden dort über 10000 Amerikaner durch Schusswaffen ermordet, die in den USA frei erhältlich sind. Diesen 10 000 Schusswaffen-Opfern stehen – nach 9/11 – jährlich durchschnittlich sechs Opfer terroristischer Gewalt gegenüber. Mehr als zwei Drittel dieser Terroristen sind Rechtsradikale.[14]

Sollten wir Terrorismus daher nicht unaufgeregter diskutieren? Müssen unsere Politiker auch nach kleineren Anschlägen sofort vor die Mikrofone eilen und den gesamten Westen in Alarmzustand versetzen? Müssen unsere TV-Medien den Terroristen die Hauptmeldung des Tages und Sondersendungen widmen? Warum gilt für Mörder mit unpolitischen Motiven ein anderer Standard? Tun wir den Terroristen nicht einen Gefallen, wenn über jede Tat stets prominent berichtet wird?

Für Terroristen wäre es eine herbe Niederlage, wenn über sie wie über gewöhnliche Mörder berichtet würde. Am besten ohne Namensnennung und ohne Fotos. Ziel der Terroristen ist, neben der Verbreitung von Furcht und Schrecken, mediale Aufmerksamkeit. Vor allem für sie selbst. Einmal im Leben wollen sie in die Schlagzeilen kommen. Mit ihrem Namen. Manche Selbstmordattentäter lassen sich das von ihren Anführern vor der Tat nochmals ausdrücklich zusichern. Wir sollten ihnen dabei nicht helfen.

2017: Einwohner Mossuls auf der Flucht vor dem IS und vor den Bomben der »Befreier«.

US-Soldaten auf einem Dach in Mossul. Sie koordinieren die Bombardierung der Stadt.

Kampf um Mossul: Jürgen Todenhöfer lässt sich die Lage an der Front erklären.

Jürgen Todenhöfer und sein Sohn Frederic vor der zerbombten Universität von Mossul.

2018: Die Altstadt Mossuls zehn Monate nach ihrer Eroberung durch die »Koalition«.

Frederic vor einem toten Kind, zehn Monate nach der »Befreiung«.

Gefangene des IS liegen noch immer gefesselt in den Überresten der Häuser – verwesend, verwitternd.

West-Mossul, einschließlich der historischen Altstadt, liegt in Trümmern.

Frederic Todenhöfer vor einer von unzähligen Ruinen der jahrtausendealten Kulturstadt Mossul.

Gespenstisch: Einsame Fahrt durch das zerstörte Mossul.

Jürgen Todenhöfer in Aleppo. Das Ausmaß der Zerstörung ist auch hier apokalyptisch.

Darayya: So sehen die meisten zurückeroberten Gebiete Syriens aus. Der Krieg hat fast nichts verschont.

»Die schicken Waffen, wir Prothesen.« Jürgen und Frederic Todenhöfer in Damaskus mit Kindern, deren Prothesen er finanziert. Auch der Reinerlös dieses Buches geht an schwer verletzte syrische Kinder. Sie erhalten hochwertige Prothesen.

»Aus Bösem etwas Gutes machen«: Weihnachtskrippe aus Raketensplittern. Die Prothesen-Werkstatt von Pater Suleiman wurde mehrfach mit Mörsergranaten angegriffen.

Non Paper

WE HAVE TO OPEN A NEW CHAPTER IN SYRIA'S HISTORY

Plan for a new beginning.

I.

I WE ARE READY TO MAKE PEACE WITH ALL OUR NEIGHBOURS
From the Gulf States to Israel.
And ready to help achieve reconciliation between Saudi Arabia and Iran.
Syria could be a friend of both countries.

II.

PEACE IN SYRIA

1. Yes to the peace plan of Vienna

2. Call to national reconciliation and to negotiations with all Syrien opposition groups inside and outside Syria, if they distance themselves from terrorism.

3. First steps at the beginning of these negotiations:

   - Permission of food and medicine delivery into all besieged areas.

   - Release of political prisoners which have not committed killings.

4. OK to a free "internationally monitored" decision of the Syrian people about the type of state, a new parliament and the state leader.

5. Personal engagement from my side however that Syria becomes a multi-ethnic, multireligious and secular state.

6. The peaceful future of Syria and the survival of the country is more important than the future of all politicians. This also applies to me. A stable peace in Syria and in the region is what counts. After that, everything is possible. I will never stand in the way of a peaceful solution. The Syrian people decide.

The Syrians and the world should agree on two goals:

1. We have to create peace in Syria, in order to

2. defeat terrorism.

The most important pillar to defeat terrorism:

- to stop the flood of terrorists, money, weapons, all kinds of supplies, and logistical support from Turkey and the Saudi Arabia. Please use your influence

I am willing and ready to take part in any constructive conversation, which will bring our country and our region real peace.

P. A

Das Non-Paper von 2015, in dem sich Assad zu einer Friedenslösung für Syrien bereit erklärte und mit dem er sich an die deutsche Bundeskanzlerin richtete. Diese war daran allerdings nicht sonderlich interessiert.

Jürgen Todenhöfer während des Kriegs in Gaza 2014. Das Haus dieser Menschen wurde zerstört. Jetzt suchen sie nach ihren Familiendokumenten

Der Autor in einem von der israelischen Armee zerstörten Wohnhaus in Gaza. Überall Tapetenreste des Kinderzimmers, überall Spielzeug.

Ein Mädchen in Gaza in den Trümmern seines Elternhauses.

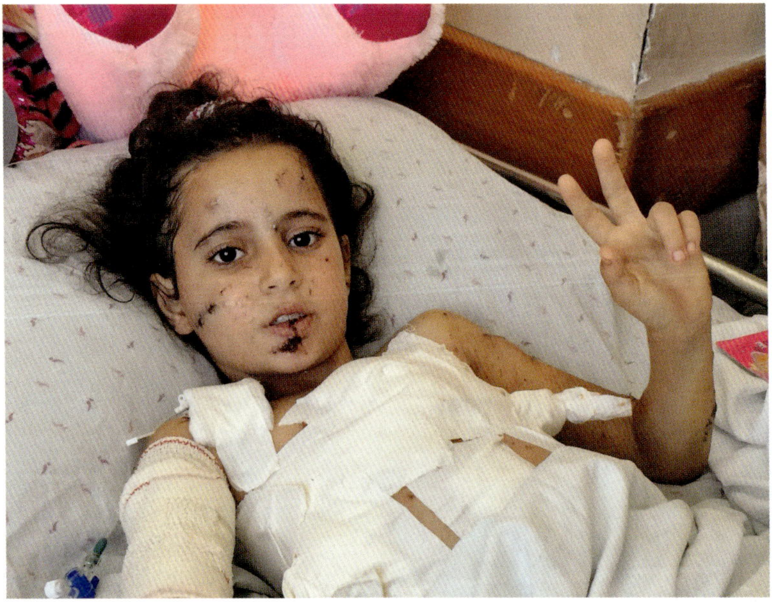

Ein Krankenhaus in Gaza: Der Körper des Mädchens ist von Bombensplittern übersät.

Sanaa, Jemen, 2017

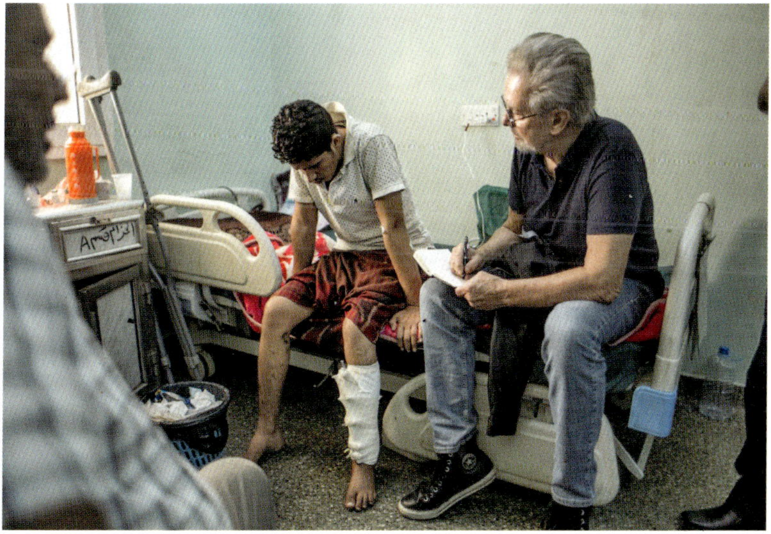

Der Autor im Gespräch mit einem verletzten Huthi-Rebellen in einem Krankenhaus in Sanaa.

Jürgen Todenhöfer in Sanaa mit hungernden Kindern. Der Westen schaut tatenlos zu, während das Land bombardiert wird. Saudi-Arabien, der Hauptverantwortliche, ist schließlich ein guter Geschäftspartner.

Nachmittag mit Freunden: Der Autor im Gespräch mit einem der Juden von Sanaa.

So sehen die Opfer amerikanischer Drohnenangriffe aus: Jürgen Todenhöfer im Gespräch mit dem pakistanischen Fotografen Nur Behram mit den Überresten einer US-Hellfire-Rakete.

Sanktionen gegen den Iran: Jürgen Todenhöfer im Gespräch mit Irans Außenminister Zarif, 2017.

Ein jüdischer Friedhof in Teheran, 2018.

New York, US-Präsidentschaftswahl 2016: Jürgen Todenhöfer und ein New Yorker diskutieren über das sich anbahnende Wahlergebnis.

Flüchtlingslager in Bangladesch, 2017: Hunderttausende Rohingya haben hier Zuflucht aus Myanmar gesucht.

Nina Priester, Projektmanagerin der Stiftung Sternenstaub, begleitete Jürgen Todenhöfer zu den Rohingya.

Über Minenfelder und Stacheldrahtzäune nach Myanmar.

Ganze Rohingya-Dörfer wurden von der Armee Myanmars niedergebrannt.

DER DIABOLISCHE KURZERFOLG DES OSAMA BIN LADEN

Dem mittelöstlichen Terrorismus gelang im Westen militärstrategisch nur ein einziger bedeutsamer Schlag: das Attentat vom 11. September 2001. Bin Ladens Anschläge trafen zwei Symbole der Weltmacht USA: das Pentagon und das World Trade Center. Bin Laden erzielte mit seinem teuflisch-genialen Anschlag weltweite Aufmerksamkeit. Und eine Erschütterung des Selbstbewusstseins vieler Amerikaner, die ihr Land für unverwundbar gehalten hatten. Er erreichte sogar die erwünschte Überreaktion der USA durch weitere Kriege gegen die muslimische Welt. Terroristen hoffen immer, dass der Feind falsch reagiert.

Was Bin Laden emotional antrieb, hat er wenige Wochen nach dem 11. September beschrieben: »Was Amerika jetzt erlebt, ist unbedeutend im Vergleich zu dem, was wir viele Jahre erlebt haben. Unsere Nation [die islamische Welt] hat diese Demütigungen und Erniedrigungen mehr als achtzig Jahre lang erlebt. Ihre Söhne wurden getötet, ihr Blut vergossen, ihre Heiligtümer angegriffen. Keiner hört es, keinen kümmert es.«[15]

Ein wichtiges Ziel hat Bin Laden allerdings nicht erreicht. Er wollte mit 9/11 eine weltweite spektakuläre Gegenoffensive gegen den Westen starten. Das ist dem mittelöstlichen Terrorismus zumindest im Westen nicht gelungen. Von 2001 bis heute haben die Terroranschläge Al-Qaidas und des IS im gesamten Westen weniger als 5000 Todesopfer gefordert; einschließlich der fast 3000 Toten von 9/11. Im gleichen Zeitraum forderten die Antiterror-Kriege des Westens im Mittleren Osten mindestens 1,3 Millionen Menschenleben.[16]

DAS SCHEITERN DER SUCHE NACH WEGEN AUS DER KRISE

Nationalismus, Sozialismus, Extremismus und Terrorismus, sie alle haben den Mittleren Osten nicht aus der Krise geführt. Die einzige Strategie, die funktionierte, war die der Gegenseite: »Teile und herrsche!« Die USA, aber auch Israel beherrschen sie meisterhaft. Die muslimische Welt zerstört sich wunschgemäß selbst. Araber gegen

Araber, in Syrien und im Jemen. Türken gegen Kurden. Und eines Tages Araber gegen Iraner? Meist mit Waffen, die ihnen der Westen liefert. Die Wolken über dem Mittleren Osten werden dunkler. Den einzigen Ausweg aus der Krise, den islamischen Schulterschluss, haben die meisten muslimischen Führer vergessen. Der Westen wird sie nicht daran erinnern.

10. KAPITEL
EINE REISE IN DIE USA

Es gibt kaum ein Land, in dem ich so oft und regelmäßig war wie in den USA. Seit über fünfzig Jahren fahre ich dorthin. Damals wurde ich als 27-Jähriger in Jacksonville, Florida, von der Vereinigung amerikanischer »Girl Scouts« zur Ehren-Pfadfinderin ernannt. Ich war damit wahrscheinlich der einzige nichtamerikanische, männliche »Ehren-Girl-Scout« der Welt. Ich hatte die US-Mädchen anderthalb Wochen lang als Reiseleiter im Bus durch Europa begleitet. Zwölf Länder in zehn Tagen. Sechs Jahre später ernannte mich die US-Armee in meinem Bundestagswahlkreis Kaiserslautern zum US-Ehrenoberst. Ich habe vielfältige Beziehungen zum Land der unbegrenzten Möglichkeiten.

Die USA sind ein tolles Land. Die Direktheit und Spontanität seiner Menschen haben mir immer gefallen. Auch die Fairness, mit der alle meine Gesprächspartner mit meiner Kritik umgingen. Viele teilten meine kritische Meinung zur Außenpolitik der USA. Manche meiner deutschen Kritiker nennen mich »Anti-Amerikaner«. Meine amerikanischen Freunde und Bekannten lachen darüber. Ich auch. Ich kritisiere ja auch die deutsche Außenpolitik und bin kein Anti-Deutscher.

DER EMPFANG DURCH EIN ANTITERROR-KOMMANDO

Im November 2016 wollte ich zusammen mit Frederic die amerikanische Präsidentschaftswahl beobachten. Privat. Erste Station unserer Reise war Washington. Wir landeten nachmittags. Als wir durch die Einreisekontrolle wollten, kam ein junger Beamter auf uns zu und bat uns, in einen gesonderten Raum zu gehen und dort zu warten.

Meine Einreise ist in vielen Ländern kompliziert. Weil ich Stempel aus mehreren Krisen- und Kriegsländern in meinen Pässen habe: Afghanistan, Irak, Iran, Libyen, Syrien. Für Frederic gilt das Gleiche. Ich muss dann immer erklären, welchen Beruf ich habe und was ich in diesen Kriegs- und Krisenländern mache. Es dauert meist eine Weile, bis ich alle von meiner Friedfertigkeit überzeugt habe.

Diesmal kamen nach zehn Minuten drei schwarz gekleidete junge Männer in den Raum. Ein Weißer, ein Latino und ein Afroamerikaner. Sie trugen schusssichere Westen und waren bewaffnet. »FBI, Antiterror-Einheit des FBI«, sagte ihr Wortführer. »Ihr seid Jürgen und Frederic Todenhöfer. Habt ihr Jungs was dagegen, mit uns zu plaudern?« Ich erklärte, gegen Plaudern hätten wir natürlich nichts. Was sollte ich auch sagen? Wir folgten ihnen in ein kleines Büro. Wir waren hundemüde und hatten uns auf unser Hotel gefreut. Frederic nickte mir lächelnd zu, als wolle er sagen: »War doch klar, dass so etwas passiert.«

Die drei jungen Antiterror-Spezialisten sagten, sie wüssten genau, in welchen Ländern wir schon gewesen seien. Auch, dass wir heute Nachmittag in Washington landen würden, wüssten sie schon seit zwei Wochen. Sie hätten den Auftrag bekommen, sich mit uns zu unterhalten. Dann fragten sie uns Löcher in den Bauch. Wie der IS rekrutiere, lebe, kämpfe. Wie gefährlich er sei. Obwohl es um Terror ging, wurde das Gespräch zunehmend entspannter. Am Ende waren wir den FBI-Jungs sogar sympathisch. Zumindest vermittelten sie diesen Eindruck.

Nach einer Stunde erlaubten sie uns, den Flughafen zu verlassen. Wir fragten sie nach ihrer Meinung zu den Präsidentschaftswahlen. Zu Hillary Clinton meinten zwei von ihnen, sie habe einfach zu viel gelogen. Donald Trump sei zwar auch nicht das Gelbe vom Ei. Aber er sei das kleinere Übel. Wir waren überrascht, wie offen sie waren.

TREFFEN MIT DEM EX-CHEF DER SECHZEHN US-GEHEIMDIENSTE

In Washington trafen wir Admiral Dennis Blair, Ex-Chefkoordinator der US-Geheimdienste unter Präsident Obama. Er arbeitete jetzt für eine »Denkfabrik«, einen »Think Tank«. Ich hatte ihm 2010 ein recht konkretes »Friedensangebot« der iranischen Regierung überbracht. Nicht als Verhandler, nur als Bote. Dieses Angebot führte später im Oman zu den ersten direkten bilateralen Verhandlungen der amerikanischen und iranischen Regierungen seit über dreißig Jahren.

Blair schien gespannt zu sein, was ich dieses Mal zu berichten hätte. Er wusste von unserer Reise in den IS und fragte mich, wie zum Teufel wir es geschafft hätten, dort hinzukommen. Und vor allem, wieder lebend rauszukommen.

Doch eigentlich hatte ja ich Fragen. Was wollten die Amerikaner im Mittleren Osten wirklich erreichen? Was war ihre Strategie? Blair lachte fröhlich: »Eine richtige Strategie? Nein, so etwas haben wir nicht.« Der Mittlere Osten sei ein völliges Durcheinander. Bis heute verstehe er vieles nicht. In Asien habe man eine recht gute Außenpolitik und Strategie gehabt. Beim Thema Mittlerer Osten aber habe er sich als Geheimdienstkoordinator erst einmal umsehen müssen, wer überhaupt einen Überblick habe. Ständig habe es Ad-hoc-Entscheidungen ohne klare Konzeption gegeben. Ohne jede echte Strategie.

Als Beispiele nannte Blair Irak und Libyen. Er glaube nicht, dass es falsch gewesen sei, Saddam Hussein auszuschalten. Aber den Krieg zu gewinnen sei der leichtere Teil des Problems gewesen. Dass man keinen Plan für die Zeit nach Saddam hatte, sei unverständlich und unverzeihlich. Das Gleiche gelte für Libyen. Die USA hätten Gaddafis Armee mit ihrer Luftwaffe ausgeschaltet. Doch dann hätten sie zugelassen, dass sich diese Armee in einzelne Fraktionen aufsplitterte. Diese Fehler seien furchtbar, einfach nur furchtbar.

Man habe Israel-Experten, Iran-Experten, Pakistan-Experten. Aber niemanden, der die ganze Region überblicke. Der so etwas wie eine Strategie hätte. Oder wenigstens ein paar Grundlinien. Das wäre ja schon toll. Aber so jemanden habe es nicht gegeben. Er jedenfalls habe keinen gefunden. Frederic war sprachlos. Ich auch.

AUCH MEDIEN-TYCOONS KENNEN DIE »AMERIKANISCHE MITTEL-OST-STRATEGIE« NICHT

Ähnlich pessimistische Äußerungen über die Strategie der USA im Mittleren Osten hörte ich bei all meinen Gesprächen in den USA. Arthur O. Sulzberger Jr., damals noch Verleger der *New York Times*, sagte mir lachend: »Eine Mittel-Ost-Strategie? Nein, so was haben wir nicht. Hätten Sie eine?« Überzeugt war er nur, dass Hillary Clinton die US-Präsidentschaft gewinnen würde. »Diesmal packt sie es«, sagte er.

Rupert Murdoch, den mächtigsten Medienmogul der Welt, trafen wir in seinem riesigen Wolkenkratzer in Manhattan. Murdoch gehört unter anderem der weit rechts stehende amerikanische TV-Sender Fox News. Ich kannte Murdoch aus meiner Zeit als Medienmanager. Der 85-Jährige war gerade neu verheiratet. Mit Jerry Hall, der Ex-Ehefrau von Rolling-Stones-Chef Mick Jagger. Murdoch hatte in England mit seiner Medienmacht Premierminister gestürzt und aufgebaut. Jetzt versuchte er, Donald Trump zu helfen, Präsident der USA zu werden. Er wirkte nicht sehr optimistisch. Zumindest sah er Trump – jetzt, wenige Tage vor der Wahl – nicht als Favoriten. Mit Ausnahme seines Hauses seien alle amerikanischen Medien für Hillary Clinton. Sie seien alle links. Trump werde es schwer haben zu gewinnen.

Auf meine Frage nach der US-Strategie im Mittleren Osten antwortete Murdoch amüsiert wie alle anderen: »Ich kenne keine.« Die nicht existierende Mittel-Ost-Strategie wurde zum »running gag«. Dass »Divide et impera« auch eine schemenhafte Strategie war, vielleicht sogar die einzige, die die USA im Mittleren Osten hatten, wollte keiner zugeben. Sie war ja rein destruktiv und hatte so gar nichts von den großen Zielen, für die der Westen offiziell stand.

Nach unserem Gespräch musste Murdoch zu seinem Privatjet, um zu seiner neuen Ehefrau Jerry nach Texas zu fliegen. Auch Murdoch ist Amerika. Obwohl er aus Australien stammt.

ZWEI STUNDEN BEIM »FÜRSTEN DER FINSTERNIS«

Richard Perle, den seine Gegner »Prince of Darkness«, »Fürst der Finsternis«, nennen, trafen wir in seiner Wohnung in der Nähe des Central Park. Ich kannte ihn aus meiner Zeit als rüstungskontrollpolitischer Sprecher im Deutschen Bundestag. Aus den Jahren der von SPD-Kanzler Helmut Schmidt beschlossenen nuklearen Nachrüstung. Perle war damals Staatssekretär im US-Verteidigungsministerium. Wir hatten uns oft getroffen. Meist in den USA. Wir waren keine Freunde, aber wir hatten uns respektiert.

Später wurde Perle einer der mächtigsten Befürworter des Krieges gegen den Irak. Ich hatte ihn deshalb wenige Wochen vor Kriegsbeginn angerufen. Und leidenschaftlich gebeten, auf die Invasion zu verzichten. Ich sei gerade im Irak gewesen. Dieses Land könne man gar nicht mehr zu Boden schlagen, es liege schon am Boden. Ich hatte ihm erzählt, dass ich von Saddam Husseins Vize-Premierminister Tariq Aziz konkret wisse, dass der Irak zu jeder sinnvollen Friedensregelung bereit sei.

Perle hatte damals erwidert, das seien alles Lügner. Die amerikanischen Soldaten würden im Irak mit Applaus empfangen werden. Wie in Afghanistan. Ich hatte ihn noch gefragt, wo die US-Truppen in Afghanistan mit Applaus empfangen worden seien. Aber er war nicht mehr umzustimmen.

Perle ist ein brillanter Kopf. Er ist amerikanischer Jude und einer der führenden »Neokonservativen« Amerikas. Obwohl er offiziell Mitglied der »Demokratischen Partei« ist. Als Berater von US-Präsident Ronald Reagan war er gegenüber der Sowjetunion militärstrategisch und verhandlungstaktisch äußerst erfolgreich gewesen. Ob man ihn mag oder nicht, er ist eine historische Persönlichkeit.

In der Irakpolitik aber hatte er voll danebengelegen. Wie so viele. Er ging damit selbstkritisch um. Er wisse, dass die USA im Irak gescheitert seien. Weil sie nach ihrem Sieg nicht wie Befreier, sondern wie Besatzer gehandelt hätten. Er habe nie geglaubt, dass man diese Aktion so in den Sand setzen könne. Manche hätten den Irak offenbar nie verstanden.

Auch Richard Perle konnte mir die Politik der USA im Mittleren

Osten nicht erklären. »Wir haben keine schlüssige Außenpolitik«, meinte er. Erst sei es den USA im Mittleren Osten um den Konflikt der arabischen Staaten mit Israel gegangen. Dann um den Palästina-Konflikt. Hätte man ihm damals etwas von einem alles dominierenden Streit zwischen Sunniten und Schiiten erzählt, hätte er nur den Kopf geschüttelt. Doch dann sei dieses Problem geradezu explodiert.

Man sei 2003 im Irak nicht einmarschiert, um den Irakern Demokratie zu bringen. Das zu behaupten sei »völliger Müll« (»complete rubbish«). Demokratie sei nicht das Motiv der USA gewesen. In seinen Sitzungen sei niemand mit diesem Argument gekommen. Perle war damals Vorsitzender des »Beratenden Komitees des Ausschusses für Verteidigungspolitik«. Mitglieder dieses Ausschusses waren politische Schwergewichte wie Henry Kissinger, James Schlesinger, Newt Gingrich oder der Bush-Berater und spätere Weltbank-Präsident Paul Wolfowitz.

Man habe den Irak angegriffen, weil man so etwas wie 9/11 nicht noch einmal erleben wollte. Bei Bin Laden sei man zu spät gekommen. Bei Saddam Hussein, dem man nicht nur Massenvernichtungswaffen, sondern auch Kontakte zu Al-Qaida zugetraut habe, habe man nicht noch mal zu spät kommen wollen.

Schließlich habe es ja auch die Aussagen des »deutschen BND-Agenten« Curveball gegeben. Der hatte behauptet, er sei in führender Position an Saddam Husseins Bio-Waffen-Programm beteiligt gewesen. Curveball habe den USA letztlich die entscheidenden Beweise geliefert, den »rauchenden Colt«. Die USA hätten Curveball leider nie selbst vernehmen dürfen. Die Deutschen, von denen sie die Informationen Curveballs erhalten hätten, hätten das nicht gestattet. Curveball sei in den USA sehr ernst genommen worden. Außenminister Colin Powell habe sich vor dem UN-Sicherheitsrat vor allem auf ihn gestützt.

»Curveball«, der Mann, der die Welt in den Irakkrieg log, hieß in Wirklichkeit Rafid Ahmed Alwan El-Dschanabi. 2011 hatte er der britischen Zeitung *The Guardian* fröhlich gestanden, er habe alles frei erfunden.[1] Er sei mächtig stolz auf seine Lügen. Er habe schließlich mitgeholfen, Saddam Hussein zu stürzen und dem Irak Demokratie zu bringen.

Perle schob nicht alles auf »Curveball«. Aber er fand, man könne mit den Kenntnissen von heute auch nicht so tun, als habe es diesen BND-Agenten nicht gegeben. Wir diskutierten zwei Stunden lang, sehr offen, sehr ehrlich. Ich musste Richard Perle versprechen, bei meinem nächsten USA-Besuch wieder vorbeizukommen. Wir haben seither mehrfach miteinander telefoniert. Wir sind noch immer weit auseinander. Aber Amerika hat eine Diskussionskultur, von der wir lernen können.

NEW YORK, AMERIKAS BEITRAG ZUM MULTIKULTURALISMUS

Während unserer Tage in New York gingen Frederic und ich oft zur Lower East Side, einem Stadtteil am südöstlichen Ende Manhattans. Um zu essen oder zu bummeln. Frederic hatte dort während seines Studiums mehrere Jahre gewohnt. Er ist noch heute in New York verliebt. Vor allem in die Lower East Side. »Klein-Deutschland« wurde dieses Viertel Ende des 19. Jahrhunderts genannt, weil hier über 170 000 deutsche Immigranten lebten. Später ließen sich dort auch Hunderttausende Juden nieder. Hier begann die jüdisch-amerikanische Geschichte.

Heute ist die Lower East Side Schmelztiegel unterschiedlichster Kulturen aus aller Welt. Und berühmt für ihre Musikszene. Sängerinnen wie Lady Gaga oder Bands wie The Strokes sangen hier, bevor sie international berühmt wurden. Wer behauptet, Multikulti funktioniere nicht, sollte sich New York anschauen. Auf unserem Weg zum Restaurant sahen wir Weiße, Schwarze, Latinos, Rocker, verrückte Spießer, hübsche Models und alte Damen, mal ganz arm, mal ganz reich gekleidet. Wir begegneten orthodoxen Juden und Männern in traditioneller afghanischer Kleidung. Auch Taxifahrer tragen oft die Kleidung ihrer früheren Heimat – Pakistan, Senegal oder Jamaika. Hier läuft oder fährt einem die halbe Welt über den Weg.

Frederic erzählte mir, dass er während seiner Jahre in New York mehrfach erlebt habe, wie Polizeiwagen einen Straßenabschnitt der

Lower East Side absperrten, damit Muslime dort ihr Freitagsgebet verrichten konnten. In ihrer Moschee war nicht genug Platz. Dutzende Muslime aus vielen Ländern hätten unter dem Schutz der Polizei gemeinsam auf der Straße gebetet. Für New York sei das nichts Besonderes. Er sei der Einzige gewesen, der darüber gestaunt habe.

Natürlich gibt es auch in New York Rassismus. Muslime erzählten mir, dass sie auch hier schon übel beschimpft wurden. Dennoch fühlten sie sich in New York wohl. Die Toleranz der Menschen sei hier deutlich höher als anderswo. Leben und leben lassen sei das Motto der New Yorker. Das spürt man auch als Deutscher. Nirgendwo sonst auf der Welt wurde ich von so vielen Menschen »my friend« genannt. Und so freundschaftlich angesprochen. Ich weiß, in Amerika sind manche Worte nur Floskeln. Aber trotzdem ist das schöner und sympathischer als das mürrische Fremdeln, das ich in Europa oft beobachte.

New York ist nicht repräsentativ für ganz Amerika. Aber es ist ein Teil dieses Landes. Und ein Beispiel dafür, wie grandios eine multikulturelle Stadt funktionieren kann. Auch in Amerika.

NEW-YORK-MARATHON

Am Sonntag, zwei Tage vor der Präsidentschaftswahl, waren wir beim New-York-Marathon, dem berühmtesten Langstreckenrennen der Welt. Tief in unsere Anoraks vergraben standen wir ein paar Hundert Meter vor dem Ziel im Central Park. Es war schließlich November. Über 50 000 Läufer aus aller Welt waren gestartet. Angefeuert von zwei Millionen Zuschauern. Weiße jubelten Schwarzen zu, Schwarze Weißen. Junge Läuferinnen, die schon ihren Schlussspurt angezogen hatten, stoppten ab, weil vor ihnen ein älterer Läufer zu straucheln begann. Sie halfen mit, ihn auf den letzten Metern zu stützen. Auf ihre persönliche Bestzeit verzichteten sie diesmal. Andere hatten sich auf den letzten Metern untergehakt, weil sie merkten, dass sie es alleine nicht mehr schafften. Latinos halfen Weißen, Weiße Latinos. Ältere legten zum Schluss noch einmal eine

Art Sprint hin, nur weil ein paar Freunde ihren Namen gerufen hatten. Wir brüllten uns die Kehlen heiser. Begeistert über so viel Sportlichkeit und Mitmenschlichkeit. Auch das ist Amerika. Mein Gott, kann dieses Land schön sein!

DER TAG, AN DEM AMERIKA DONALD TRUMP WÄHLTE

Am Wahltag, einem Dienstag, besuchten wir im »West Village« in Manhattan zwei Wahllokale. Wir hatten Presseausweise, aber keine ausdrückliche Zulassung als Wahlbeobachter. Im ersten Wahllokal flogen wir schon nach zwei Minuten raus. Protest sinnlos. Das Wahllokal war überfüllt, und sein Leiter wollte nicht, dass in diesem Gedränge auch noch fotografiert wurde.

Umso lockerer ging es im zweiten Lokal, einer Schule, zu. Ein Wahlhelfer erklärte uns alles. Frederic durfte Wähler bei der Wahlabgabe fotografieren, ich durfte Wählerlisten durchsehen. Die Wähler mussten nicht einmal ihre Personalausweise zeigen. Sie mussten nur ihren Namen angeben. Der wurde auf der Wählerliste überprüft, sie mussten unterschreiben, die Unterschriften wurden kurz mit denen der letzten Wahlen verglichen, und schon konnten sie wählen. Freddy fragte mich lachend, ob er nicht für einen seiner Freunde, der hier wohnte und nicht zur Wahl ging, wählen sollte. Natürlich entschied er sich dagegen.

Außerdem war klar, wer gewinnen würde: Hillary! Im demokratischen New York sowieso. Frederic war der Einzige, der ständig sagte, er glaube, dass Trump gewinne. Meinungsumfragen könnten die Stimmung in den USA diesmal nicht richtig wiedergeben. In vielen Bundesstaaten sei es nicht empfehlenswert, offen für Trump zu sein. Im Fitnessraum meines Hotels wurde ich mehrfach verwundert und verärgert gefragt, warum ich mir auf Fox News immer dieselben Trump-Reden anschaute. Ich lächelte gequält. Ich wollte den Mann verstehen. Das Einzige, was ich bisher von ihm verstanden hatte, war, dass er den Wahlkampf als große Show betrachtete. US-Präsidentschaftskandidaten sind TV-Weltstars.

Am Vormittag des Wahltags hatte ich Trump noch im Fernsehen

bei der Stimmabgabe gesehen. Er machte einen mürrischen Eindruck. Irgendjemand hatte ihm angeblich gesagt, laut Umfragen habe er die Wahl verloren. Hillary Clinton schien bei ihrer Wahlabgabe optimistischer zu sein. Schicksalsschwanger sprach sie von der schweren Last des Regierens.

Die ersten Wahlergebnisse und Prognosen bestätigten die Erwartungen der meisten. Hillary lag vorne. Die bekannten US-Kommentatoren nickten zufrieden in die Kameras. Sie hatten es ja immer gesagt. Doch langsam schwand der Vorsprung von Clinton. Vor allem die »Swing-Staaten« wackelten. Jene Staaten, in denen die Wahlergebnisse der großen Parteien traditionell nah beieinanderliegen. Wer die Swing-Staaten holt, gewinnt in der Regel die Wahl. Hillary führte, aber ihr Vorsprung schmolz.

Wir saßen in einer New Yorker Kneipe und aßen eine Kleinigkeit. Die jungen Leute hier interessierten sich nicht für Wahlergebnisse. Bis auf einen aus Mexiko stammenden Kellner, der ständig zwischen den verschiedenen TV-Sendern hin und her schaltete. Er rief begeistert: »Yeah! Hillary macht es!« Als schließlich ein weiterer, sicher geglaubter »Clinton-Staat« an Trump fiel, bat ich ihn um die Rechnung. Im Hinausgehen rief ich ihm zu: »Es tut mir leid für Sie. Aber ich fürchte, Sie bekommen gerade einen neuen Präsidenten. Er wird keine Frau sein.« Der mexikanische Kellner schaute mich ungläubig an. Hillary lag auf den meisten TV-Sendern noch immer vorne.

Wir fuhren zum Times Square, einem der bekanntesten Plätze New Yorks. Direkt am Theaterviertel Broadway. Heute gab es großes Welttheater. In den Hauptrollen Hillary Clinton und Donald Trump. Wir wollten das Drama und die Emotionen der Menschen live miterleben. Im Herzen New Yorks. Übertragen auf riesigen Leinwänden der großen amerikanischen TV-Anstalten.

Wir gingen zum Sender ABC. Um uns herum Tausende Zuschauer. Die meisten waren gekommen, um Hillarys Sieg zu bejubeln. Sie lag immer noch vorne. Aber ihr Vorsprung zerrann weiter. Die Gesichter der TV-Moderatoren wurden eisiger. Keiner wollte aussprechen, was sich da anbahnte. Die bisherigen Ergebnisse waren ja auch nur vorläufig. Die Menschen auf dem Times Square starrten schweigend auf die Leinwände. Nur gelegentlich brandete begrenzter Beifall auf, weil Clinton einen unstreitigen Bundesstaat gewonnen hatte. Wir hatten uns ganz vorne an einer der Absperrungen einen Platz ergattert. Viele verfolgten parallel auf ihren Handys die Berichterstattung der anderen TV-Sender. Auch Frederic. Wir warteten darauf, dass endlich eine der großen TV-Anstalten eine klare Prognose wagte. Alle zögerten.

Neben mir stand ein orthodoxer Jude. Er schien mich super zu finden, weil ich ihm ungefragt den Platz neben mir freigekämpft hatte. Er murmelte mir ins Ohr, er setze auf Trump. Schon wegen dessen jüdischen Schwiegersohns Jared Kushner. Auf die Clintons habe man sich nie verlassen können. Trump sei gut für Amerika. Das fand wohl auch eine kleine Gruppe schwarzer Demonstranten, die jetzt aufkreuzte. »Schwarze für Trump« stand auf ihren Plakaten. Und »Hillary will den dritten Weltkrieg«. Broadway, großes Welttheater, kleines Welttheater. New York ist immer erstaunlich.

Inzwischen führte Trump in den meisten Swing-Staaten. Trotzdem wollten die großen TV-Sender das Ergebnis noch immer nicht aussprechen. Die Zuschauer um uns herum auch nicht. Es war zwei Uhr nachts. Wir standen seit Stunden hier. Und warteten und warteten. Wir wollten die Reaktion der Menschen sehen, wenn sie erfuhren, wer ihr nächster Präsident war. Doch viele gingen jetzt einfach nach Hause. Gelähmt. In Schockstarre. Kurz nach zwei gingen auch wir.

Als wir im Hotel ankamen, hörten wir lautes Fluchen. Ich machte den Fernseher an und hörte, dass Hillary Clinton soeben Donald Trump zum Wahlsieg gratuliert hatte. Es war Viertel vor drei. Das große Welttheater war beendet. Zumindest sein erster Akt. Jetzt stand auch der Rest der Welt unter Schock. Die amerikanischen TV-Kommentatoren ohnehin. Der Antiheld hatte gewonnen. Aber konnte ein Antiheld gewinnen, ohne der Held vieler Amerikaner zu sein?

11. KAPITEL
ANTITERROR-KRIEGE – VERBRECHEN UND WAHNSINN

Für mich sind alle Kriege, die keine echten Verteidigungskriege sind und kein völkerrechtlich einwandfreies Mandat des UN-Sicherheitsrats haben, Terrorismus. Terrorismus der Mächtigen. Er unterscheidet sich vom Terrorismus der Machtlosen nur durch das Ausmaß des Terrors. Wer sagt, man dürfe das nicht vergleichen, kennt den Krieg nicht. Die meisten Kriegsopfer sind Zivilisten. Sie sterben qualvoll, werden zerfetzt, verbluten, leiden Qualen. Es gibt keine anständigen Kriege! So wie es keinen anständigen Terrorismus gibt. Ex-Kanzler Helmut Schmidt sagte einmal gegenüber der *Zeit*: »Ich habe den Verdacht, dass sich alle Terrorismen (...) in ihrer Menschenverachtung wenig nehmen. Sie werden übertroffen von bestimmten Formen von Staatsterrorismus.«[1]

Das beliebte Argument der Kriegsverharmloser, Terroristen töteten Zivilisten absichtlich, Kriegsherren hingegen nähmen den Tod von Zivilisten nur in Kauf, geht ins Leere. Wer ständig den Tod Unschuldiger »in Kauf nimmt«, die steigenden Todeszahlen kennt und trotzdem immer weiterbombt, ist mindestens so kriminell wie ein Terrorist.

Wenn ich an den Afghanistankrieg, den Irakkrieg, den Libyenkrieg und die vielen anderen »Antiterror-Kriege« des Westens denke, sehe ich vor mir die Gesichter schwer verletzter Kinder. Kinder, die mich fassungslos fragten: »Was haben wir euch getan?« Ich sehe die Gesichter der Kinder von Kundus, denen ich in Afghanistan ein Waisenhaus gebaut habe. Sie hatten ihre Väter, Onkel, Brüder durch einen NATO-Luftangriff verloren, den ein überforderter deutscher Bundeswehr-Oberst befohlen hatte. Der Angriff hatte über hundert unschuldige Afghanen getötet! Der deutsche Oberst wurde zum General befördert. Wie soll ich das den Kindern von Kundus erklären?

»USA, EINER DER FÜHRENDEN TERRORSTAATEN DER WELT«?

Die Zahl der durch die »Antiterror-Kriege« des Westens getöteten Menschen liegt laut »Ärzte gegen den Atomkrieg« bei weit über einer Million. Al-Qaida und der IS töteten im gleichen Zeitraum im gesamten Westen knapp 5000 Zivilisten. Noam Chomsky, den Frederic Ende 2018 besuchte, nennt die USA den größten aller Terroristen. 2013 sagte er in einem Interview mit PressTV: »Ich nahm die offiziellen Definitionen über Terrorismus, die sehr gut sind. Ich nahm sie so, wie sie im amerikanischen und britischen Gesetz stehen. Gute Definitionen. Es gibt nur ein Problem. Wenn man sie anwendet, kommt heraus: Die Vereinigten Staaten sind einer der führenden Terrorstaaten der Welt.«[2]

AFGHANISTAN

DIE GESPENSTERDEBATTE IM DEUTSCHEN BUNDESTAG

Zur Begründung der Antiterror-Kriege haben Politik und Medien der Bevölkerung fast immer Märchen erzählt. Auch in Deutschland. Es lohnt sich, die Debatte nachzulesen, mit der der Deutsche Bundestag am 22. Dezember 2001 die Bundeswehr in den Afghanistankrieg schickte. »ISAF-Friedensmission« wurde der Einsatz nun genannt. Schon vorher hatte Deutschland im Rahmen der »Operation Enduring Freedom« Kämpfer seiner militärischen Spezialeinheit »KSK« nach Afghanistan entsandt. Zur Unterstützung der US-Streitkräfte, die das Land schon Anfang Oktober mit Bomben angegriffen hatten.

Keiner der Debattenredner war je in Afghanistan gewesen. Doch alle wussten angeblich, was zu tun war. Sie sprachen vom Sieg über

Al-Qaida, über die Taliban und von der Befreiung afghanischer Schulmädchen. Der damalige Fraktionschef der FDP Wolfgang Gerhardt jubelte: »Ja, das ist ein großer Tag für Afghanistan. Er gibt den Menschen dort, insbesondere den Frauen, die Menschenwürde zurück.«[3] Die CDU/CSU war ähnlich optimistisch. Friedrich Merz, schon damals Hoffnungsträger der CDU, war uneingeschränkt für diesen Krieg: »Die Strategie der USA war richtig und sie ist unverändert richtig. Die Al-Qaida ist weitgehend, jedenfalls in Afghanistan, zerschlagen.«[4]

Ex-Pazifist und Außenminister Joschka Fischer von den Grünen erklärte mit einem rhetorischen Taschenspielertrick, warum dieser Krieg eine Friedensmission sei: Es »handelt sich hier um eine robuste Mission, um eine Mission, die (...) die Herstellung des inneren Friedens zum Gegenstand hat, also um eine Friedensmission«. Nach dieser Logik wären alle Kriege »Friedensmissionen«.

Fischer weiter: »(...) ohne die militärische Zerschlagung der terroristischen Strukturen von Al-Qaida, ohne Beseitigung des Taliban-Regimes (...) hätte (...) vor allen Dingen die Unterdrückung der Rechte der Frauen und Mädchen (...) weiter angedauert.«[5]

KRIEGSZIEL: »BEFREIUNG AFGHANISCHER SCHULMÄDCHEN«?

Ich habe mit vielen führenden deutschen Politikern über den Afghanistankrieg diskutiert. Privat und öffentlich. Ich habe sie gebeten, mir zu erklären, warum Deutschland sich wirklich an diesem Krieg beteiligte. Nicht ein einziger Politiker konnte mir eine Antwort darauf geben. Unter vier Augen ging es keinem um die Rechte afghanischer Schulmädchen, von denen sie in der Öffentlichkeit so oft sprachen. Kaum ein führender Politiker weiß heute, wie es afghanischen Schulmädchen geht. Es interessiert sie auch nicht. Sie haben ihre Kriegslügen längst vergessen. Schulmädchen? War da was?

Daher hier einige Fakten zu ihrer heutigen Lage: Zwei Drittel der afghanischen Mädchen gehen heute laut UNICEF und Human Rights Watch nach wie vor nicht zur Schule. In kaum einem Land Asiens haben Schulmädchen ähnliche Schwierigkeiten beim Zugang zu Schulbildung wie in Afghanistan.[6] Dreißig Prozent der Schulen haben kein sauberes Trinkwasser, sechzig Prozent keine Toilette. Vierzig Prozent der Schulen verfügen nicht einmal über ein Gebäude. Nur zwischen zwei und sechs Prozent der internationalen Hilfe für Afghanistan flossen ins Bildungswesen. Es ging nie um Schulmädchen.[7]

In den Landesteilen, die von den Taliban kontrolliert werden, war und ist es um den Schulbesuch von Mädchen nicht anders bestellt als in den Regierungsgebieten. Taliban-Kommandeur Mullah Nusrat erklärte mir in der Provinz Nangahar, viele Talibanführer würden ihre Kinder selbstverständlich auf die Schule schicken. Er auch. Laut UNICEF und der New York University war das teilweise sogar vor dem Krieg so.[8] Afghanistan ist komplizierter, als westliche Politiker denken.

KRIEGSZIEL: SIEG ÜBER DIKTATUR UND TERRORISMUS?

Deutschland ging es auch nicht darum, Afghanistan aus seiner Steinzeitdiktatur zu befreien. Die Staatsform interessiert deutsche Politiker außerhalb Europas nicht. Sie unterscheiden sich in diesem Punkt nicht von ihren westlichen Verbündeten. Unsere »Sicherheitspartner« im Mittleren Osten sind fast alle Diktatoren. Auch in Afrika oder in Zentralasien kümmern sich unsere Politiker nicht darum, ob ein Staatschef diktatorisch regiert oder nicht.

Wollten wir wenigstens den Terrorismus ernsthaft bekämpfen? Gegenfrage: Würde der Westen, wenn es in den bayerischen Alpen ausländische Terroristen gäbe, München bombardieren lassen? Würden wir in Deutschland jemals Bomben und Raketen einsetzen, um ausländische Terroristen zu bekämpfen? Natürlich nicht! Jeder, der das täte, wäre in unseren Augen ein Irrer, ein Kriegsverbrecher. Man muss Menschen schon sehr verachten, wenn man Bomben auf ihre Häupter kippt, um sie vom Terrorismus zu befreien.

Wie nicht anders zu erwarten, blieben die westlichen Bombardements auf afghanische Städte im Kampf gegen den Terrorismus auch erfolglos. Sie heizten ihn sogar an. Bin Laden konnte auf dem

Rücken eines Esels nach Pakistan entkommen. Nachdem er im Hindukusch die richtigen Leute bestochen hatte. Erst in Pakistan konnte er ausgeschaltet werden. Zehn Jahre später. Nicht durch ein Städtebombardement, sondern durch ein Spezialkommando der Navy SEALs. Die riskierten nicht vorrangig das Leben von Zivilisten, sondern ihr eigenes. Das ist ihr Job.

BÜNDNISBAMMEL

Am Ende meiner Gespräche mit Berliner Politikern hörte ich dann meist doch noch – wenn auch etwas verdruckst und nur unter vier Augen – ein ehrlicheres Argument für die deutsche Teilnahme am Afghanistankrieg: Bündnispflichten gegenüber den USA. Offiziell wurde das Bündnisargument allerdings nie als entscheidender Kriegsgrund genannt. Das »Schulmädchenargument« ließ sich viel leichter verkaufen.

Das Bündnisargument wäre auch nur dann wirklich überzeugend gewesen, wenn die USA gegen Afghanistan einen echten »Verteidigungskrieg« geführt hätten. Doch das haben sie nicht. Niemand wird bestreiten, dass sich die USA gegen die höllischen Angriffe von 9/11 verteidigen durften. Aber eben nur gegen Täter und Hintermänner. Und nicht gegen alle Länder, in denen sich Bin Laden irgendwann einmal versteckt hatte: in Pakistan, Afghanistan oder im Sudan. Länder, die Bin Laden nie wirklich unter Kontrolle hatten. Den Sudan hatten die USA ein paar Jahre zuvor trotzdem bombardiert. Und Pakistans Staatspräsidenten Musharraf drohten sie, man werde sein Land ins Steinzeitalter zurückbomben, wenn er nicht mitmache.[9] All das war völkerrechtswidrig.

Gleichzeitig hüteten sich die USA, das verbündete Saudi-Arabien anzugreifen, obwohl die meisten Attentäter des 11. September von dort kamen. Oder Deutschland. Obwohl Mohammed Atta, der ägyptisch-saudische Pilot der ersten Maschine, die ins World Trade Center einschlug, die Anschläge in Hamburg geplant hatte. In der Marienstraße 54. Oder Dubai. Von dort war das Geld für die Pilotenausbildung Attas überwiesen worden.

DIE WAHREN GRÜNDE DER NEOCONS

In Wirklichkeit missbrauchte die Führung der USA die tragischen Ereignisse von 9/11, um alte Pläne zur Neugestaltung des Mittleren Ostens aus der Schublade zu ziehen. Die USA fanden Afghanistan geostrategisch schon lange begehrenswert. Vom zentralasiatischen Afghanistan aus war man ganz nah an China, Russland und am Iran. Afghanistan ist ein idealer geostrategischer »Flugzeugträger«.

DAS BEKENNTNIS DES NATO-OBERBEFEHLSHABERS

Der frühere Oberbefehlshaber der NATO-Streitkräfte in Europa Wesley Clark berichtete 2007, schon kurz nach 9/11 habe ihm ein Generalstabsoffizier im Pentagon berichtet, die USA planten nicht nur einen Angriff auf Afghanistan. Sondern auch einen auf den Irak. Ein paar Wochen später habe er den Offizier erneut getroffen und gefragt, ob es bei dem Plan bleibe. »Es wird noch viel schlimmer«, habe der geantwortet und ihm ein geheimes Papier aus dem Büro des Verteidigungsministers gezeigt. »Wir werden sieben Staaten angreifen. In fünf Jahren«, habe es dort geheißen. »Irak, Syrien, Libanon, Libyen, Somalia, Sudan und Iran.«

Das deckte sich teilweise mit früheren Erkenntnissen Clarks. Der Staatssekretär im Pentagon Paul Wolfowitz hatte ihm schon zehn Jahre zuvor gesagt, die USA müssten die »früheren Kundenregime der Sowjetunion wegräumen, bevor eine neue Supermacht die USA herausfordere: Syrien, Iran, Irak«. General Wesley Clarks Fazit 2007: »Das war ein politischer Staatsstreich (...). Sie wollten den Mittleren Osten destabilisieren, auf den Kopf stellen, um ihn kontrollieren zu können.« Und: »Sie können es kaum erwarten, den Irak zu erledigen, um in Syrien loslegen zu können.« Das sagte und schrieb kein Verschwörungstheoretiker, sondern ein amerikanischer NATO-Oberbefehlshaber. Vier Jahre vor Beginn des Bürgerkriegs in Syrien.[10]

DIE BILANZ DER KRIEGE GEGEN DEN TERROR UND GEGEN DIKTATOREN

John Kerry erklärte 2004, wir sollten Terroristen nicht mehr als Mittelpunkt unseres Lebens sehen, sondern wieder als Randproblem.[11] Für die Länder des Westens hatte er recht. Im Mittleren Osten allerdings explodierte der Terrorismus. Paradoxerweise durch die »Antiterror-Kriege« des Westens. Statt ein paar Hundert Terroristen in den Bergen des afghanisch-pakistanischen Hindukusch haben wir heute im Mittleren Osten Zigtausende Terroristen. Die »Antiterror-Kriege« des Westens wurden zum Terrorzuchtprogramm.

ERFOLGLOS IN AFGHANISTAN

In keinem der angegriffenen Länder wurden die offiziellen Kriegsziele erreicht. In Afghanistan sollten die Taliban und Al-Qaida vertrieben werden. Beides ist misslungen. In sechzig Prozent der Distrikte sind die Taliban heute wieder präsent.[12] Vor allem in den ländlichen Regionen. Die afghanischen Streitkräfte sitzen verunsichert in den Städten. Sie wissen, die Taliban können jederzeit zuschlagen. Anders als konventionelle Armeen müssen Guerillas nur überleben. Dann haben sie gewonnen. Der Westen oder die USA werden diesen Krieg nie gewinnen.

Zu Al-Qaida kam inzwischen noch der IS hinzu. Beinahe täglich gibt es in Afghanistan Anschläge mit Toten und Verletzten. Weit über 100 000 Menschen wurden durch den Krieg in Afghanistan getötet.[13] Den Afghanen geht es so schlecht wie früher. Es gibt sogar noch mehr Armut als vorher.[14] In kaum einem Land der Welt leiden so viele Kinder unter fünf Jahren an schwerster Mangelernährung. Bei der Säuglingssterblichkeit liegt Afghanistan laut CIA weltweit auf Platz eins.[15] Korruption, Drogenproduktion und Kriminalität sind explodiert.

Ende 2018 lagen die aufgelaufenen Militärausgaben der USA für Afghanistan zwischen 800 Milliarden und 2 Billionen Dollar.[16] Mit diesem Geld hätte man das Land zu einem gesunden und wohlhabenden Staat entwickeln können. Zu einem Musterstaat kluger amerikanischer Außenpolitik. Zu einem Freund. Der Terrorismus hätte keine Chance mehr gehabt. Die USA machten das genaue Gegenteil.

Ex-Präsident Hamid Karzai sagte der *Washington Post* in einem zornigen Interview: »Die Afghanen starben in einem Krieg, der nicht unser Krieg war. (...) Wie kann das unser Krieg sein, wenn ein US-Flugzeug einen Lastwagen bombardiert, der eine Familie transportiert? Würden Sie das in Amerika tun? Würden Sie in einem amerikanischen Dorf zur Bekämpfung eines Terroristen eine Familie in Grund und Boden bomben? (...) Richten Sie dem amerikanischen Volk meine Grüße aus (...). Und der US-Regierung meine Wut, meine extreme Wut.«[17]

AMERIKAS WERBEN UM DIE TALIBAN

Inzwischen bemühen sich die USA und die afghanische Regierung fast verzweifelt darum, die Taliban zu überzeugen, doch bitte bald in die Regierung einzutreten. Nach über siebzehn Jahren Krieg!

Hätte man das nicht eher haben können? Zum Beispiel im Dezember 2001 auf der »Petersberger Konferenz« in Deutschland?[18] Damals, als der Westen nach seinem angeblichen »Sieg« über die Taliban einen Stufenplan zur Demokratie festlegte? Doch jeder, der sich damals für eine Einbeziehung der Taliban in den Friedensprozess aussprach, wurde von westlichen Sofa-Strategen als Terroristenfreund diffamiert. Bis vor Kurzem.

Trotz all dieser Katastrophen stimmen im Bundestag fast alle Parteien jedes Jahr für ein weiteres militärisches Engagement in Afghanistan. Einzige Ausnahme: Die Linke. Bei allen anderen Parteien frage ich mich: Wie kann man siebzehn Jahre lang strategisch so falschliegen und trotzdem weitermachen? Bündnisbammel? Vasallentum?

AFGHANISTAN, DER »LANDGESTÜTZTE FLUGZEUGTRÄGER« DER USA?

Nur ein Ziel haben die USA erreicht. Zumindest glauben sie das. Sie haben in Afghanistan vier große Luftwaffen-Stützpunkte gebaut. In Bagram, Kandahar, Schindand und Helmand. Von hier aus könnten sie ihre künftigen Kriege in Asien und im Mittleren Osten führen. Von hier aus starten viele ihrer Drohnen zu tödlichen Missionen. Ein Teil der in Afghanistan verbliebenen 14 000 US-Soldaten wird zum Betrieb und Schutz dieser Militärbasen eingesetzt. Und nicht etwa zur Ausbildung oder zum Training afghanischer Truppen.

Aus Sicht der USA ist die Zahl der Bodentruppen militärstrategisch leicht reduzierbar. Hauptsache, sie behalten mindestens zwei ihrer großen, militärisch gesicherten Luftwaffen-Stützpunkte. Und Afghanistan bleibt ihr »landgestützter Flugzeugträger« in Asien. Mussten dafür weit über 100 000 Afghanen und fast 3500 westliche Soldaten sterben?[19] Auch deutsche Soldaten? Starben dafür die Kinder von Kundus?

Der Afghanistankrieg bleibt ein Krieg der Lügen und der Heuchelei. Das Land am Hindukusch, dem der Westen angeblich Frieden und Freiheit bringen wollte, wird zur zentralen Drehscheibe amerikanischer Bombenkriege in Asien. Falls die Taliban dies auf Dauer zulassen. Was ich sehr bezweifle.

DER IRAKKRIEG ODER WIE MAN EIN VOLK SPALTET

Im Irak tötete der im Jahr 2003 völkerrechtswidrig vom Zaun gebrochene Krieg weit über eine Million Menschen.[20] Vier Millionen trieb er ins Ausland. Der Krieg sollte angeblich Massenvernichtungswaffen vernichten, die es nicht gab. Und mit Saddam Hussein zusammenarbeitende Terroristen, die es ebenfalls nicht gab. Die aber *nach* dem Unrechtskrieg wie Pilze aus dem Boden schossen oder herbeieilten. Ihr bekanntester Vertreter war Al-Zarkawi, der im Irak eine furchterregende Al-Qaida-Terrortruppe aufbaute, aus der später der IS entstand.

Dieser Terrorismus im Irak ist bis heute nicht besiegt. Höchstens ein Drittel der dortigen 15 000 IS-Kämpfer konnte ausgeschaltet werden. Der Rest entkam. Mindestens die Hälfte der Überlebenden treibt jetzt anderswo ihr Unwesen. Sie erhält Zulauf von irakischen Jugendlichen, die bei den Städtebombardements alles verloren haben und keine Perspektive mehr sehen.

Gleichzeitig wurde die multireligiöse Einheit der Bevölkerung des Irak zerstört. Nicht nur der Irak, die gesamte muslimische Welt wurde destabilisiert. Strategisch gesehen wurde mit Saddam Hussein das stärkste Gegengewicht zum Iran ausgeschaltet. Der Iran wurde zum einzigen Sieger des Irakkrieges. Ein Ergebnis, das die USA mit Sicherheit nicht wollten. Alles an diesem Krieg war höchst kriminell und strunzdumm.

WER EINEN HAMMER HAT, SIEHT ÜBERALL NÄGEL

Ich habe mich oft gefragt, wie ein demokratischer Staat wie die USA andere Länder so erbarmungslos und töricht zerschmettern kann. Wahrscheinlich lautet die banale Antwort: Wer einen Hammer hat, sieht überall Nägel. Wer eine riesige Armee hat, neigt dazu, sie einzusetzen. Warum verhandeln, wenn man den Gegner vernichten kann? Das war die Strategie aller Beteiligten der zwei Weltkriege und ist die Strategie der Weltmächte bis heute. Egal, ob sie USA oder Russland heißen. Russland hat in Ost-Aleppo letztlich keine andere Taktik angewendet als die USA in Mossul.

Aber ist das eine Entschuldigung? Wollten wir, der Westen, nicht etwas Neues, Größeres schaffen: Freiheit, Gleichheit, Brüderlichkeit? Menschenrechte, Rechtsstaatlichkeit? Weder Bush noch Obama oder Trump haben diese Werte bei ihren Militärinterventionen auch nur eine Sekunde respektiert. Sie gingen ihnen, auf Deutsch gesagt, »am Arsch vorbei«.

Obama war teilweise noch zynischer als Bush. Da in den USA der Name jedes im Kampf gefallenen US-Soldaten veröffentlicht wird, begann Obama seine Bodentruppen zunehmend zu schonen. Er setzte mehr auf Luftangriffe. Am liebsten setzte er Drohnen ein. Da gab es gar kein Risiko mehr für seine Soldaten. Und auch nicht für ihn, den Friedensnobelpreisträger. Zeitungen wie die *New York Times* konnten immer seltener über GIs berichten, die im Kampf gefallen waren.

Auch in Mossul ließ Obama vor allem bombardieren. Anschließend besorgten irakische Kämpfer den Rest. Anwesende US-Spezialeinheiten wurden geschont. Um in der Stadt Mossul zwei- bis dreitausend IS-Kämpfer zu töten, ließen Obama und Trump, laut Schätzungen irakischer Regierungsbeamter, 20 000 irakische Zivilisten einen oft grauenvollen Tod sterben.[21]

Obama und Trump können sich rühmen, ihre Bombenstrategie sei »erfolgreich« gewesen. Während des Irakkrieges von 2004 bis 2011 waren noch 4474 US-Soldaten »im Kampf« gefallen. Während des »Krieges gegen den IS« seit 2014 nur noch vierzehn, zwei davon in Mossul. Warum die Hände in ein Wespennest stecken, wenn man das ganze Nest mit dem Bunsenbrenner abfackeln kann?

Das wird Schule machen. Politiker der ganzen Welt werden das Risiko ihrer Soldaten weiter verringern. Immer häufiger werden sie Drohnen einsetzen. Mit einer Cola Light in der Hand werden »Drohnen-Piloten« vom Bildschirm aus Computer-Kriege führen. Chomsky nennt den amerikanischen Drohnenkrieg »die schlimmste Terrorkampagne der Welt. Noch nie hat es eine Terrorkampagne dieser Größenordnung gegeben.«[22]

BRAUCHEN DIE USA EINE 700-MILLIARDEN-DOLLAR-ARMEE?

610 Milliarden Dollar gaben die USA 2017 für ihre Rüstung aus, zehn Mal mehr als Russland, das mit 61,2 Milliarden Dollar auskam. 2018 wurde der Militärhaushalt der USA auf rund 700 Milliarden erhöht.[23] Benötigen die USA eine solche Riesenarmee? Könnten sie nicht auch mit 300 Milliarden Dollar die Welt in Schach halten? Müssen die USA wirklich zwei große Kriege gleichzeitig führen können?

An der »Heimatfront« gäbe es so viel zu tun. 18,5 Millionen Amerikaner leben in »extremer Armut«. 47 Prozent sind nicht imstande, im Notfall 400 Dollar für einen Arztbesuch aufzubringen.[24] Die

Müttersterblichkeit der Vereinigten Staaten ist eine der höchsten der industrialisierten Welt. Die Infrastruktur der USA wird von Jahr zu Jahr sanierungsbedürftiger. Straßen, Brücken, Dämme, Bahnlinien und Stromversorgungssysteme sind oft uralt. Manche Straßen sind fast unbefahrbar. Große Teile Amerikas rosten und vergammeln in einem Ausmaß, das man sich in Europa kaum vorstellen kann. Die US-Führung lässt Amerika verkommen, um den Rest der Welt in die Knie zwingen zu können. Kann das auf Dauer gut gehen? Die Sowjetunion zerbrach daran.

Bei einer Reduzierung ihres Militärhaushalts um 400 Milliarden Dollar könnten die Amerikaner ihr Gesundheitssystem entscheidend verbessern. Straßen und Brücken erneuern. Die öffentlichen Schulen renovieren. Den öffentlichen Nahverkehr modernisieren. Die Umwelt schützen. Ganz am Ende könnten sie mit einem Zehntel des Geldes, mit vierzig Milliarden Dollar, den Hunger der Welt bekämpfen und Millionen Menschen vor dem Hungertod retten. Sie könnten moralischer Weltchampion werden. Anerkannt als wahrer Führer unseres Planeten.

Die Milliardenaufrüstung der USA ist ein Schritt in die falsche Richtung. Amerika hat nach dem Zweiten Weltkrieg keinen einzigen seiner Kriege gewonnen. Auch die Antiterror-Kriege waren ein Fiasko. Die Kriege der USA haben unzähligen GIs und Millionen Menschen anderer Kulturen das Leben gekostet. Sie haben an Amerikas Wohlstand gezehrt, sein Ansehen und seine Glaubwürdigkeit erschüttert. Laut einer weltweiten Umfrage von Gallup gelten die USA inzwischen als die größte Gefahr für den Weltfrieden.[25]

Länder können untergehen, wenn sie ihre Verteidigungsfähigkeit vernachlässigen. Aber sie können auch untergehen, wenn sie nur auf Waffen setzen. Wie die Sowjetunion, die 1991 waffenstarrend in sich zusammenfiel. Die USA sind auf einem gefährlichen Weg. Sie sollten ihr eigenes Land reparieren, statt weitere zu zerstören.

12. KAPITEL
JEMEN – DER VERGESSENE KRIEG

Ich denke oft an den Jemen. Vor zwölf Jahren hatte ich dort einen der schönsten Urlaube meines Lebens verbracht. Der Jemen war ein Märchen aus Tausendundeiner Nacht. Mein Traumland im Süden der Arabischen Halbinsel. Mit großen Augen war ich damals durch das Land der Burgen und Berge gefahren. Durch diese verwegene Mischung aus Libanon und Sahara. Hatte viele Abende in den engen Gassen der Altstadt von Sanaa verbracht. Die aussah wie eine Zuckerbäckerei. Und Weltkulturerbe ist. Mit Kindern hatte ich Fußball gespielt, mit Alten über die Gewürze des Orients diskutiert.

Doch seit Frühjahr 2015 bombardierte eine saudisch geführte Militärallianz den Nordjemen. Auch Sanaa. Aktiv unterstützt von den Vereinigten Staaten und Großbritannien. Der Grund: Die Huthi-Rebellen, die 2014 den Norden und damit siebzig Prozent des bewohnbaren Landes erobert hatten, hatten den pro-saudischen Präsidenten Hadi vertrieben. Nach Auffassung Saudi-Arabiens war das eine Todsünde. Im saudischen Hinterhof hatte man Freund oder Vasall zu sein. Die Saudis und die Vereinigten Arabischen Emirate riegelten daraufhin den Norden des Landes hermetisch ab. Die Folge waren Hunger und Cholera. Der Westen interessierte sich für dieses Drama nur wenig. Die Täter waren schließlich seine Verbündeten – »Stabilitätsanker«, wie deutsche Politiker solche Staaten nennen.

Immer, wenn ich Berichte über die jemenitische Katastrophe las, verspürte ich einen Stich in der Brust. Ein Dutzend arabischer Staaten stürzte sich mit westlicher Hilfe auf den kleinen Jemen. Wieder brachten sich Araber gegenseitig um. Mit westlichen, auch deutschen Waffen. Mit ausdrücklicher Zustimmung Barack Obamas.

Die Blockade machte es auch Journalisten fast unmöglich, in den Jemen zu kommen. In den von den Huthis kontrollierten Norden kam man gar nicht mehr rein. Die Liveberichte aus dem bombardierten und ausgehungerten Nord-Jemen wurden seltener. So konnten die Saudis und ihre westlichen Verbündeten noch ungenierter bomben.

EINE REISE NACH SANAA

Ich wollte mir ein Bild der Lage verschaffen und begann zu recherchieren, wie ich in den Norden des Jemen gelangen konnte. Zwei Jahre lang. Ich kontaktierte Freunde im Südjemen und Bekannte im Nordjemen. Auch die Huthis. Doch das Land war dicht, die deutsche Botschaft geschlossen. Alle Flugverbindungen in den Norden waren gekappt. Nur UN-Flugzeuge durften gelegentlich Sanaa anfliegen. Die konnten mich nicht mitnehmen. Sie hätten riskiert, ihr Landerecht zu verlieren.

Lange prüfte ich die Möglichkeit, mich auf einem Fischerboot vom ostafrikanischen Dschibuti über das Rote Meer in den Nordjemen durchzuschlagen. Die Vertreter der Huthis erläuterten mir überzeugend, dass ich nicht lebend ankommen würde. Eine Reise über den Oman, den östlichen Nachbarn des Jemen, wäre ähnlich gefährlich gewesen. Selbst mit Schmugglern. Wegen der südjemenitischen Milizen, wegen Al-Qaida und wegen des IS. Al-Qaida beherrscht im Jemen große Landstriche. Auf eine Begegnung mit Al-Qaida oder dem IS wollte ich diesmal verzichten.

DER KÜHNE PLAN DER HUTHIS

Als einzige Lösung blieb am Schluss ein Flug in die von den Vereinigten Arabischen Emiraten kontrollierte südjemenitische Hafenstadt Aden. Dort wollten mich die nordjemenitischen Huthis nachts mit einem Spezialkommando abholen und auf Schleichwegen in den Norden schmuggeln. Es war eine irrwitzige Idee. Aber ich sah keine andere Möglichkeit, die Blockade zu durchbrechen und in den belagerten Norden zu kommen.

Fast ein Jahr lang bemühte ich mich um ein Visum für den Südjemen. Ich versuchte es sogar über Saudi-Arabien. Vergeblich. Bis mir überraschend der jemenitische Botschafter in Berlin persönlich half. Am Schluss fehlte nur noch die offenbar genauso wichtige Genehmigung der »Sicherheitsbehörden« des Südjemen. Wer immer das war. Die Vereinigten Arabischen Emirate, die im Südjemen das Sagen hatten?

Anfang Dezember 2017 setzte ich mich im jordanischen Amman in eine Maschine der Royal Jordanian. Flugziel Aden, Südjemen. Ich hatte zwar noch immer keine Genehmigung der südjemenitischen »Sicherheitsbehörden«. Sondern nur ein einfaches Visum und ein freundliches Empfehlungsschreiben des Botschafters. Allerdings war es mit einem beeindruckenden Stempel beglaubigt. Das müsse reichen, hatte der Botschafter gemeint. Mit im Flugzeug war Ali Nouraldine, ein palästinensischer Kriegsfotograf. Frederic war wegen einer schweren Infektionskrankheit nicht einsatzfähig.

DER ZAUBER EINES NACHTFLUGS ÜBER MEKKA

Die Maschine startete am 2. Dezember nachts um drei. Geplante Flugdauer quer über Saudi-Arabien: vier Stunden. An Bord waren überwiegend Jemeniten. Verschleierte Frauen, Männer in Anzug oder Jeans. Viele kamen von einer medizinischen Behandlung aus Jordanien. Im Jemen war die medizinische Versorgung weitgehend zusammengebrochen. Viele Krankenhäuser waren zerstört, die Ärzte geflohen.

Da ich im Flugzeug nicht schlafen konnte, hing ich meinen Gedanken nach. Wie riskant war die Reise? Würden wir lebend ins umkämpfte Sanaa kommen?

Auf einmal stand der Kapitän der Maschine neben mir. Leise sagte er: »Schauen Sie! Da unten liegt Mekka. In der Mitte die Kabaa!« Ich drückte meine Nase an der Scheibe platt. Dort unten also hatte der Siegeszug des Islam begonnen. Einer Religion, die weltweit noch immer wächst und eines Tages die größte Religion der Welt sein wird. Nicht nur durch Geburtenreichtum, sondern auch durch Übertritte aus anderen Religionen.[1] Die Botschaft des Islam war so klar und einfach, seine fünf Säulen so leicht zu verstehen:

Es gibt keinen Gott außer Gott und Mohammed ist sein Prophet.

Du sollst beten.

Du sollst den Armen helfen.

Du sollst im Ramadan fasten.

Und einmal im Leben sollst du nach Mekka pilgern.

Jetzt lag Mekka wie ein silberner Stern unter mir. Glitzernd, gleißend, funkelnd. Im Zentrum die würfelförmige Kaaba, »das Haus Gottes«. Das größte Heiligtum der Muslime. Ich stellte mir vor, ich ginge jetzt durch die Straßen dieser uralten Stadt. In der Mohammed einst genauso angefeindet wurde wie Jesus in Jerusalem.

Es war wie ein magischer Traum. Als Mekka wieder im Dunkel der Nacht entschwand, wusste ich, dass dieser funkelnde Stern nie mehr aus meinen Gedanken schwinden würde.

DER RÜDE EMPFANG IN ADEN

Weniger traumhaft war der Empfang in Aden. Ali und ich wurden sofort aus der Reihe der Wartenden herausgeholt und in einen Nebenraum geführt. Es war sieben Uhr morgens und brütend heiß: 28 Grad im Dezember. Wir waren hundemüde. Doch das interessierte niemanden. Schon gar nicht die Sicherheitsbeamten der Vereinigten Arabischen Emirate. Sie residierten im Stockwerk über der Empfangshalle und hatten offenbar die uneingeschränkte Kontrolle über den Flughafen.

Die Mienen meiner jemenitischen Gastgeber wurden immer sorgenvoller. »Die wollen Sie abschieben«, murmelte einer. Gegen zehn Uhr fuhr schließlich draußen ein Wagen der Sicherheitskräfte vor. An Bord ein Offizier der Vereinigten Arabischen Emirate. Seine Körpersprache und seine Gebärden zeigten, dass er strikt gegen unsere Einreise war und die Sache beenden wollte.

In diesem Augenblick tauchte in unserem Warteraum ein etwa sechzigjähriger, äußerst gepflegter Herr mit Gefolge auf. Der jemenitische Gesundheitsminister. Seine Begleiter flüsterten ihm etwas ins Ohr. Er schaute zu mir rüber und kam auf mich zu. »Sie lassen für syrische Kinder Prothesen bauen?«, fragte er. Als ich müde nickte, meinte er: »Ich höre, Sie haben Probleme hier. Lassen Sie mich versuchen, sie zu lösen. Vielleicht können Sie uns eines Tages mit Prothesen helfen.«

Dann ging er nach draußen zu dem Mann, den wir für den Chef der emiratischen Flughafensicherheit hielten. Es gab eine erkennbar heftige Auseinandersetzung. Dann gab der Sicherheitschef einem seiner Leute eine mürrische Anweisung: Durchlassen!

WIE SICH DER SICHERHEITSCHEF DEN WEG FREI SCHIESST

Wenige Minuten später saßen wir im Wagen unseres Gastgebers Khaled, eines jemenitischen Geschäftsmanns. Er war ein stattlicher, gebildeter Mann, Mitte sechzig. Auf dem Kopf trug er majestätisch eine gelb bestickte Taqiyah-Kappe. Lachend sagte ich ihm: »Aden ist ja offenbar ein Protektorat der Emiratis. Eine Kolonie.« Er knurrte zurück: »Seien Sie froh, dass Sie reingekommen sind. Die mögen keine Ausländer.«

Je näher wir dem Stadtzentrum kamen, desto dichter wurde der Verkehr. Plötzlich schoss hinter uns jemand mit einem Maschinengewehr in die Luft. Alle Fahrer versuchten hektisch, ihre Fahrzeuge nach rechts oder links zu reißen. Möglichst ohne mit anderen zusammenzukrachen. Ein Kind im Wagen neben uns schrie hysterisch. Da schoss sich tatsächlich jemand den Weg frei. Ich kannte das von amerikanischen »Blackwater«-Söldnern in Bagdad. Dann rasten zwei Pick-ups an uns vorbei. Auf der Ladefläche, hinter dem Maschinengewehr, abenteuerliche Gestalten. Sie schossen weiter um sich.

Mein Gastgeber Khaled sagte leise: »Das ist Shallal, der Sicherheitschef der Emiratis. Er ist der mächtigste Mann der Stadt. Den Flughafen hat er erst kürzlich von konkurrierenden Milizen zurückerobert. Einer seiner Vorgänger ist auf offener Straße erschossen worden. Hier geht es zu wie im Wilden Westen. Nur wilder.«

Auch für ihn sei es schwer, den Jemenkonflikt in all seinen Verästelungen zu durchschauen. Hier kämpfe ja nicht nur der Süden gegen den Norden. Auch im Süden kämpften unterschiedliche Kräfte gegeneinander. Von den Emiraten unterstützte Separatisten, die einen eigenen Südstaat wollten. Und von den Saudis unterstützte Kräfte, die einen Einheitsstaat anstrebten. Die Huthis im Norden würden vom Iran unterstützt. Bitter sagte er: »Wer behauptet, er verstehe diesen Konflikt komplett, ist ein Angeber oder ein Lügner. Ich lebe seit über sechzig Jahren hier. Und verstehe vieles nicht.«

IM KRATER EINES VULKANS

Vulkane prägen Adens Landschaft. Die gesamte Altstadt liegt in einem erloschenen Vulkan. Sie ist von wilder Schönheit. Doch wild scheint auch Adens jüngere Geschichte zu sein. Auf der Fahrt sehen wir schwer zerstörte Gebäude, darunter ehemalige Hotels und Krankenhäuser. Anhänger der südjemenitischen Regierung behaupten, das sei die Luftwaffe der Huthis gewesen. Aber die Huthis besitzen gar keine Luftwaffe. Sie haben weder Flugzeuge noch Piloten. Gebombt hatten Saudis und Emiratis. Im Frühsommer 2015, als sie die Huthis aus Aden vertrieben, hatten sie alle Gebäude bombardiert, in denen sie Huthis vermuteten.

EINE ANTITERROR-EINHEIT STÜRMT INS HOTEL

Am Tag nach der Ankunft in unserem Hotel in Aden überschlugen sich die Ereignisse. Bewaffnete Kämpfer stürmten die Lobby. Mit Maschinenpistolen sicherten sie den Eingang, bis ihr Anführer mit mehreren Dutzend Kämpfern auftauchte. Sein Name war Abu Mohammed Abdul Latif. Er führte eine gefürchtete jemenitische Antiterror-Einheit und wollte sich im Hotel mit einem lokalen Antiterror-Kommando treffen. Dutzende Kämpfer sicherten das Gelände.

Ich fragte einen seiner Leute, ob ich mich mit seinem Boss unterhalten könne. Nach ein paar Minuten kam die Antwort. »Gerne!« Kurz danach saßen wir inmitten der verwegensten Antiterror-Truppe des Jemen. Abdul Latif, ein 36-jähriger Jemenit, hatte durch Al-Qaida vierzehn Familienmitglieder verloren. Darunter Bruder und Onkel. Er selber hatte im Kampf ein Auge eingebüßt.

Er erzählte, er befehlige 5000 Mann. Seine Leute kämpften zwar auch gegen Huthis. Hauptfeinde seien jedoch Al-Qaida und der IS. Seine Leute versuchten, die Terroristen zu unterwandern. Sobald das gelungen sei, schlügen reguläre Polizeieinheiten zu. Al-Qaida sei im Jemen noch überall stark. Allein im Osten habe Al-Qaida 2000 Kämpfer. Der IS habe weniger Leute. Er sei erst in den letzten zwei Jahren aus dem Irak und Syrien hinzugestoßen. Doch für junge Leute sei er attraktiver. Immer mehr Al-Qaida-Kämpfer liefen zum IS über. Inzwischen sitze der IS selbst in Aden. Allein in den letzten vier Wochen habe er in Aden drei tödliche Terroranschläge verübt.

Abdul Latif berichtete offen, seine Antiterror-Kommandos würden von den Vereinigten Arabischen Emiraten finanziert. Auch die Unterstützung der USA im Antiterror-Kampf fand er gut. Noch besser fände er allerdings, wenn die USA die Jemeniten den Kampf selbst führen ließen. Das sei effektiver und würde von den Menschen eher akzeptiert. Die jemenitische Bevölkerung lehne die Drohnen-Einsätze der USA gegen den Jemen strikt ab. Zu viele Zivilisten würden dabei getötet.

MIT HANDY UND KALASCHNIKOW

Nach gut einer Stunde ging ich in die Hotellobby zurück. Hier bot sich ein buntes Bild: Die Männer trugen die Futa, den Wickelrock. Darüber ein Hemd, das Qameez. Am breiten, vergoldeten Gürtel die Jambiyah, den traditionellen Krummdolch. Auf dem Kopf einen verwegen geschlungenen Schal, wie ihn nur Jemeniten wickeln können. An den Füßen Sandalen. Neben den Männern lagen ihre Handys und die unvermeidlichen Maschinenpistolen. Normalerweise musste man die Kalaschnikow am Empfang abgeben, um den

Flughäfen nie zugelassen, der zu dem verheerenden Kindersterben führte. Wenn es dem Westen um Menschenrechte ginge, hätte er sich nicht erst dann für Friedensverhandlungen eingesetzt, als er erkennen musste, dass der Bomben- und Hungerkrieg gegen den Jemen nicht zu gewinnen war.

Auch im Jemen ging es dem Westen nicht um Menschenrechte. Den Saudis schickte er Waffen, den Jemeniten Pflaster. An beidem kann man gut verdienen. Wirtschaftliche und strategische Interessen waren dem Westen auch im Jemen wichtiger als die primitivsten Menschenrechte. Auch Deutschland ist im Jemen schuldig geworden.

13. KAPITEL
SYRIEN, EIN BLUTIGES SCHACHBRETT

Der Syrienkrieg ist ein Verbrechen. Von allen Seiten. Wie jeder Bürgerkrieg. Hauptschuldige sind allerdings die Hintermänner, die diesen »Bürgerkrieg« aus ihren sicheren Regierungszentralen im Ausland betrieben haben. Katar, Saudi-Arabien und die USA. Auch die übrigen Golfstaaten, Jordanien, die Türkei und die Europäer haben mitgewirkt. Die Rebellen und Assad waren letztlich nur Schachfiguren in einem viel größeren Spiel. Einem Machtspiel, das die USA und ihre Verbündeten am Ende total verloren haben. Es lohnt sich, die Rolle der USA, des mächtigsten Strippenziehers im Hintergrund, einmal genauer zu beleuchten.

DIE USA UND DER SYRIENKRIEG

KERRYS GESTÄNDNIS

Im Herbst 2016 machte der damalige Außenminister der USA, John Kerry, ein überraschendes Geständnis. Im Gespräch mit syrischen Oppositionellen gab er zu, dass die USA dem Erstarken des IS bewusst tatenlos zugesehen hatten. Sie wollten dadurch den syrischen Diktator Assad unter Druck setzen. Kerry wörtlich: »Wir wussten, dass er [der IS] wuchs. Wir schauten zu. Wir sahen, wie Daesh [der IS] an Stärke zunahm. Wir dachten, das sei eine Bedrohung für Assad. Und dass wir es so managen könnten, dass Assad dann verhandeln würde. Aber statt zu verhandeln, hat er Putin geholt.«[1]

Kerry wusste nicht, dass seine Aussagen heimlich auf Tonband mitgeschnitten wurden. Die Aufnahme ist inzwischen öffentlich zugänglich. Die USA ließen den IS demnach bewusst wachsen, um Assad unter Druck zu setzen! Um später den zu stark gewordenen IS wieder zu schwächen, mussten unzählige syrische und irakische Zivilisten sterben.

ERZÄHLWEISEN DES SYRIENKONFLIKTS

Über den Syrienkonflikt gibt es verschiedene Erzählweisen, »Narrative«. Am bekanntesten ist das Narrativ vom edlen Kampf überwiegend friedliebender Rebellen gegen einen blutrünstigen Diktator. Es ist die Geschichte, die der Westen, die Golfstaaten und ihre Medien erzählen.

Das zweite, nicht ganz so bekannte Narrativ berichtet vom Versuch der USA und ihrer Verbündeten, durch die Beseitigung des Assad-Regimes einen in ihren Augen proiranischen Störenfried auszuschalten. Nicht nur der frühere NATO-Oberbefehlshaber in Europa, Wesley Clark, hatte lange vor Beginn des angeblichen Bürgerkrieges mehrfach öffentlich darauf hingewiesen, dass Syrien auf der Abschussliste der USA stand. (siehe Seite 148).[2]

Schon Ex-US-Präsident Jimmy Carter hatte mit der kompromisslosen Haltung der USA gegenüber dem syrischen Regime seine Überraschungen erlebt. Als er 2005 Syrien besuchen wollte, wurde ihm das von George W. Bush ausdrücklich verboten. Assad habe sich während des Krieges gegen den Irak »nicht kooperativ« verhalten. Carter musste seinen Besuch bei Assad absagen.[3] Ein ganz ungewöhnlicher Vorgang.

DAS BEKENNTNIS DES FRANZÖSISCHEN EX-AUSSENMINISTERS

Dass der Westen schon vor dem »Arabischen Frühling« in Syrien einen Umsturz plante, hat auch der frühere französische Außenminister Roland Dumas bestätigt. Hier das Interview, das er 2013 im französischen Parlamentsfernsehen gab:

Dumas: »Ich werde Ihnen etwas sagen. Vor zwei Jahren, bevor die Feindseligkeiten in Syrien begannen, war ich zufällig in England. (…) Ich habe englische Verantwortliche getroffen. Einige meiner Freunde haben zugegeben (…), dass sich in Syrien etwas zusammenbraue. Sie baten mich um Unterstützung (…). England bereitete eine Invasion der Rebellen nach Syrien vor. Man fragte mich, ob ich als ehemaliger Außenminister Frankreichs mitmachen würde. Ich habe natürlich Nein gesagt. Ich sei Franzose, das interessiere mich nicht. Damit will ich sagen, dass diese Operation einen langen Vorlauf hatte. Sie ist vorbereitet worden, entwickelt worden, organisiert worden (…).«

TV-Moderator: »Entschuldigen Sie: Zu welchem Zweck? (…)«

Dumas: »Nun, zu dem ganz einfachen Zweck, die syrische Regierung zu stürzen. Weil es in der Region wichtig ist, zu wissen, dass diese syrische Regierung anti-israelische Äußerungen von sich gibt. Deswegen. (…) Ich hatte vom israelischen Premierminister vor langer Zeit eine vertrauliche Mitteilung erhalten, in der er mir sagte: ›Wir werden versuchen, uns mit den Staaten um uns herum zu verstehen. Die, mit denen wir uns nicht verstehen werden, werden wir erledigen.‹«[4]

DIE OFFENHEIT DES PENTAGON ÜBER DIE ROLLE DER USA

Noch konkreter beschrieb der Geheimdienst des Pentagon, DIA, die Syrienpolitik der USA. Er berichtete schon im August 2012, der Aufstand werde nicht etwa von Freunden der Demokratie, sondern von Extremisten und Terroristen getragen. Das schaffe – wie vom Westen und seinen Verbündeten gewollt [!] – die Möglichkeit der Entstehung eines »salafistischen Hoheitsgebiets« im Osten Syriens. Das könne zur Entstehung eines »islamischen Staates« führen.

Durch Gerichtsbeschluss erzwang die Stiftung »Judicial Watch« 2015 eine zensierte Veröffentlichung dieses Berichts. Die westlichen Leitmedien taten alles, um dessen Bedeutung herunterzuspielen. Die meisten schwiegen ihn einfach tot. Man wollte den eigenen

Lesern nicht sagen, dass man den Syrienkonflikt jahrelang falsch dargestellt hatte.

Hier wegen der Bedeutung dieser Analyse des Pentagon der genaue Wortlaut:

»Die Salafisten, die Muslimbruderschaft und ›Al-Qaida im Irak‹ sind die Hauptkräfte, die den Aufstand anführen. Der Westen, die Golfstaaten und die Türkei unterstützen die Opposition, während Russland, China und Iran das Regime unterstützen. (...) Al-Qaida (im Irak) unterstützte die syrische Opposition von Anfang an – ideologisch und über die Medien. (...) (Und) führte unter dem Namen Jaish [Jabhat] Al-Nusra in mehreren syrischen Städten Operationen durch (...). Wenn die Situation sich wie beschrieben entwickelt, entsteht die Möglichkeit der Etablierung eines erklärten oder unerklärten salafistischen Hoheitsgebiet im Osten Syriens (Hasaka und Der Zor). Das ist genau das, was die Mächte, die die Opposition unterstützen [die westlichen Staaten und ihre Verbündeten in der Region], wollen. Sie wollen das syrische Regime isolieren, das der schiitischen Expansion (Irak und Iran) strategische Tiefe gibt.«

Warnend fährt der Bericht fort: »Das schafft ideale Voraussetzungen für die Rückkehr von ›Al-Qaida im Irak‹ [ISI] in ihre früheren Enklaven in Mossul und Ramadi (...). Der ISI könnte, durch seinen Zusammenschluss mit anderen Terror-Organisationen im Irak und Syrien, auch einen ›islamischen Staat‹ ausrufen (...).«[5] Das schrieb die DIA bereits 2012!

In Regierungskreisen war all das bekannt. Laut der *Washington Post* schrieben Repräsentanten der angeblich gemäßigten, vom Westen massiv unterstützten »Freien Syrischen Armee« (FSA) dem US State Department Ende 2012, die meisten ihrer Verletzten und Toten seien Kämpfer von Jabhat al Nusra (dem Ableger von Al-Qaida). Also nicht etwa moderate, für Demokratie kämpfende Rebellen.[6]

DIE USA HABEN DEN AUFWUCHS DES IS BEWUSST IN KAUF GENOMMEN

Ex-DIA-Chef Michael Flynn wurde wenige Monate nach Veröffentlichung dieser Analyse im arabischen Fernsehen gefragt, ob die US-Administration die Augen vor diesen Realitäten verschlossen habe. Flynn verneinte dies kategorisch. Die US-Administration habe das Erstarken terroristischer Gruppen keineswegs übersehen. Das sei eine »vorsätzliche Entscheidung« gewesen – »a wilfull decision«.[7]

Ich glaube trotzdem nicht, dass die USA den IS von Anfang an gezielt geplant haben. Aber sie haben die Ausrufung eines »Islamischen Staats« bewusst in Kauf genommen. Auch das ist Vorsatz. Bedingter Vorsatz – dolus eventualis.

DER SYRIENKRIEG, EIN DRAMA IN DREI AKTEN

ERSTER AKT: DER LEGITIME AUFSTAND

Der Krieg in Syrien ist eine Tragödie in drei Akten. Akt 1 war der legitime Protest Zehntausender im Rahmen des »Arabischen Frühlings«. In Tunesien und Ägypten hatte das Volk seine Diktatoren schon im Januar und Februar 2011 in atemberaubender Geschwindigkeit aus dem Amt gejagt. Im August hatten dann auch die Libyer ihren Diktator aus seinem Palast vertrieben. Ich war in jenen Tagen in Kairo und Bengasi dabei. Es waren Tage des Zorns. Wütende Aufstände vor allem gegen die Erfolglosigkeit, Konzeptionslosigkeit, Korruption und Ungerechtigkeit vieler Führer der arabischen Welt.

DIE ROLLE VON AL-JAZEERA UND AL-ARABIYA

Die Aufstände konzentrierten sich in erster Linie auf eher säkulare, »modernistische« Staaten. Die traditionalistischen, konservativen Golfmonarchien wurden kaum berührt. Mit Ausnahme von Bahrain, dessen schiitische Bevölkerungsmehrheit gegen die herrschende sunnitische Minderheit revoltierte. Die konservativen Golfstaaten profitierten davon, dass sie kein Armutsproblem haben. Und davon, dass es bei ihnen keine Zivilgesellschaft gibt, auf die sich eine Revolution des Volkes stützen konnte.

Hinzu kam, dass Katar und Saudi-Arabien mit Al-Jazeera und Al-Arabiya über die zwei mächtigsten Fernsehanstalten der arabischen Welt verfügten. Diese durften die Revolution nur in den säkularen, weniger religiösen arabischen Staaten anheizen. Das allerdings taten sie umso leidenschaftlicher. Ohne die tägliche mediale Verstärkung durch Al-Jazeera und Al-Arabiya hätte es keinen Arabischen Frühling gegeben. Al-Jazeera wurde einer der wichtigsten Verbündeten der Aufständischen. Vor allem in Ägypten, Libyen und Syrien. Die Demonstranten und Al-Jazeera stimmten sich oft präzise ab. Sie spielten regelrecht Pingpong. Facebook hingegen war, wie mir viele jugendliche Demonstranten mehrfach bestätigten, anfangs bedeutungslos.

DIE LEGITIMITÄT FRIEDLICHER DEMONSTRATIONEN

Die Aufstände in Tunesien, Ägypten und am Anfang selbst in Libyen waren legitim. Auch in Syrien waren sie berechtigt. Solange sie friedlich blieben. Ich stand 2011 bei »Freitagsprotesten« in Homs mitten unter den Demonstranten. Die Kundgebungen waren unbewaffnet. Dass ihre Anführer wie üblich eng mit Al-Jazeera kooperierten, war ihr gutes Recht.

Berechtigt waren die Demonstrationen junger syrischer Sunniten schon deshalb, weil sie von der Regierung Assad stark vernachlässigt worden waren. Oft waren sie arbeitslos und hatten kaum berufliche Perspektiven. Obwohl sie teilweise hoch qualifiziert waren, ja sogar überqualifiziert.[8] Demonstrationen waren für die jungen Sunniten die einzige Chance, auf soziale Ungerechtigkeiten hinzuweisen. Sie wollten Reformen, das war ihr gutes Recht.

WARUM KATARIS UND SAUDIS DIE REVOLUTIONÄRE UNTERSTÜTZTEN

Innerhalb der politischen Führung Katars und Saudi-Arabiens gab es von Anfang an Sympathien für die Aufstände in den aus ihrer

Sicht viel zu modernistischen, zu säkularen Staaten Tunesien, Libyen und Syrien. Die große Streitfrage in der arabischen Welt heißt nicht Diktatur oder Demokratie, sondern Traditionalismus oder Modernismus. Konsequenterweise unterstützen die traditionalistischen Golfstaaten eher traditionalistische, religiöse Bewegungen wie die Salafisten oder die Muslimbruderschaft. Die Tatsache, dass Ben Ali, Mubarak, Gaddafi oder Assad Diktatoren waren, interessierte die Monarchen am Golf nie. Diktatoren waren sie selbst.

Sie sahen in den arabischen Revolutionen die einmalige Chance, den gesamten Mittleren Osten zu ihren Gunsten umzukrempeln und die modernistisch säkulare Konkurrenz ein für alle Mal loszuwerden. Vor allem das syrische Regime. Das war zu ihrem Ärger noch zusätzlich mit dem Iran »verbündet«, der durch den Irakkrieg der USA aus ihrer Sicht viel zu stark geworden war.

GRÜNES LICHT AUS WASHINGTON

In den USA hatte sich nach dem Scheitern des arabischen Nationalismus und Sozialismus die Meinung durchgesetzt, die Zukunft der arabischen Welt gehöre den Traditionalisten, den Konservativen. Mit ihnen hatte man in mehreren Staaten beste Erfahrungen gemacht. Vor allem in den Golfstaaten. Favorisiert wurde die Muslimbruderschaft, die gegenüber den Salafisten als gemäßigter galt.

Katar erhielt aus Washington früh das Signal, dass die USA die Unterstützung der arabischen Revolutionen positiv sahen und eine eventuelle Machtübernahme in Syrien durch die Muslimbruderschaft auch. Wie üblich reichte ein solches Signal der USA und auch Großbritanniens, um eine ganze Maschinerie in Bewegung zu setzen. Katar ist – angesichts der massiven Militärpräsenz der USA im Land – außenpolitisch kein wirklich freies Land.

Auch Saudi-Arabien nickte die Aktivitäten Katars ab. Obwohl es als wahhabitisches Land eher salafistische Bewegungen bevorzugte. Doch wenn man den Iran durch den Sturz Assads schwächen konnte, war den Saudis jedes Mittel recht. Parallel konnte man ja auch salafistische Rebellen unterstützen.

WIE ASSAD DIE FREUNDSCHAFT DER TÜRKEI VERLOR

Die Türkei wandte sich ebenfalls von Assad ab. Obwohl sie jahrelang ein gutes Verhältnis zu Damaskus gepflegt hatte. Ankara teilte der syrischen Führung mit: Teilt euch die Macht mit den Muslimbrüdern! Wenn nicht, sind wir euer Feind.

Die türkische Regierung glaubte wie der gesamte Westen, Assad könne der Wucht der Aufständischen und ihrer Geldgeber aus Katar und Saudi-Arabien nicht dauerhaft standhalten. Auch wegen des Drucks der USA und ihrer westlichen Verbündeten. Die Anfangserfolge der arabischen Aufstände schienen den Anhängern dieser herrschenden Meinung recht zu geben.

Doch das Regime in Damaskus wollte und wollte nicht fallen. Das war besonders ärgerlich, weil gerade dieser Sturz für die USA und ihre Verbündeten geostrategisch die größte Bedeutung hatte. Außerdem hatte man den Sturz Assads mehrfach öffentlich für »übermorgen« angekündigt.

ZWEITER AKT: DAS KIDNAPPING DER REVOLUTION

Die Golfstaaten realisierten recht schnell, dass Assad mit Demonstrationen allein nicht zu stürzen war. Zu stark war sein systematisch aufgebauter Rückhalt bei den alawitischen, schiitischen und christlichen Minderheiten. Auch in großen Teilen der sunnitischen Mittel- und Oberschicht, bei den wohlhabenden Händlern der großen Städte, hatte er traditionell starke Verbündete. Assad hatte dadurch mindestens vierzig Prozent der Bevölkerung hinter sich. Ganz anders als Ben Ali, Mubarak und Gaddafi vor ihrem Sturz.

Bereits im Juli 2011 kam es über den Libanon zu Waffenlieferungen an Rebellen in Homs. Über Jordanien wurden Waffen nach Dar'a geschmuggelt. Ab Frühsommer 2012 begannen dann die Golfstaaten unter Führung der USA, die Rebellen landesweit mit schweren Waffen und Geld auszustatten. In Mittelamerika hatte die Strategie, unliebsame Regierungen mithilfe bezahlter »Rebellen« aus dem Sattel zu heben, oft gut funktioniert. Warum nicht auch in Syrien?

Völkerrechtlich war dies ein Verbrechen – vergleichbar einem Angriffskrieg.

KATARS EX-PREMIER: ALLES WAR MIT SAUDI-ARABIEN UND DEN USA ABGESTIMMT

Katars damaliger Premierminister Hamad Bin Jassim Al Thani bestätigt die Waffenlieferungen an syrische Rebellen inzwischen ganz offen. In einem Interview mit dem katarischen Fernsehen vom Oktober 2017 sagte er: »Die Verteilung (...) geschah über die USA, die Türkei und uns (...). Alles, was kam (...), wurde mit den US-Streitkräften koordiniert. (...) Vielleicht gab es auch eine Beziehung zu Jabhat Al-Nusra [Al-Qaida]. Vielleicht. Aber ich persönlich weiß nichts davon.« Der damalige Emir von Katar, sein Cousin, habe ihn zum saudischen König geschickt. Der habe gesagt: »Wir stehen hinter euch. Ihr geht mit diesem Plan voran, wir koordinieren.«[9]

Al Thanis verblüffend offenes Interview war die Retourkutsche dafür, dass Saudi-Arabien Katar vorgeworfen hatte, den Terrorismus in Syrien zu unterstützen.

US-GEHEIMDIENST NSA BESTÄTIGT DIE SAUDISCHE ROLLE ALS TERROR-PATE

2017 wurde aus den Akten des ehemaligen CIA-Mitarbeiters Edward Snowden bekannt, dass Saudi-Arabien manche Angriffe in Syrien sogar direkt steuerte. Einem NSA-Dokument zufolge hat ein prominentes Mitglied der Saudischen Königsfamilie, Prinz Salman bin Sultan, der damit beauftragt wurde, als leitender saudischer Geheimdienstoffizier Operationen in Syrien zu überblicken, der Freien Syrischen Armee (FSA) den Befehl gegeben, sie solle »Damaskus anzünden« und den Flughafen der Stadt »platt« machen. Das Dokument offenbart ebenfalls, dass die Saudis 120 Tonnen Sprengstoff und Waffen an Oppositionskräfte schickten, vermutlich während der Vorbereitung zu der Operation. Über die Ausführung der Angriffe waren die Saudis laut NSA »sehr erfreut«.[10]

AUS DER REVOLUTION WIRD EIN STELLVERTRETERKRIEG

Spätestens seit Frühsommer 2012 war der Syrienkonflikt keine innersyrische Rebellion, kein reiner Bürgerkrieg mehr, sondern vor allem ein zynischer Stellvertreterkrieg ausländischer Mächte. Ich habe in jener Zeit viele syrische Rebellen persönlich getroffen. Und lange mit ihnen diskutiert. In Damaskus, Homs, Hama. Wenn ich von Demokratie sprach, lächelten sie milde. Demokratie? Das wollte niemand mehr. Sie kämpften überwiegend für einen sogenannten »islamischen Staat«. Mal gemäßigterer, mal radikalerer Natur. Je nachdem, wer die Geldgeber waren.

Die gelieferten Waffen wurden immer schwerer, die Kämpfe immer brutaler. Von seiten der Rebellen, vonseiten der Regierung. Völkerrechtliche Bedenken hatte niemand mehr. Es ist Heuchelei pur, wenn die USA und Saudi-Arabien sich über die Barbareien dieses Krieges empören. Sie waren Anstifter und Mittäter.

Die Sonderermittlerin der UNO Carla del Ponte sagte bei ihrem Rücktritt im August 2017, am Anfang habe es in Syrien noch »Gute und Böse« gegeben. Die Regierung seien die Bösen, ihre Gegner die Guten gewesen. Mittlerweile seien in Syrien alle böse.[11] Die Regierung von Machthaber Baschar Al-Assad verübe »schreckliche Verbrechen gegen die Menschlichkeit« und die Opposition bestehe aus »Extremisten und Terroristen«.[12]

DRITTER AKT: DIE HINTERMÄNNER BETRETEN DIE BÜHNE

2014/2015 erschienen die Hintermänner des syrischen Dramas einer nach dem anderen offen auf der Bühne. Die USA bombardierten nun den IS, der ihnen zu stark geworden war. Anfangs noch etwas zurückhaltend, als wollten sie ihn zwar schwächen, aber nicht ganz ausschalten. Ich war in jenen Wochen mit dem IS unterwegs und konnte das gut beobachten. Gleichzeitig unterstützten die USA über Verbündete indirekt den Al-Qaida-Ableger Jabhat Al-Nusra. Manchmal bombardierten sie ihn auch. Schon damals war ihre Strategie chaotisch.

Auch die Russen bombardierten den IS. Noch energischer gingen sie jedoch gegen Jabhat Al-Nusra und deren Verbündete vor. Die Golfstaaten unterstützten Terroristen aus aller Welt. Von der FSA bis zu Jabhat Al-Nusra, und selbstverständlich auch den IS. Teilweise beschossen sich Rebellen und Terroristen auch gegenseitig. Die Hälfte der Anti-Assad-Rebellen waren inzwischen Ausländer.

Auf der anderen Seite schickte der Iran zur Unterstützung Assads noch mehr Revolutionsgarden nach Syrien. Aus dem Libanon kamen Hisbollah-Kämpfer. Auch schiitische Afghanen oder Iraker kämpften für das Regime. Gegen Bezahlung natürlich. Der Krieg wurde zum Söldnerkrieg. Das Gemetzel erinnerte immer mehr an den Dreißigjährigen Krieg, der im 17. Jahrhundert Deutschland verwüstete. Syrien wurde zum Tollhaus. Chaos total! Welcher westliche Politiker, welches Medium hat darüber jemals fair berichtet?

BEIDE SEITEN TÖTEN, TÖTEN, TÖTEN

Die »Syrische Beobachtungsstelle für Menschenrechte« (SOHR) in London veröffentlicht regelmäßig Opferzahlen. Sie steht den Rebellen sehr nahe. Sie ist wahrscheinlich ihr wichtigstes Sprachrohr. Dennoch belegen ausgerechnet manche ihrer Zahlen die unjournalistische Einseitigkeit der Syrien-Berichterstattung vieler westlicher Medien. Laut SOHR starben im Syrienkrieg 511 000 Menschen.* Dokumentiert werden konnten:

* Laut SOHR tragen die syrische Regierung und ihre Verbündeten allerdings zu 85 Prozent die Verantwortung für den Tod von Zivilisten. Nach unseren eigenen Beobachtungen auf über zehn Reisen ins syrische Kriegsgebiet erscheint das nicht überzeugend. Richtig ist, dass die völlig inakzeptablen Städtebombardements der Syrer und Russen (aber auch der Amerikaner, etwa auf Rakka) unzählige Zivilisten getötet haben. Deshalb habe ich sie stets scharf verurteilt. Aber auch der schwere Mörserbeschuss der Rebellen auf dicht besiedelte Stadtteile forderte zahllose Menschenleben. Genauso wie die unzähligen Anschläge. Wir werden nie genau erfahren, welche Seite wie viele Zivilisten getötet hat. Beide Seiten haben in jedem Fall schwere Schuld auf sich geladen und zigtausende unschuldige Zivilisten auf dem Gewissen.

- 122 000 »Regierungskämpfer«,
- 123 000 Rebellen (davon 63 000 Nichtsyrer, also ausländische Rebellen, Terroristen),
- 106 000 Zivilisten. Nicht gezählt sind dabei Tote in Gefängnissen.[13]

Die Tatsache, dass selbst laut »Rebellen-Sprachrohr« SOHR etwa gleich viele Regierungskämpfer wie »Rebellen« starben, zeigt, dass sich beide Seiten in Sachen Brutalität nichts schenkten. Gerade weil SOHR die Verantwortung für *Ziviltote* traditionell fast ausschließlich dem Regime zuweist, sind diese Zahlen ein decouvrierendes Dokument.

Unsere Leitmedien berichten fast nur über die unbestreitbar vielen Opfer aufseiten der Aufständischen. Über die unzähligen Toten auf Regierungsseite schreiben sie kaum. Egal ob Kämpfer oder Zivilisten, sie interessieren sie nicht. Über den jahrelangen schweren Mörserbeschuss dicht besiedelter Stadtteile durch die Rebellen oder über die nicht endenden terroristischen Autobombenanschläge in den Städten Syriens wird nur selten berichtet. Die Leser erhalten dadurch ein völlig verzerrtes Bild der syrischen Realität. Wenn dieser Krieg wirklich so einseitig gewesen wäre, wie ihn viele Medien dargestellt haben, wenn nur die Regierung getötet hätte, wäre er schon nach wenigen Monaten zu Ende gewesen.

Von Juni 2011 bis heute gab es unzählige Massaker der Rebellen und Terroristen. An Soldaten, Polizisten, aber auch an Zivilisten. Mit zahllosen Opfern. In Damaskus, in West-Aleppo, in Dschisr asch-Schughur, im Nordosten von Latakia, in Hula und an anderen Orten. Ich habe immer wieder mit Angehörigen ermordeter Zivilisten gesprochen. Auch mit Tätern. Das Grauen in Syrien kannte keine Grenzen. Auf beiden Seiten.

ASSADS GNADENLOSIGKEIT

Auch Assad bombt, bombt und bombt. In Aleppo, Homs, Darayya, Jobar, Ost-Ghuta oder Idlib. Oft bis kein Stein mehr auf dem anderen steht. Ich habe Präsident Assad mehrfach getroffen. Und auf die

Städtebombardements angesprochen. Weil sie Kriegsverbrechen sind. Assad erwiderte, er habe keine andere Wahl. Um die Terroristen aus den Städten zu vertreiben, müsse er sie dort bombardieren, wo sie sich versteckten. Der Westen tue das genauso. In Afghanistan, im Irak und auch in Syrien. Überall. Außerdem greife die syrische Luftwaffe meist Städte an, aus denen die meisten Zivilisten bereits geflohen seien. Die Rebellen hingegen bombardierten Städte, die mit Millionen Flüchtlingen übervölkert seien.

Der Hinweis auf Rebellen und andere Staaten, die angeblich das Gleiche oder noch Schlimmeres tun, entschuldigt keines der Kriegsverbrechen der Regierung. Die Bilder der toten Kinder in den von ihr zurückeroberten Gebieten machen mich fassungslos. Ich gestehe, ich habe Assad diese Gnadenlosigkeit nicht zugetraut.

DIE TRAGIK VON BÜRGERKRIEGEN

Hohe Opferzahlen auf beiden Seiten sind in »Bürgerkriegen« die blutige Regel. Im amerikanischen Bürgerkrieg wurden schätzungsweise 620 000 Menschen getötet. Rund 360 000 aufseiten der siegreichen Nordstaaten, 260 000 aufseiten der sogenannten Konföderierten.[14]

Bürgerkriege sind die entsetzlichsten aller Kriege. Mich schaudert, wenn ich an den Syrienkrieg denke. An die Opfer auf beiden Seiten. Wer die syrische Katastrophe auf den Satz verkürzt, in Syrien schlachte ein Diktator sein eigenes Volk, hat von Bürgerkriegen mit ausländischer Einmischung nichts verstanden. Oder er betreibt bewusst Desinformation. In Bürgerkriegen töten beide Seiten das eigene Volk. Immer. Das ist ihre teuflische Tragik. Genau deshalb muss alles getan werden, um Bürgerkriege zu verhindern oder so schnell wie möglich friedlich zu beenden.

DIE USA INTERESSIERTEN SICH NIE FÜR FRIEDEN IN SYRIEN

All dieses Elend und Leid hätte der Westen relativ leicht vermeiden können. Wenn er gewollt hätte. Der ungerechteste Friede wäre für Syrien besser gewesen als der gerechteste Krieg. Doch die USA wollten in Syrien keinen Frieden. Es sei denn zu ihren Bedingungen. Sie wollten den totalen Regimewechsel. Syrien sollte das Lager wechseln. Irans Einfluss im Mittleren Osten verringern.

Ein Rücktritt Assads hätte den USA nicht gereicht. Wäre es anders, würde Assad nicht mehr leben. Er wohnt mitten in Damaskus. In einem Gebäude, das jederzeit durch Raketen zerstört werden kann. Die USA und die Golfstaaten wissen, dass Assad sofort durch ein anderes, unberechenbareres Mitglied seines Clans ersetzt würde. An der Partnerschaft Syriens mit dem Iran würde sich nichts ändern.

Assad ist ein gnadenloser Diktator. Daran gibt es nichts zu rütteln. Doch auch hier frage ich: Wie viele Unschuldige darf man töten, um einen Diktator zu stürzen? Kein Politiker des Westens stellt sich diese zentrale ethische Frage. Sie ist auch im Fall Saddam Husseins bis heute nicht beantwortet. Ethisch-moralische Fragen interessieren die westliche Außenpolitik nicht.

WOLLTE ASSAD FRIEDEN?

2013 führte ich zwei lange Gespräche mit Präsident Assad. Auch Frederic war anwesend. Die Gespräche waren mit der deutschen Bundesregierung und, über den amerikanischen Botschafter in Berlin Philip Murphy, mit dem Weißen Haus abgesprochen. Assad machte in dem Gespräch überraschend konstruktive Vorschläge zu einem Friedensschluss in Syrien. Selbst zur Frage, unter welchen Bedingungen er zum Rücktritt bereit wäre. Obwohl das die USA nichts anging. Der syrische Diktator, der in Damaskus eine französischsprachige Schule besucht und in England studiert hatte, war erkennbar an einem Arrangement mit dem Westen interessiert.

Ich habe seine Vorschläge dem amerikanischen Botschafter in Berlin detailliert vorgetragen. Er versprach, alle Punkte, wie vereinbart, dem Weißen Haus noch am selben Tag zu übermitteln. Also nicht, wie üblich, nur dem Außenministerium. Die amerikanische Antwort auf die Angebote Assads lautete: »Es bleibt dabei. Mit dem Kerl reden wir nicht.« Die USA wollten über den Frieden in Syrien nicht diskutieren. Sie wollten ihn diktieren.

EIN FRIEDENSPLAN, DER UNZÄHLIGE LEBEN GERETTET HÄTTE

Zwei Jahre später las ich in westlichen Medien, dass sich Assad Deutschland als Vermittler wünschte. Ich erkundigte mich beim damaligen Sicherheitsberater der Bundeskanzlerin, Christoph Heusgen, und bei Finanzminister Wolfgang Schäuble, ob ich bei Assad noch einmal sondieren solle. Die Antwort lautete: Ja.

Im Dezember 2015 sprach ich erneut lange mit Assad. In Sachen Frieden darf man nie aufgeben. Frederic führte Protokoll. Assad legte seine Vorschläge in einem »Non-Paper« für die deutsche Kanzlerin fest und unterschrieb es mit seinen Initialen. Kurz vor Weihnachten überbrachte ich es Wolfgang Schäuble, der es dem Sicherheitsberater der Kanzlerin weiterleitete. Ich veröffentliche die Vorschläge Assads erstmals in diesem Buch.

Die wenigen Menschen, die die Vorschläge des syrischen Diktators bisher lesen konnten, rieben sich die Augen. Weil sie angesichts der Brutalität des Syrienkriegs und auch dieses Mannes erkennbar eine Riesenchance boten. Der erste Paragraf lautete: »Wir sind bereit, Frieden mit all unseren Nachbarn zu schließen. Von den Golfstaaten bis Israel. Und bereit, mitzuhelfen, dass es eine Aussöhnung zwischen Saudi-Arabien und dem Iran gibt.«

Im selben Ton waren die konkreten Einzelvorschläge abgefasst. Assad bot nationale Aussöhnung und Verhandlungen mit allen oppositionellen Gruppen innerhalb und außerhalb Syriens an. Und als konkrete Geste des guten Willens eine einseitige Feuerpause, einen sofortigen Stopp aller Bombardements, die Lieferung von Nahrungsmitteln und medizinischer Hilfe in alle belagerten Gebiete sowie die Freilassung politischer Gefangener.

Unmissverständlich schrieb er: Er selbst werde einer friedlichen Zukunft Syriens nicht im Weg stehen. Das Überleben des Landes sei wichtiger als die Zukunft aller Politiker. Das gelte auch für ihn. Er wolle nicht Präsident auf Lebenszeit sein.

Abschließend wandte sich Assad in dem Papier persönlich an Angela Merkel: Er schrieb: »Hiermit bitte ich die deutsche Kanzlerin, deren Versöhnungswerk ich in vielen Konflikten bewundere, in diesem Friedensprozess Mediator, Vermittler zu sein und einen Mittelsmann für alle Details zu bestimmen. Ich bin bereit, mich an jedem konstruktiven Gespräch zu beteiligen, das unserem Land und unserer Region echten Frieden bringt.«

MERKELS DESINTERESSE AN EINER FRIEDENSLÖSUNG

Wäre die deutsche Kanzlerin auf diese Vorschläge Assads vom Dezember 2015 eingegangen, hätte Merkel für sie gekämpft, hätte man den Tod unzähliger Syrer und die Zerstörung großer Teile Syriens vermeiden können. Mit hoher Wahrscheinlichkeit wäre auch die Flüchtlingskrise nicht so außer Kontrolle geraten. Sie hatte ein halbes Jahr zuvor, im Sommer 2015, begonnen und ihren zweiten Höhepunkt im Sommer 2016 erreicht, sechs Monate nach Assads Botschaft an Merkel. Hatte die Kanzlerin nicht versprochen, die Fluchtursachen zu bekämpfen?

Ich habe nach Weihnachten 2015 mehrfach mit Merkels Sicherheitsberater gesprochen. Am Ende konnte ich lediglich ein Telefonat zwischen ihm und dem Außenminister Syriens vermitteln. Die Kanzlerin selbst zeigte nie echtes Interesse an Assads Vorschlägen. Sie ließ mir mitteilen, ich würde sicherlich nicht erwarten, dass sie mit Assad persönlich spräche.

Mir war klar, dass Assads Ansehen im Westen verbrannt war. Und dass Merkels Vermittlungsmission nicht einfach geworden wäre. Vor allem nicht gegenüber den USA. Doch wer Frieden will, muss notfalls mit dem Teufel verhandeln. Und sich auch mal mit den USA anlegen. Leonid Breschnews Ansehen im Westen war auch nicht höher, als Willy Brandt mit ihm über Frieden zwischen der Sowjetunion und Deutschland verhandelte. Auch Brandt hatte massive Widerstände in Washington zu überwinden. Er hatte den erforderlichen Mut. Merkel nicht.

Die deutsche Kanzlerin hatte aufgrund ihres hohen Ansehens im Mittleren Osten und in der Welt die Chance, eine Friedenslösung für das gequälte syrische Volk wenigstens einzuleiten. Sie hat sich dieser Aufgabe nicht gestellt. Gerade weil sie eine starke Kanzlerin ist, finde ich das unverzeihlich. Stattdessen hat sie weltweit immer wieder Friedenspreise eingeheimst. Echte Friedenspolitik sieht anders aus.

DIE USA HABEN SICH STRATEGISCH VERZOCKT

WAS DIE USA WOLLTEN …

Auf dem »privaten« E-Mail-Account von US-Außenministerin Hillary Clinton findet sich 2012 eine interessante Nachricht. Wikileaks hat sie unter nicht ganz sauberen Umständen veröffentlicht. Die Mail kam offenbar aus Clintons engstem Beraterumfeld. Sie zeigt das Denken wichtiger US-Kreise.

In der Mail heißt es: »Der beste Weg, Israel zu helfen, mit den wachsenden nuklearen Fähigkeiten des Iran fertig zu werden, ist, den Syrern zu helfen, das Assad-Regime zu stürzen (…). Die Bewaffnung der syrischen Rebellen und der Einsatz der westlichen ›Air Power‹ gegen die syrischen Helikopter und Flugzeuge sind eine äußerst lohnende Strategie zu niedrigen Kosten (…). Der Iran würde strategisch isoliert und unfähig, seinen Einfluss im Mittleren Osten auszuüben (…). Ein neues syrisches Regime würde sich wahrscheinlich zügig für die eingefrorenen Friedensgespräche mit Israel öffnen (…). Die Hisbollah im Libanon würde von ihrem iranischen Sponsor abgeschnitten, da Syrien nicht mehr als Transitstrecke für iranische Ausbildung, Unterstützung und Raketen genutzt werden könnte.«[15]

… UND WAS SIE ERREICHTEN

Strategisch haben die USA und ihre Verbündeten am Golf das genaue Gegenteil erreicht. Statt den Iran zu schwächen, haben sie ihn erneut gestärkt. So wie sie ihn durch den Irakkrieg und den Jemenkrieg gestärkt haben. Der Iran bekam in Syrien neue, wichtige Stützpunkte. Auch Russlands strategische Position im Mittleren Osten verbesserte sich. Der in seinem Innern prowestliche Assad ist der russischen Führung für immer zu Dank verpflichtet. Putin kann seine Militärstützpunkte weiter ausbauen.

Zu den Verlierern gehört auch Israel. Es hat jetzt iranische Militärstützpunkte direkt vor der Nase. Am meisten aber verloren hat das syrische Volk, das die USA angeblich »befreien« wollten. Assad hingegen, den die USA entmachten wollten, ist Sieger. Was für ein groteskes Ergebnis amerikanischer Sofastrategen!

14. KAPITEL
DIE STRASSE NACH ALEPPO

DIE FAHRT DURCH TERRORISTENGEBIETE

Damaskus, Februar 2017, sechs Uhr morgens. Es war feuchtkalt. In der Nacht hatte es geschneit. Frederic und ich wollten nach Aleppo, 370 Kilometer nördlich von Damaskus. Gegen Mittag wollten wir an einer »Aussöhnungskonferenz« zwischen Russen, Rebellen und syrischen Regierungsvertretern teilnehmen. Wenn es so etwas wirklich gab.

Ost-Aleppo war vor wenigen Wochen nach grauenvollen Bombardements der russischen und syrischen Luftwaffe in die Hände der Regierung gefallen. Zum Schluss hatten in Ost-Aleppo noch 120 000 Menschen gelebt. Vor dem Krieg waren es nach Aussagen von Einheimischen über 1,5 Millionen. Die meisten von ihnen waren im Laufe der Kämpfe nach West-Aleppo geflohen.

West-Aleppo stand mit seinen inzwischen 2,5 Millionen Menschen während des gesamten Aufstands unter Regierungskontrolle. Für sein Schicksal hatte sich im Westen kaum jemand interessiert. Obwohl in West-Aleppo viele Menschen durch Artilleriebeschuss der Rebellen aus dem östlichen Teil der Stadt starben. Die einschlagenden Mörser oder Raketen hatten wegen der hohen Bevölkerungsdichte verheerende Folgen. Ganze Straßen und Wohnblocks waren zerstört. Vor allem in der Altstadt. Einheimische sprachen von über 7000 Toten in West-Aleppo. 10 000 Menschen sollen im ausgedünnten Ost-Aleppo gestorben sein.

DER PALAST IN DER PAMPA

Es war schwierig gewesen, in diesen Tagen Treibstoff für unser Auto zu bekommen. Wegen der Sanktionen gegen Syrien war Sprit knapp und teuer. An manchen Tankstellen gab es gar keinen mehr. Unser Fahrer hatte daher den ganzen Kofferraum und den Sitz neben mir mit Kanistern vollgepackt. Das ganze Auto stank nach Diesel.

Auf halber Strecke lag die einzige noch funktionierende Tankstelle. Hier wollten wir nachtanken. Die Tankstelle war armselig. Doch einige Meter entfernt, hinter hohen Mauern, erkannte man einen fantastischen orientalischen Palast. Ich spähte durch einen Torspalt und traute meinen Augen kaum. So etwas Pompöses hatte ich in Syrien lange nicht gesehen. Mitten in der Pampa.

Woher hatte der Tankstellenbesitzer so viel Geld? Man erzählte sich, dass er nicht nur überhöhte Preise nahm, sondern mithilfe manipulierter Zapfsäulen auch weniger einfüllte, als die Zähler anzeigten. Vielleicht aber hatte er in dieser Region der Schmuggler, Waffenschieber, Rebellen und Terroristen auch besondere Kunden. Die gerne etwas mehr bezahlten, wenn sie gut informiert wurden.

DER TERROR-KORRIDOR

Vor Aleppo mussten wir durch einen »Terror-Korridor«, den die Regierung fast jeden Tag freikämpfen musste. Links der Straße, nur wenige Kilometer weiter, stand Jabhat Al-Nusra, rechts der Straße der IS. »Die sind nur drei bis sieben Kilometer entfernt«, sagte unser Fahrer, bleich um die Nase. »Einmal falsch abbiegen, und wir sind in Idlib bei Jabhat Al-Nusra oder beim IS.« Er erzählte, dass die Regierungssoldaten ab drei Uhr nachmittags ihre Checkpoints abbauten und sich in ihre Stützpunkte zurückzögen. Bei Einbruch der Dunkelheit rücke der IS auf die Straße vor, beschieße Autos und entführe auch Menschen. Vergangene Woche habe der IS die Straße selbst tagsüber kontrolliert.

Frederic filmte im Vorbeifahren einen der Regierungs-Checkpoints und seine nervösen, schwer bewaffneten Soldaten. Er hätte besser nicht gefilmt. Ein Militärjeep nahm sofort die Verfolgung unseres Wagens auf. Und zwang uns, zum Checkpoint zurückzufahren. Es gab die übliche Aufregung und schwierige Telefonate mit dem Militärkommando. Frederic musste das Video des Checkpoints löschen. Erst nach heftigen Diskussionen durften wir weiter.

IN ALEPPO

DIE AUSSÖHNUNGSKONFERENZ

Gegen 14 Uhr erreichten wir Ost-Aleppo. Vor einer Verkehrsinsel gab es einen langen Stau. Es war eine Verkehrsinsel mit Dutzenden Gräbern. In den letzten Wochen der russisch-syrischen Bombenoffensive hatten die Menschen Ost-Aleppos ihre Angehörigen nicht mehr auf die offiziellen Friedhöfe bringen können. Sie waren nur noch unter Lebensgefahr erreichbar. Und völlig überfüllt. Also hatten sie ihre Toten hierhergebracht. Ewige Ruhe auf einer Verkehrsinsel. Kriege sind gespenstisch.

Kurz danach erreichten wir das im Westteil der Stadt liegende Rathaus. Die östliche Seite des Hochhauses war schwer beschädigt. Die Rebellen in Ost-Aleppo hatten es regelmäßig mit Mörsern beschossen. Über endlose Treppen erreichten wir den Konferenzraum. Staunend sahen wir, wie gerade Abgesandte einiger Rebellendörfer, Vertreter der Regierung und russische Offiziere »Aussöhnungsverträge« unterschrieben. Kern war eine Amnestie für die meist jungen Rebellen der Dörfer. Einzige Bedingung: Sie mussten ihre Waffen niederlegen und durften »kein Blut an den Händen« haben. Doch das wurde kaum überprüft.

Die zehn Kilometer von Aleppo entfernten Rebellendörfer hatten einst unter der Kontrolle von Jabhat Al-Nusra und der von Katar und der Türkei unterstützten Ahrar Al-Scham gestanden. Die Söhne und Neffen der Verhandlungsführer waren Rebellen geworden, weil sie dadurch endlich wieder zu Geld kamen. Bis zu 200 Dollar, plus gelegentliche Prämien, hatte es gegeben. Außerdem hatten sie gehofft, dass nach einem Sieg alles besser würde. Jetzt waren sie müde. Die Russen hatten ihre Dörfer bombardiert und Kämpfer getötet. Jabhat Al-Nusra und Ahrar Al-Scham hatten den Rückhalt in der Bevölkerung verloren. Ihre Führung war abgezogen. Vor allem die Ausländer waren schnell verschwunden.

Fast ein Jahr lang habe man sondiert und verhandelt, erzählten uns die Vertreter der Rebellendörfer. Erst heimlich, dann offen. Jetzt könne man auf der Basis des Aussöhnungsvertrags neu anfangen. Das Land brauche Versöhnung. Dieser Geist der Versöhnung habe auch auf der Konferenz geherrscht. Sagten sie. Ich glaube nicht, dass sie uns in Anwesenheit der Russen und der Regierung die volle Wahrheit sagen konnten. Sie hatten den Krieg verloren. Manche ihrer Söhne und Neffen, die für Ahrar Al-Scham oder andere Gruppen gekämpft hatten, standen jetzt in den Reihen der Regierungstruppen. Auch Ex-Rebellen müssen schließlich finanziell über die Runden kommen. Einige hatten Familie. Da schluckt man vieles runter.

Im Kern fand ich die Versöhnungskonferenzen sinnvoll. Sie fanden inzwischen in den meisten zurückeroberten Gebieten statt. Einen ähnlichen Weg war vor vielen Jahren Südafrika gegangen. Nach Beendigung der Apartheid. Wenn man verhindern wollte, dass die Kämpfe in einigen Jahren wieder aufflammten, musste man diesen Weg gehen.

FREIES GELEIT ODER AMNESTIE

Ende Dezember 2016, als die letzten Reste Ost-Aleppos von den Russen und Syrern in Grund und Boden gebombt wurden, hatten dort noch 120 000 Menschen gelebt. Unter ihnen maximal 4000 Kämpfer aus acht Rebellengruppen mit geschätzt 30 000 »Familienangehörigen«.

Nach einer Vereinbarung zwischen Regierung und Rebellen waren etwa 3000 Rebellen mit 20 000 Angehörigen in Regierungsbussen in die nur zwanzig Kilometer entfernten Rebellengebiete transportiert worden. Von dort aus war ein Teil in die Rebellenhochburg Idlib weitergefahren. Manche auch weiter in die Türkei. Rund 300 Rebellen hatten Amnestie erhalten. Die Evakuierung war ein Akt politisch-militärischer Klugheit. Schließlich gab es auch Orte, in denen Regierungsanhänger von Rebellen eingekesselt waren: Nubl und Az-Zahra in der Nähe von Aleppo sowie Kafriya und Al-Fu'ah in der Region Idlib.

WERDEN VEREINBARUNGEN MIT REBELLEN EINGEHALTEN?

Wir fragten die Abgesandten der ehemaligen Rebellendörfer nach dem Gerücht, dass evakuierte Kämpfer nach einigen Kilometern außerhalb Aleppos wieder verhaftet worden seien. Westliche Medien hatten das mehrfach behauptet. Die Ex-Jabhat-Al-Nusra-Unterstützer lachten. Diesmal sogar überzeugend. Im Zeitalter der Mobiltelefone und des Internets sei so etwas schwer möglich. Über die Sozialen Medien würde ein derartiger Vertragsbruch sofort durchs Internet und durch die Weltpresse gehen. Sie seien noch heute im Kontakt mit Rebellen, die damals evakuiert wurden. Teilweise seien es Verwandte. Keiner sei unterwegs festgenommen worden. Außerdem gebe es ähnliche Absprachen beim Abzug von Regierungsanhängern aus von Rebellen belagerten Ortschaften. Die Rebellen könnten sich also jederzeit revanchieren.

Wir versuchten auch die russischen Offiziere zu interviewen. Chancenlos! Über politische Angelegenheiten dürften sie sich nicht äußern, sagten sie freundlich. Über andere Dinge jedoch konnte man sich mit ihnen gut unterhalten. Vor allem, nachdem ich ihnen erzählt hatte, dass ich einige ihrer militärischen »Helden« zu Zeiten der Sowjetunion persönlich gut gekannt hatte.

OST-ALEPPO: FUSSBALL ZWISCHEN RUINEN

Nach der »Aussöhnungskonferenz« fuhren wir von West- nach Ost-Aleppo. Hinter einem Militär-Checkpoint tauchten erste apokalyptische Ruinen auf. Frederic setzte sich ins Fenster und filmte. Assad und die Russen hatten es hier nicht anders gemacht als die Amerikaner im irakischen Mossul, in Ramadi, in Falludscha oder im syrischen Rakka. Überall Ruinen, ausgebrannte Autos, Geröll bis an den Straßenrand.

In den Todesruinen von Ost-Aleppo erwachte gerade neues Leben. Erste Händler stellten ihre Tische auf die Straße. Vielleicht konnte man ja demnächst wieder etwas verkaufen. Menschen standen an, um Wasser zu holen. Verschleierte Frauen huschten geschäftig durch die Straßen. Kinder winkten Frederic lachend in die Kamera.

Die sandige Straße endete an einer hoch aufgetürmten Trümmersperre. Auf einem umgestürzten, ausgebrannten Bus lag ein Autowrack. Daneben ein verkohlter Lastwagen. Dahinter Häuserruinen, davor schwarzer Schutt! Ein kafkaeskes Bild. Wir stiegen aus. Kinder kamen neugierig auf uns zu. Im Gebäudeschutt sah ich eine verbeulte, leere Blechdose. Ich kickte sie einem der Jungs zu. Er schoss sie sofort zurück. Im Nu begann eine lustige Bolzerei. Drei gegen drei. Die Tore markierten wir mit Steinen. Die Jungs waren zwischen sieben und zehn Jahre alt. Frederic spielte in der gegnerischen Mannschaft.

Bei jedem Treffer mit der Blechdose gab es großen Jubel. Wir klatschten uns ab, lagen uns in den Armen. Das Spiel endete 6–6, auch wenn Frederics Jungs behaupteten, sie hätten 7–6 gewonnen. Triumphierend drehten sie eine Runde um ein zerstörtes Auto. Sie hatten einen Riesenspaß. Als wir uns verabschiedeten, waren sie richtig enttäuscht.

RAKETEN AUF WEST-ALEPPO?

Uns war gesagt worden, West-Aleppo werde auch nach der Kapitulation von Ost-Aleppo fast täglich mit Raketen beschossen. Da wir darüber in westlichen Medien nichts finden konnten, wollten wir Beweise sehen. Wir fuhren nach Al-Hamdanyia, einem Stadtteil West-Aleppos. Dort war angeblich erst gestern eine Rakete eingeschlagen. Ein Mädchen habe schwer verletzt überlebt. Sie liege im Universitätskrankenhaus von Aleppo.

An der Einschlagsstelle der Rakete fanden wir einen kleinen Krater und vertrocknete Blutspuren. Wir fuhren ins Krankenhaus. Ein junger Arzt berichtete, das zehnjährige Mädchen sei gestern mit schweren Verletzungen ins Krankenhaus gebracht worden. Sie sei unter seinen Händen gestorben.

DER JUNGE MAHMOUD

Er brachte uns zu dem zwölfjährigen Mahmoud. Vor ein paar Tagen wollte er für seine Familie Essen holen. Ein Lied pfeifend, gelegentlich einen Stein wegkickend, lief er durch die Straßen, als plötzlich in seiner Nähe eine Rakete einschlug. Sie kam aus den Rebellengebieten. Ihr Druck, ihr Lärm, ihre Splitter schleuderten ihn zu Boden. Eigentlich war nur sein rechtes Bein gebrochen. Doch Sekunden später stürzte neben ihm eine Mauer ein und zerschlug das Bein vollständig. Es musste oberhalb des Knies amputiert werden.

Jetzt war Mahmoud nur noch ein Häufchen Elend. Sein Kopf war bandagiert, sein Beinstumpf auch. Die Wunde nässte. In seinen Augen lag unendliche Trauer. Fassungslosigkeit über das, was passiert war. Und über das, was nun auf ihn zukam. Vor fünf Monaten war sein Vater getötet worden.

DAS MÄDCHEN KAUTHAR

In einem anderen Zimmer lag die zwölfjährige Kauthar, ein ungewöhnlich hübsches Mädchen mit großen Kulleraugen und langen schwarzen Haaren. Sie war mit ihrer Mutter beim Olivenpflücken gewesen. Auf einem Feld wenige Kilometer vor Aleppo. Eine Tretmine hatte ihr beide Beine und zwei Finger abgerissen. Wer die Mine vergraben hatte, wusste niemand. Es war auch uninteressant. Jetzt lag dieses schwerverletzte Kind vor uns und versuchte, mit seinen lebhaften großen Augen zu erraten, was der Arzt mit uns besprach.

Frederic konnte das alles nicht mehr mit ansehen. Ohne sich umzudrehen, verließ er das Krankenhaus. Als ich ihn später neben unserem Auto traf, hatte er Tränen in den Augen. Wir schwiegen uns lange an. Was war das für eine Welt, die nur russische Bomben auf

Ost-Aleppo kritisierte, zu den Bomben der Rebellen auf West-Aleppo aber schwieg? Waren die Bomben auf Mahmoud »gute Bomben«, nur weil sie von Verbündeten der USA finanziert worden waren? Warum blendeten Politik und Medien die andere Seite dieses abscheulichen Krieges aus? Allein bis Mitternacht zählten wir in West-Aleppo zwanzig Einschläge oder Abschüsse.

SO FOLTERN REBELLEN

Beide Seiten foltern brutal. Regime und Rebellen. In Aleppo sprachen wir lange mit einem amnestierten Ex-Rebellen. Wir fragten ihn nach Folter und Hinrichtungen durch Rebellen. Er wusste, dass er sich in große Schwierigkeiten bringen konnte, wenn er Exekutionen seiner Gruppe zugab. Hier ein Ausschnitt seiner von Frederic protokollierten Aussagen:

»Wer mit uns zusammenarbeitete, gehörte zu uns. Die anderen haben wir zum ›Herrn der Welten‹ geschickt. Selbst wenn sie noch in der Blüte ihrer Jugend waren. Letztlich haben wir ihren Todeszeitpunkt ja nur nach vorne verschoben.« An Frederic gerichtet sagte er: »Wenn du zu uns kommen würdest und ich schwören würde, dass du ein Verräter bist, würden sie dich hinrichten. Ohne Problem. Wir haben nach Lust und Laune beschuldigt und hingerichtet.«

Ich fragte ihn, wie viele Hinrichtungen es vonseiten der Rebellen gegeben habe. Er antwortete: »Geh zur Augenklinik, du kennst sie. Oder in die Schule Salah El-Din! Unter der Erde ist alles voll mit Leichen. Das sind die legal erfolgten Hinrichtungen. Die Dunkelziffer ist größer. Oder nimm Bab Al-Hadid! Du kannst hingehen und es dir anschauen. Da haben wir ungefähr dreihundert auf einmal getötet. Mit der Maschinenpistole. Das ging schneller.«

»Wie habt ihr Gefangene behandelt?«, wollte Frederic wissen. Antwort: »Es gab Folterplätze. Und Gefängnisse in den ländlichen Gegenden. In Anadan. Man hat sie dorthin gebracht. Oder nach Hritan, Kfar Hamrab. Das Gebiet im Norden der ländlichen Gegend war voller Gefängnisse. Überall wurde gefoltert.«

Als wir uns verabschiedeten, sagte er: »Die Revolution war ein

Irrtum. Wir dachten, es geht so leicht wie in Tunesien und Ägypten. Jetzt weiß keiner, wie wir da wieder rauskommen.«

SO FOLTERT DAS REGIME

Wenige Tage zuvor hatte uns ein Anhänger der Opposition von den Foltermethoden des Regimes berichtet: »Ich war ein Jahr in einem Regierungsgefängnis. Zehn Tage lang war ich mit sechs anderen in einer zwei Quadratmeter großen, unterirdischen Gefängniszelle. Wir mussten in Schichten schlafen und schwitzten fürchterlich. Zum Mittagessen gab es zwei Löffel Reis, zum Frühstück ein Stück Brot mit Marmelade. Und während des ganzen Tags sechs Liter Wasser für sieben Personen.

Später kam ich in eine größere Zelle. Da waren wir dann hundert. Zusammengepfercht auf dreizehn mal fünf Metern. Einige wurden gefoltert. Sie wurden drei Stunden lang an ihren Händen aufgehängt. Während der Verhöre wurden sie auch geschlagen. Oder die Gefängniswärter bewässerten den Boden. Dann legten sie elektrische Kabel ins Wasser, um die Gefangenen zum Springen zu bringen. Oder sie schütteten ihnen heißes Wasser auf den Kopf, das ihnen dann über die Schultern lief. Sie haben vor Schmerzen geschrien.«

Frederic fragte ihn, wie er das alles so ruhig und emotionslos erzählen könne. Seine Antwort: »Weil ich keine Tränen mehr habe.«

DIE PROTHESEN DES PATER SULEIMAN

Zurück in Damaskus besuchten wir im Christenviertel Bab Tuma den katholischen Pater Suleiman. Er hatte sein Kloster in eine Prothesenwerkstatt umgebaut. Dort fertigte er zusammen mit ein paar Mitarbeitern Arm- und Beinprothesen an. Von hoher Qualität. Achtzig Stück hatte er allein in unserem Auftrag produziert. Für schwerverletzte syrische Kinder.

Pater Suleiman fragte nie nach der Religion seiner Patienten. Für muslimische Eltern hatte er eine kleine Moschee an seine Kirche angebaut.

Heute wollten wir einige seiner, unserer Schützlinge treffen. Der kleine Priester mit dem silberweißen Haar lächelte immer. »Niemand wird mich je dazu bringen, grimmig zu blicken«, schmunzelte er. »Die Menschen hier brauchen Liebe. Hass und schlechte Laune gibt es genug.«

EINE WEIHNACHTSKRIPPE AUS GRANATSPLITTERN

In den letzten Jahren war sein kleines Kloster mehrmals von Mörsern der Rebellen getroffen worden. Zum Glück war niemand verletzt worden. Aus den Splittern der Granaten hatte er eine Weihnachtskrippe gebastelt. »Kannst du davon ein Foto machen?«, fragte er Frederic. »Das ist unsere Aufgabe. Aus dem Bösen etwas Gutes zu machen.«

Vor vierzig Tagen war eine Rakete im Innenhof seiner Werkstatt eingeschlagen. Zum Glück war auch diesmal niemand verletzt worden. Ein großes Loch in der Wand, zerstörte Fenster und verbrannte Orangen am noch immer grünen Baum zeigten, dass jemand seine Hand über ihn hielt.

DRIBBELN MIT PROTHESEN

Zwei seiner Schützlinge erzählten uns ihre Geschichte. Ahmad war der kleinste unter ihnen. Seine Beinprothese ging hoch bis zur Hüfte. Er berichtete, dass er früher begeistert Fußball gespielt habe. »Und jetzt?«, fragte ich vorsichtig. Jetzt spiele er noch genauso gerne, antwortet er. Aber meistens alleine oder mit seinem Bruder. Um die Prothese nicht zu beschädigen. Ob er mir einen Trick zeigen dürfe, fragte er verlegen. Klar durfte er. Und dann legte Ahmad in der kleinen Werkstatt ein so wundervolles Dribbling hin, dass mir fast die Kinnlade runterfiel. Zum Schluss schob er mir den Ball lässig durch die Beine. Die anderen Kinder klatschten begeistert Beifall.

MEIN SCHWER VERLETZTER HELD

Die schwersten Verwundungen hatte der achtzehnjährige Mouatasim. Er besaß nur noch ein Bein und einen Arm. Die rechte Gesichtshälfte war verbrannt, das ausgeflossene Auge mit einem Pflaster zugeklebt. Er sah schrecklich aus. Aber er hatte nie aufgegeben. Als er wieder einigermaßen laufen konnte, hatte er den Pater gebeten, für ihn arbeiten zu dürfen. Jetzt half er beim Bau der Prothesen. Für mich ist Mouatasim ein Symbol Syriens. Mit seinen schweren Verwundungen, aber auch mit seinem Willen mitzuhelfen, das Leid anderer zu mildern.

WENN GREISE PRIESTER WEINEN

Als wir uns verabschiedeten, gab ich Suleiman einen Brief. Er öffnete ihn und sah, dass darin ein Scheck lag. Mit einem weiteren Teil meines Honorars für mein Buch *Inside IS*. Geld für weitere dreißig verletzte Kinder. Dem greisen Priester liefen auf einmal dicke Tränen übers Gesicht. Dann nahm er uns lange in die Arme. Ich weiß, mit der »Feder« allein kann man die Welt nicht verändern. Aber die Welt schwer verletzter syrischer Kinder schon.

Vielleicht sollte auch die deutsche Kanzlerin einmal die kleine Prothesenwerkstatt im christlichen Bab Touma besuchen. Oder ein Krankenhaus in Damaskus, Homs oder Aleppo. Damit sie weiß, wem sie damals die Hilfe verweigerte, als sie die Vermittlung im Syrienkonflikt ablehnte.

15. KAPITEL
DER IS – MIT CHAOS GEGEN CHAOS

WIE DER IS ENTSTAND

OBAMA: »DER IS ENTSTAND DURCH DEN IRAKKRIEG«

2015 erklärte Barak Obama in einem Online-Interview mit VICE-News: »ISIS [der IS] ist ein direkter Abkömmling von ›Al-Qaida im Irak‹, die aus unserer Invasion heraus entstanden ist. Das ist der klassische Fall einer unbeabsichtigten Konsequenz. Deshalb sollten wir generell zielen, bevor wir schießen.«[1] Historiker werden Obama recht geben. Und hinzufügen, dass auch der Syrienkrieg, den Obama mit zu verantworten hat, den Aufstieg des IS beförderte.

TERRORISTEN – VERGESSEN IN DER WÜSTE

Sommer 2011. Seit einem Jahr war Al-Baghdadi Chef von Al-Qaida im Irak. Seine Organisation nannte sich zwar seit Oktober 2006 »ISI«, »Islamischer Staat im Irak«. Aber das wussten nicht mehr viele. Denn die sunnitischen Stämme hatten den »ISI« schon 2007 in die Wüste vertrieben. Nachdem sie von den USA Hunderte Millionen Dollar erhalten hatten. Man kann den Terrorismus auch mit Geld bekämpfen. Wenn man will.

Al-Baghdadis Vorgänger Al-Zarkawi hatte die Amerikaner bis 2006 mit brutalem Terror bekämpft. Von Zarkawi stammten die ersten weltweit verbreiteten Enthauptungsvideos. Auf ihnen hatte er seinen düsteren Ruf als blutigster Terrorist seit 9/11 gegründet. Doch das war lange her. Inzwischen war der »ISI« in Bedeutungslosigkeit versunken.

AL-BAGHDADI WITTERT SEINE CHANCE

Bis der Arabische Frühling 2011 auch Syrien erfasste. Und der Westen sich mehrheitlich hinter die Aufständischen und die Rebellen stellte. Dass arabische Rebellen vom Westen als Helden gefeiert und schließlich sogar mit Geld und Waffen unterstützt wurden, war für viele Araber neu. Auch für Al-Baghdadi. Es war fast wie in den 80er-Jahren des vergangenen Jahrhunderts, als die afghanischen Mudschahedin gegen die Sowjetunion kämpften.

Ähnlich wie die Golfstaaten sah Al-Baghdadi in den Aufständen eine große Chance. Vielleicht die letzte. Vielleicht konnte er in Syrien all das erreichen, was ihm im Irak nicht gelungen war. Im August 2011 schickte er neun seiner besten Männer nach Nordsyrien. Unter Führung des aus Syrien stammenden Abu Mohammed Al-Dschaulani. Dieser hatte bereits in Mossul Terroranschläge für den »ISI« durchgeführt.

Startkapital: das halbe noch verfügbare ISI-Budget.

Auftrag: eine schlagkräftige Kampftruppe aufzubauen, ohne dass die Verbindung zum »ISI« und zu Al-Qaida bekannt wurde. Die neue Organisation sollte als unabhängige syrische Widerstandsgruppe gelten.

Name: Jabhat Al-Nusra, »Unterstützerfront für das levantinische Volk«.

ERFOLGE IN SYRIEN

Al-Dschaulani, »der von den Golanhöhen«, erreichte innerhalb weniger Monate mehr, als Al-Baghdadi erhofft hatte. Durch spektakuläre Selbstmordanschläge, durch Erfolge auf dem Schlachtfeld – zum Beispiel in Aleppo – und durch geschickte strategische Kooperationen mit anderen Rebellengruppen. Die von den USA koordinierten Waffenlieferungen und die finanzielle Unterstützung der Golfstaaten waren für Al-Dschaulani eine große Hilfe. Egal, wohin die Waffen geliefert wurden, wichtige Teile landeten immer beim Stärksten. Das war zunehmend Jabhat Al-Nusra.

Bis zum Frühjahr 2013 wuchs Jabhat Al-Nusra zur effektivsten und für neue Rebellen »attraktivsten« Widerstandsgruppe Syriens heran. Jabhat Al-Nusra schaffte es, die meisten ausländischen Kämpfer für sich zu gewinnen. Die *Washington Post* nannte Jabhat Al-Nusra Ende 2012 den aggressivsten und erfolgreichsten Arm der »Freien Syrischen Armee«, FSA.[2] Die FSA war das vom Westen offen unterstützte Rebellen-Bündnis der ersten Kriegsjahre. Ein FSA-Koordinator schwärmte gegenüber Agence France-Presse, Jabhat Al-Nusra sei so etwas wie »das Elitekommando der Revolution«.[3]

DER KONKURRENZKAMPF DSCHAULANI – BAGHDADI

Al-Dschaulani übertraf die Erwartungen so sehr, dass Al-Baghdadi beschloss, das Versteckspiel zu beenden. Im April 2013 erklärte er in einer Audio-Botschaft, dass Jabhat Al-Nusra eine Untergruppe des »ISI« sei und ihm unterstehe. Er forderte Al-Dschaulani auf, dies zu bestätigen und seinen Treueschwur ihm gegenüber zu erneuern. Al-Baghdadi wollte Al-Nusra und den »ISI« auch öffentlich unter sich vereinigen und daraus »ISIS« machen: den »Islamischen Staat im Irak und in Syrien«.[4]

Doch Dschaulani wollte seine hart erkämpfte Macht nicht aufgeben. Er wollte nicht Chef der Unterorganisation einer Unterorganisation sein. Lieber schwor er der Mutterorganisation des »ISI« direkt die Treue: Al-Qaida und deren Anführer Aiman Al-Zawahiri.[5] Zawahiri, dem Nachfolger Bin Ladens, gefiel das.[6]

Al-Baghdadi trennte sich daraufhin von der Dachorganisation Al-Qaida und erklärte Al-Dschaulani zum »Abtrünnigen«. Gleichzeitig forderte er alle Jabhat-Al-Nusra-Mitglieder auf, mit ihm zu kämpfen.[7] Er sei ohnehin die ganze Zeit ihr Boss im Hintergrund gewesen. Nur er sei legitimer Nachfolger des Terrorfürsten Al-Zarkawi, der den Amerikanern die Stirn geboten hatte. Nur er stehe glaubhaft für die große Idee eines »islamischen Staates«.

Weit über die Hälfte der ausländischen Al-Nusra-Kämpfer lief daraufhin zu Al-Baghdadi über. Sie schworen ihm den Treue-Eid, die »Bai'a«. Sie wollten Teil von etwas ganz Großem sein. Dem Aufbau des »Islamischen Staates«.

BLÜTEZEIT DES IS

DER STURMLAUF

Innerhalb eines Jahres eroberte »ISIS« nun den Nordosten Syriens, große Gebiete im Nordwesten des Irak und im Juni 2014 die Millionenstadt Mossul. Um seinen weltweiten Anspruch zu unterstreichen, nannte sich ISIS jetzt kurz und bündig »Islamischer Staat«, »IS«. Al-Baghdadi wurde »Kalif Ibrahim«. Er führte ein »Kalifat« mit weltweitem Anspruch.[8]

Ein Staat war geboren. Ein barbarischer Terrorstaat, aber ein in vielen Bereichen funktionierender Staat. Mit Steuerbehörden, Gesundheitsversorgung, Verkehrspolizei. Ein historischer Erfolg, auch wenn niemand den neuen Staat anerkannte. Im Sommer 2014 lebten auf dem Territorium des IS bereits über sechs Millionen Menschen.[9] Flächenmäßig war der »Islamische Staat« größer als Großbritannien.

IST DER IS WIRKLICH GESCHLAGEN? EINE ZWISCHENBILANZ

Der IS, mit dem Frederic und ich Ende 2014 in Rakka und Mossul zehn Tage verbrachten, hatte sich vier strategische Ziele gesetzt:

1. Schaffung eines großen »Islamischen Staates«. Auch wenn dieser wegen seiner obszönen Radikalität mit dem Islam so wenig zu tun hatte wie der Ku-Klux-Klan mit dem Christentum.

Bewertung: Projekt gescheitert. Dem »Islamischen Staat« ist das Staatsgebiet abhandengekommen. Vor allem wegen seines größenwahnsinnigen Versuchs, gegen möglichst viele Mächte der Welt gleichzeitig Krieg zu führen.

2. Gründung der schlagkräftigsten Terror-Organisation der Welt. Mit der Fähigkeit, weltweit jederzeit große Anschläge zu verüben und im Mittleren Osten als Guerilla immer wieder Städte und Dörfer zu besetzen, um die jeweilige Staatsmacht zu destabilisieren.

Bewertung: Im Westen nicht im erhofften Maß gelungen. Im Mittleren Osten jedoch ist der IS noch immer erstaunlich stark. Selbst in seinen zerstörten Hochburgen wurde er nicht wirklich ausgeschaltet, sondern meist nur vertrieben. Er ist dabei, sich neu zu organisieren. Vom Jemen bis nach Afghanistan. Die überlebenden IS-Kämpfer präsentieren sich im Mittleren Osten als Helden, die gegenüber den vereinten Weltmächten nie kapituliert hätten. Im Mittleren Osten gilt der IS bei jungen Extremisten noch immer als attraktivste Terrormarke.

3. Provokation der Westens zum Eintritt in eine endlose, nicht zu gewinnende Auseinandersetzung. Zu Überreaktionen, die die Glaubwürdigkeit der Werte des Westens, seine rechtsstaatlichen Grundsätze und seine bürgerlichen Freiheiten gefährden würden. Und die – selbst im Falle einer Niederlage des IS – im Mittleren Osten zu einem nicht mehr beherrschbaren Chaos führen würden. Einem Chaos, von dem langfristig nur der Terrorismus profitieren würde.

Bewertung: Zunehmend erfolgreich. Auch wegen der Mithilfe mancher westlicher Politiker, denen rechtsstaatliche Grundsätze und Bürgerrechte gleichgültig sind. Und die das von ihnen angerichtete Chaos im Mittleren Osten als kreativ ansehen.

4. Spaltung der westlichen Gesellschaft durch islamistische Anschläge. Sie sollten Hass gegen Muslime erzeugen und einen Keil in unsere Gesellschaft treiben.

Bewertung: Wachsender Erfolg, ablesbar am weltweiten Erstarken antiislamischer Bewegungen und Parteien. Die Populisten und Islam-Feinde des Westens erkennen nicht, dass sie Erfüllungsgehilfen der Spaltungsstrategie des IS sind. Nützliche Idioten.

DER VERRAT DES IS AM ISLAM

Der IS hat nicht nur im Mittleren Osten und im Westen Schaden angerichtet. Er hat auch die Religion beschmutzt und verraten, hinter der er sich verbarg. Er bastelte sich einen »Do-it-yourself-Islam« und setzte ihn schamlos für seine terroristischen Zwecke ein. Oft argumentierte er ganz ähnlich wie die Feinde des Islam (siehe Seite 110 f.). Dabei verstieß er gegen unübersehbare Gebote des Islam:

1. Im Islam sind Angriffskriege verboten.[10]
2. Zivilisten dürfen nicht getötet werden.[11]
3. Religiöse Stätten dürfen nicht zerstört werden.[12]
4. Im Islam gibt es keinen Zwang in Glaubensfragen.[13]

Jedem gläubigen Muslim sind diese Gebote bekannt. Klarer als der IS kann man nicht gegen sie verstoßen. Die Propagandisten des IS hat das nie aufgehalten. Sie haben sich bei der Begründung der »Legitimation« ihres Terrors nie besondere Mühe gegeben. Hier zwei ihrer Lieblingsargumente:

- Nach der Überlieferung wurden Mohammed und seine Truppen in der Schlacht von Hunain im Jahr 630 aus einer Festung heraus mit Pfeilen angegriffen. Sie schossen mit einem Katapult zurück. Der IS argumentiert, der Prophet habe nicht gewusst, ob hinter der Festungsmauer möglicherweise ein Zivilist stehe. Daher sei das Töten von Zivilisten im Krieg erlaubt. Eine abenteuerliche Argumentation! Wie kann man aus der Beschießung einer Festung das Recht ableiten, in unseren Zeiten auf Weihnachtsmärkten bewusst Unschuldige zu ermorden?
- Gegenüber der Zivilbevölkerung des Westens argumentiert der IS: »Ihr lebt in einer Demokratie, ihr habt die Leute gewählt, die gegen uns Krieg führen. Damit seid ihr für diese Kriege mitverantwortlich. Deshalb dürfen wir euch töten.« Diese realitätsferne Argumentation überzeichnet die Möglichkeiten der Zivilbevölkerung in »repräsentativen Demokratien« wie in anderen Staatsformen, Kriege zu verhindern.

Der Prophet hätte nie so argumentiert. Kaum jemand hat sich konsequenter für den Schutz Unbeteiligter im Krieg eingesetzt als er. Er befahl seinen Truppen vor jeder Schlacht: »Ihr sollt nicht ausbeuten, keinen Verrat begehen, kein Neugeborenes, kein Kind, keine Frau und keine Jugendlichen töten.«[14]

Der Prophet hat von diesem umfassenden Schutz für Zivilisten nicht einmal Angehörige seiner Feinde ausgenommen. Selbst wenn sie Einfluss auf kriegerische Entscheidungen hatten. Auf den Koran und den Propheten kann sich der IS nicht stützen, wenn sich seine Anhänger inmitten unschuldiger Menschen in die Luft sprengen. Der IS weiß das.

IM RAUSCH DER KREUZZÜGLER

Die ärmliche theologische Argumentation der IS-Propagandisten konnte nur verfangen, weil sich ihre westlichen Anhänger nicht wirklich für Argumente interessierten. Sie befanden sich in einem kollektiven Rausch. Endlich hatten sie die Aufgabe ihres Lebens gefunden. Die jungen Leute aus aller Welt, die zu Tausenden nach Syrien zogen, sahen sich auf einer großen Mission. Wie einst jene Hunderttausende Kreuzzügler, die plündernd und mordend nach Jerusalem gezogen waren und im »heiligen Land« Staaten gegründet hatten. Auch ihnen hatte man gesagt: »Deus lo vult« – »Gott will es«.

DIE GEHIRNWÄSCHE DER IS-IDEOLOGEN

IS-Ideologen wie der Österreicher Mohammed Mahmoud hatten ihnen eingehämmert: Ihr seht zu, wie Muslime in Gaza, Afghanistan, Irak, Libyen und Syrien bombardiert werden. Wie unsere Mütter, unsere Schwestern, unsere Töchter angegriffen werden. Niemand rückt aus, um sie zu verteidigen. Welche Schande! Entweder wir stehen jetzt auf, oder wir werden für immer in dieser Erniedrigung leben. »Terrorismus ist Gottesdienst.«[15]

Die westlichen IS-Anhänger wollten in Syrien für ihre unterdrückten muslimischen Brüder und Schwestern kämpfen. Und notfalls für sie sterben. Wer nicht sieht, dass beim IS ursprünglich auch Idealismus dabei war, wird die damals hohe Attraktivität dieser Terrorgruppe im Westen nie verstehen. Er wird auch nie wirksame Gegenstrategien entwickeln können.

SYRIEN – DIE EINMALIGE CHANCE

Syrien war für viele Extremisten der zündende Funke. Assad war für sie zur Symbolfigur der Unterdrückung des Islam im Mittleren Osten geworden. Selbst westliche Medien bezeichneten Assad als »Schlächter«[16] seines eigenen Volkes,[17] als Kindermörder, als Blutsäufer.[18] Als Alawit war er für viele Dschihadisten gar kein echter Muslim, sondern »Knecht« der USA und Israels. Außerdem war Syrien praktischerweise nicht ganz so weit entfernt wie Afghanistan, wo viele ursprünglich hinwollten.

Der Zug Tausender fanatischer Extremisten nach Syrien hatte etwas Skurriles. Die Golfstaaten und der Westen hatten ihnen ein »rotes Tuch« hingehängt. Wie Kampfstiere stürmten sie drauflos. Und merkten nicht, dass sie ab jetzt an der Seite ihres Hauptfeindes USA kämpften. Der das Gleiche wollte: den Sturz des Assad-Regimes.

DER IS ALS GEGENKULTUR

Junge Menschen zwischen 15 und 35 leben oft in einer Protesthaltung gegenüber der Gesellschaft. Egal, ob Christen, Muslime, Juden oder Atheisten. Bei jungen Muslimen kommt hinzu, dass sie sich oft unerwünscht, an den Rand gedrängt fühlen. In dieser Lage hörten manche von ihnen vom IS und seiner angeblich coolen Revolution gegen die Moderne. Von seiner multinationalen Underdog-Gegenkultur[19] Sie hörten von einer bereits vor 1400 Jahren vorausgesagten Entscheidungsschlacht zwischen Gut und Böse im Norden Syriens. In der sie eine entscheidende, heldenhafte Rolle spielen konnten. Sie erfuhren, dass der IS in Syrien und im Irak verblüffende Erfolge erzielt hatte. Dass alle Feinde ihn fürchteten. Jeden Tag sahen sie, wie die Weltmedien atemlos über die Kämpfe des IS berichteten.

Viele träumten davon, dass eines Tages auch über sie berichtet würde. Weltweit. Oder wenigstens zu Hause. Wo sie niemand waren. Zum ersten Mal in ihrem Leben wären sie bedeutend. Der IS bot ihnen die Chance, innerhalb kurzer Zeit aus totaler Bedeutungslosigkeit zu weltweit bekannten »Helden« aufzusteigen. Zwar nur zu »Terror-Helden«. Aber hatte Mahmoud nicht gesagt: »Terrorismus ist Gottesdienst«?

DIE FASZINATION DER GEWALT

Im Internet und in Actionfilmen sahen die IS-Anhänger außerdem fast täglich, dass Gewalt in manchen Kreisen als heldenhaft, cool und geil galt. Und sie war einfach. Gewalt konnte jeder. Sie auch. Sie wussten, dass man mit brutaler Gewalt jede Gesellschaft schockieren kann. Fasziniert schlossen sie sich dem IS an. Und sahen sich als die Che Guevaras und Robin Hoods unserer Zeit. Als todesmutige Videospielkrieger. Als Samurai-Kämpfer des 21. Jahrhunderts. Statt mit einem Schwert, mit Maschinengewehr und Sprengstoffgürtel. In Jack-Wolfskin-Kleidung und Nike-Turnschuhen. Wenn das nicht lässig aussah!

Die irgendwann 30 000 Mann des IS in Syrien und im Irak sahen sich als Kämpfer gegen die Großmächte dieser Welt. Gegen den kalten Materialismus unserer Zeit, gegen die vorgespielten Werte des Westens. Gegen die brutalen westlichen Kriege und Ausbeutungen und gegen die Diskriminierung der Muslime weltweit. Der Kampf in Syrien gegen den »abtrünnigen, alawitischen Halbwestler« Assad sollte nur der Anfang sein.

Sie glaubten tatsächlich, sie kämpften gegen das Böse dieser Welt. Für die Kinder Palästinas, Afghanistans, des Irak, Libyens und Syriens. Gegen säkulare Diktatoren, gegen den Westen. Im Rausch des Anfangs sahen sie sich als glückliche Brüder und Schwestern, die den Sinn des Lebens und ein großes heiliges Ziel gefunden hatten. Den »Islamischen Staat«. Angeblich legitimiert durch eine große Religion.

DIE BLINDHEIT FÜR DIE EIGENEN VERBRECHEN

Dass viele der großen Versprechen der IS-Ideologen übertrieben waren, merkten sie schnell. Statt mit hübschen Mädchen in den Villen vertriebener Unterdrücker ein filmreifes, abenteuerliches Leben zu leben, hausten sie meist in armseligen, zugigen, ungeheizten Wohnungen mit Plumpsklo und kaltem Wasser.

Frustrierend war auch, dass sie nur selten Gelegenheit hatten, gegen amerikanische Soldaten als »Vertreter des Bösen« zu kämpfen. Die flogen in unerreichbarer Höhe weit über ihnen. Die IS-Kämpfer töteten fast nur Unschuldige, meist Muslime. Oder Jesiden. Ihr Fanatismus machte sie moralisch blind. Sie schufen neues Leid, statt Leid zu beseitigen. Sie waren so schlimm wie die, die sie bekämpfen wollten. Um aus ihrer Bedeutungslosigkeit herauszukommen, waren sie bereit, jedes Verbrechen zu begehen. Sie wurden Verbrecher.

IM WESTEN IST DAS FEUER DES IS ERLOSCHEN

Inzwischen schreiben wir 2019. Viele Träume des IS sind ausgeträumt, gescheitert am Größenwahn seiner Führung. Im Westen ist sein Ansehen auf den Nullpunkt gesunken. Selbst bei salafistischen Extremisten. Der IS hat kein Staatsgebiet mehr, keine Vision. Er hat sich durch seine Taten selbst widerlegt. Im Westen ist der IS nur noch eine blutige Terrorbande.

Im Mittleren Osten wird der IS jedoch weiter eine Rolle spielen. In welcher Gruppierung, unter welchem Namen auch immer. Zumindest vorerst. Weil Fairness und Gerechtigkeit für die westliche Politik gegenüber der muslimischen Welt noch immer Fremdwörter sind.

DIE ALTERNATIVE ZUR GEWALT

Der IS und unsere Kriege haben kein einziges Problem gelöst. Sie haben nur neue geschaffen. Mit Krieg und Terror lässt sich die Welt nicht verbessern. Mit gewaltfreiem Widerstand im Stile Gandhis sehr wohl. Er ist die einzig legitime Methode zur Bekämpfung der Ungerechtigkeiten unserer Zeit. Nur gewaltfrei kann man Missstände beseitigen, ohne neue zu schaffen. Doch gewaltfreier Kampf ist mühsam.

16. KAPITEL
WAS AUS IHNEN WURDE. DAS ENDE UNSERES IS-BEGLEITKOMMANDOS

DIE IS-FLAGGE ÜBER DEM WEISSEN HAUS?

Mein Sohn und ich hatten den IS Ende 2014 auf dem Höhepunkt seiner Macht erlebt. Die IS-Kämpfer sahen sich damals als Gründungsväter des letzten großen Reiches der Geschichte. Einer ihrer Chefpropagandisten, der Österreicher Mohammed Mahmoud, hatte vor seiner Ausreise aus Europa gesagt: »Unsere Flagge wird über dem Weißen Haus und dem Vatikan wehen. Oder wir werden sterben.«[1]

Die Flagge des IS weht weder über dem Weißen Haus noch über dem Vatikan. Mohammed Mahmoud aber starb Ende November 2018 in der Nähe von Deir ez Zor, Syrien. Bei einem US-Angriff.

DIE KUNST DER LÜGE IM KRIEG

Ein hochrangiger Sprecher des Pentagon erklärte Ende 2016, die US-geführte Koalition habe in den ersten zwei Jahren in Syrien und im Irak mindestens 50 000 IS-Kämpfer getötet.[2] Selbst wenn man weiß, dass Regierungen im Krieg nie die Wahrheit sagen, war dies eine kühne Behauptung.

Denn in Syrien und im Irak gab es zusammengerechnet nur 30 000 IS-Kämpfer. Von diesen war nach Schätzungen gut informierter Einheimischer vielleicht ein Drittel getötet worden. Zwei Drittel waren entkommen. Manche in ihre Heimatländer im Westen. Die meisten aber waren im Mittleren Osten untergetaucht. Viele, um abzuwarten. Und sich neu zu organisieren. Vielleicht hatte der hochrangige Pentagon-Beamte einfach die getöteten Zivilisten hinzugezählt. Dann lag er mit 50 000 Toten zumindest im Irak in der Nähe der Wahrheit.

JIHADI JOHN, ABU QATADA UND ABU LOTH

Unser Begleitkommando im Islamischen Staat hatte vor allem aus drei Personen bestanden. Den Deutschen Abu Qatada und Abu Loth sowie einem stets vermummten Engländer. Bei ihm handelte es sich mit hoher Wahrscheinlichkeit um den in Kuwait geborenen Briten Jihadi John, den »Henker« des IS. Alle drei gehörten der »Zentralen Medienabteilung« des IS an. Ihre Aufgabe war es, Ideologie und Erfolge des IS zu propagieren, beim Feind Furcht und Schrecken zu verbreiten und neue Rekruten anzulocken.

Chef unseres Begleitkommandos war der maskierte Brite. Er entschied – oft nach harten Diskussionen –, wohin wir durften und wohin nicht. Abends kontrollierte er Frederics Kameras. Und überprüfte jedes Bild. Er war das schroffste Mitglied unseres Begleitteams. Mit ihm hatten wir die schwersten Auseinandersetzungen.

JIHADI JOHNS STÄNDIGER BLICK ZUM HIMMEL

Auf den langen Strecken unserer Fahrt durch den »Islamischen Staat« war er auch unser Fahrer. Regelmäßig kurbelte er das Fenster seines Minivans herunter, um zu prüfen, ob wir von Drohnen verfolgt wurden. Er wusste, dass er von den großen Geheimdiensten der Welt gejagt wurde. Die USA hatten für seine Ergreifung ein Kopfgeld von fünf Millionen Dollar ausgesetzt.

Jihadi John starb so, wie er es befürchtet hatte. Elf Monate nach unserer Reise wurde er im syrischen Rakka beim Verlassen des Gerichtsgebäudes von zwei amerikanischen und einer britischen Drohne ins Visier genommen und getötet. »Evaporated«, »verdampft«, wie ein ranghoher US-Offizier begeistert erklärte.

ABU QATADA

Abu Qatada war schon im Frühjahr 2012 Richtung Syrien aufgebrochen. Zusammen mit Abu Loth, Mohammed Mahmoud und mehr als einem Dutzend weiterer Solinger Extremisten. Auch Jihadi John hatte zeitweise zu den Solingern Kontakt: Als er in England Probleme mit der Polizei bekam, soll er 2011 eine Woche lang bei ihnen untergetaucht sein.

In Syrien wollten die Solinger »Glaubensbrüdern in Not« helfen. Auch nur einen winzigen Beitrag zu leisten sei besser, als tatenlos in Deutschland herumzusitzen. Zumindest hatte ihnen das Mohammed Mahmoud immer wieder gesagt.

Abu Qatada war in der »Zentralen Medienabteilung« des IS für internationale Medienkontakte zuständig. Er war unser Hauptkontakt zum »Islamischen Staat«. Zusammen mit ihm hatten wir ab Frühsommer 2014 monatelang unsere IS-Reise vorbereitet. Im »Islamischen Staat« hatte er sich zumindest anfangs Mühe gegeben, uns korrekt zu behandeln. Erst als unser Streit mit Jihadi John eskalierte, war er deutlich auf Distanz zu uns gegangen.

Nach unserer Rückkehr aus dem »Islamischen Staat« hatte Frederic noch einige Male Kontakt mit ihm. Meist waren Abu Qatadas Skype-Nachrichten sarkastisch. Kurz nach der Lieferung deutscher Waffen an die kurdischen Peschmerga schrieb er: Sag Deinem Vater, »er soll den Politikern ausrichten, dass uns die G36-Gewehre gut gefallen. Aber vielleicht könnten sie nächstes Mal das neue HK416 schicken.«

Im Januar 2015 strahlten wir über Facebook und RTL ein Interview mit Abu Qatada aus, das wir in Mossul aufgenommen hatten.[3] Wir erreichten über fünfzehn Millionen Menschen. Abu Qatada beschwerte sich, das Interview werde für seine Mutter jeden Tag zu einem größeren Problem. Doch genau davor hatten wir ihn gewarnt. Wir hatten auf ihn eingeredet, jemand anderes für das Interview zur Verfügung zu stellen. Doch die Probleme seiner Mutter hatten Abu Qatada nicht interessiert. Mit dem Satz »Damit muss sie klarkommen« hatte er alle Bedenken weggewischt.

ABU QATADA IM GEFÄNGNIS?

Im Februar 2017, mitten im Endkampf um Mossul, meldete sich bei uns eine Verwandte Abu Qatadas. Abu Qatada sei in großen Schwierigkeiten. Er habe mit seinem Auto einen jungen Syrer totgefahren. Er sei zu einem »Blutgeld« von 20 000 Euro verurteilt worden und sitze nun in einem IS-Gefängnis in Rakka. Wenn er nicht bald zahle, werde er »exekutiert«. Ob wir einen Rat wüssten.

Zum Beweis schickte uns die Verwandte Abu Qatadas die Mails, die ihm ein IS-Mitglied angeblich aus Syrien geschickt hatte. Darin hieß es: »Ich bin der Einzige, der ihn zurzeit sehen darf (...). Er hat vierzig Tage Zeit. Elf Tage sind schon um. Zahlt er nicht, wird er hingerichtet. (...) Aus den Gesprächen mit ihm konnte ich heraushören, dass er, sofern er freikommen sollte, keine Lust mehr hat, hierzubleiben, und möglicherweise zurückkehren will (...). Normalerweise müsste ich diese Aussage melden, aber ich habe es nicht getan. Ich möchte ihn erst freibekommen.« Soweit die Mails des »Freundes« Abu Qatadas. Angeblich aus Syrien.

Doch was hatten Frederic und ich damit zu tun? Wir konnten und wollten nicht helfen. Auch aus rechtlichen Gründen. Außerdem war der genannte Betrag für »Blutgeld« viel zu hoch. Das Blutgeld lag in Rakka zwischen 2000 und 5000 Euro. Je nachdem, wer der Tote war. Die 20 000 Euro entsprachen ziemlich genau dem Betrag, den IS-Kämpfer benötigten, um mithilfe von Schmugglern aus dem »Islamischen Staat« herauszukommen. Versuchte hier jemand, Abu Qatada aus dem »Islamischen Staat« rauszukaufen? Was wurde hier gespielt? Wir teilten der Verwandten Abu Qatadas mit, dass wir nicht helfen könnten.

GEFÄLSCHTE SPENDENAUFRUFE?

Wenige Tage nach der rätselhaften Aktion zum Freikauf Abu Qatadas war ich mit Frederic in Syrien. Auf Facebook publizierten wir ein Foto beinamputierter syrischer Kinder. Kurz darauf erschien auf einer gefälschten Facebook-Seite unter meinem Namen ein Spendenaufruf für verwundete syrische Kinder. Der Verfasser schrieb gezielt Menschen an, die meinen Beitrag auf Facebook positiv kommentiert hatten.

Frederic ließ die gefälschte Seite sofort »deaktivieren«. Die türkische Polizei und die genannte türkische Bank sperrten das angegebene Konto. Doch die Geldsucher gaben nicht auf. Wenige Tage später fälschten sie Frederics Facebook-Seite. Und riefen erneut zu Spenden auf. Diesmal in Frederics Namen. Wieder grätschte Frederic dazwischen und veröffentlichte Warnhinweise.

Die Betrüger schienen aus dem syrisch-türkischen Grenzgebiet heraus zu operieren. Sie behaupteten, Frederic und ich seien dort mit dem Bau eines Kinderheims beschäftigt. Mit dieser Behauptung versuchten sie auch, eine junge deutsche Spenderin ins Grenzgebiet zu locken. Fast hätten sie es geschafft. Sie arbeiteten mit teuflischen Tricks.

Abu Qatada wird inzwischen mit internationalem Haftbefehl gesucht.

Er könnte noch leben. Nach Angaben aus Sicherheitskreisen irgendwo im Mittleren Osten. Vielleicht im Euphrat-Tal.

ABU LOTH, DER »FREUNDLICHE TERRORIST«

Der 25-jährige Abu Loth war der Umgänglichste in unserem Begleitkommando. Obwohl auch er extremistische Theorien vertrat. Auf dem Höhepunkt unserer Auseinandersetzungen mit Jihadi John war er der Einzige, der freundlich blieb. Und am Ende noch bereit war, in derselben Wohnung zu schlafen wie Frederic und ich.

Wir hatten ihn mehrfach nach seiner Aufgabe beim IS gefragt. Er hatte nur gelächelt. Lieber unterhielt er sich mit Frederic über dessen Kameraausrüstung. Filmen schien eines seiner Hobbys zu sein. Er fragte Freddy oft, warum er nicht noch mehr filme. Warum er heute nicht dieses oder jenes aufgenommen habe. Wenn Frederic filmte, stellte er sich meist neben ihn. Seine konkrete Tätigkeit beim IS aber blieb sein Geheimnis.

Bis Frederic 2016 im Internet ein überraschendes Foto fand. Es zeigte Abu Loth beim Filmen einer Hinrichtung in Palmyra. Die Aufnahme verschlug uns die Sprache. Wir waren 2014 offenbar nicht nur mit dem »Henker« des IS, sondern auch mit seinem Kameramann unterwegs gewesen. Oder einem seiner Kameramänner.

ABU LOTHS LIEBE ZU SEINER MUTTER

Die Angst vor dem Tod und die Liebe zu dieser Welt habe er überwunden, hatte uns Abu Loth gesagt. Die Liebe zu seiner Mutter hatte er nie aufgegeben. Er verehrte sie. Trotzdem hatte er sie und seine Familie verlassen. Angeblich um Verwandte in Belgien zu besuchen. Als er damals das Haus verlassen hatte, wusste er, dass es ein Abschied für immer war. Er war ins Auto seiner Freunde gestiegen, dann waren sie losgefahren.

Doch irgendetwas hatte ihn zurückgetrieben. Seine Mutter erinnert sich noch genau, wie er wenige Minuten später noch einmal ins Haus gestürmt war und sie lange angeschaut hatte. Dann hatte er sich abrupt umgedreht und war verschwunden. Sein Vater war ihm noch hinterhergerannt. Vergeblich.

Dann hatte die Familie lange nichts mehr von ihm gehört. Erst ein Jahr später rief Abu Loth seine Mutter an. Als sie das Telefon abnahm und seine Stimme hörte, ließ sie vor Schreck den Hörer fallen. Er musste noch mal anrufen. Es gehe ihm gut, sagte er. Er sei in Syrien und helfe Menschen. Wenn er im Krieg sterbe, werde er als Märtyrer, als »Schahid«, ins Paradies kommen. Sie solle sich keine Sorgen machen. Dann legte er auf.

EINE FAMILIE GEHT DURCH DIE HÖLLE

Abu Loths Worte stürzten seine Mutter in tiefe Verzweiflung. Sie hatte noch immer gehofft, ihr Sohn sei vielleicht doch nur nach Ägypten gereist, um dort weiterzustudieren. Er hatte ja in Solingen ein vielversprechendes Leben vor sich. Er hatte ein tolles Abitur gemacht und stand vor seiner Bachelor-Prüfung in Wirtschaftschemie. Ihr Junge war kein Dschihadist, sagt sie noch heute. Er konnte überhaupt kein Blut sehen. Er hatte nie Bart getragen, nie Salafisten-Kleidung angehabt. Er war leidenschaftlicher Fußballer gewesen, ja sogar Jugendschiedsrichter.

Seit seinem Anruf ging die Familie durch die Hölle. Der, auf den sie alle so stolz waren, war »Terrorist« geworden? Abu Loths Mutter begann Tabletten zu nehmen, sein Vater führte Selbstgespräche. Monatelang saß er rund um die Uhr vor dem TV-Gerät. Er schlief kaum noch und wollte mit niemandem sprechen. Die fast tägliche Berichterstattung der Medien über den Krieg und später den IS wurde für die Familie zum Albtraum. Egal, ob der IS mordete oder die Antiterror-Koalition. Wie vor den Kopf geschlagen saßen sie vor dem Fernseher. Da war ihr Sohn dabei?

»DIE AMERIKANER WERDEN NIE GEGEN UNS GEWINNEN«

Abu Loth rief nun alle paar Monate an. Vor seinem Bruder gab er auch schon mal kräftig an: »Das ist heftig hier. Hollywood ist nichts dagegen! Manchmal kämpfen wir drei Tage lang durch und sind trotzdem vollkommen ruhig und fokussiert. Weißt du was? Die Amerikaner werden nie gegen uns gewinnen. Weil wir den Tod mehr lieben als das Leben.« Seiner Mutter gegenüber war er nachdenklicher. Er gestand ihr, dass er manchmal zweifle, ja sogar bereue. Doch dann versuche er, diese »negativen Gefühle« zu vertreiben.

WOLLTE DER IS UNS AUSSCHALTEN?

Abu Loth hatte seiner Mutter auch von Frederic und mir berichtet. Sehr konkret und detailliert. Darüber, dass es für uns wegen der ständigen Kontroversen mit unserem IS-Begleitkommando am Ende »ganz eng« geworden sei. Die Mehrheit der IS-Leute sei dafür gewesen, unsere Reise durch den »Islamischen Staat« vorzeitig zu beenden. Uns auszuschalten. Endgültig. Die überwiegende Meinung unserer Begleiter im »Islamischen Staat« sei gewesen: »Die werden nur Schlechtes über uns berichten. Wir dürfen sie nicht zurückgehen lassen.«

Er, Abu Loth, habe versucht, die aufgeheizte Lage zu beruhigen. Wenn man die Sicherheitsgarantie Al-Baghdadis nicht einhalte, sei der Schaden noch größer. Mehrere Stunden hätten sie erregt, hitzig, und teilweise sehr laut diskutiert. Abu Qatada habe wild herumgebrüllt. »Erst ganz am Ende haben sie eingesehen«, so Abu Loth zu seiner Mutter, »dass es mehr Schaden bringt, wenn der IS seine Sicherheitsgarantie bricht und sie jetzt umbringt.«

DAS KLEINE GLÜCK DES ABU LOTH

Abu Loth war mit Vanessa verheiratet. Sie hatten sich im »Islamischen Staat« kennengelernt und ineinander verliebt. Auch Vanessa stammte aus Deutschland. Mitte 2014 bekamen sie ihr erstes Kind, einen Sohn. Abu Loth schrieb seiner Mutter, er sei sehr glücklich. Vanessa kümmere sich täglich fast 24 Stunden um den Kleinen. Immer wieder schickte er Fotos. Doch auf den Bildern sah er nachdenklich und traurig aus. Im August 2016 hatte seine Mutter zum letzten Mal mit ihm telefoniert. Sie würde ihn gerne noch einmal sehen, bevor sie sterbe. Abu Loth hatte ausweichend geantwortet, er glaube nicht, dass das klappe.

DIE »FROHE BOTSCHAFT«

Ende 2016 erhielt seine Familie vom IS die Nachricht: »Wir bringen Ihnen die frohe Botschaft, dass Ihr Sohn jetzt Märtyrer ist.« Abu Loth war tot. Er war in Manbidsch, im Norden Syriens, schwer verletzt in ein Krankenhaus gebracht worden. Dort hatte ihn die Rakete einer Drohne getötet. Gezielte Tötung?

Abu Loth hatte immer davon geträumt, als Märtyrer zu sterben. Die oberste Stufe des Paradieses zu erklimmen. Das Diesseits für das Jenseits aufzugeben. Einen Moment des Schmerzes gegen die Ewigkeit des Glücks zu tauschen. Seine Familie wurde durch seinen Tod in eine Ewigkeit von Trauer, Schwermut und Verzweiflung gestürzt.

ABU LOTHS KINDER

Einen Monat nach Abu Loths Tod brachte Vanessa ihr zweites Kind zur Welt. Was aus ihr und den Kindern wurde, ist uns nicht bekannt. Vielleicht sind sie tot. Vielleicht sind sie in einem kurdischen Gefangenenlager im Norden Syriens. Vielleicht werden sie eines Tages freikommen. Abu Loths Kinder werden es schwer haben, sich aus seinen tragischen Verstrickungen in Terror und Tod zu befreien. Wer wird ihnen dabei helfen?

17. KAPITEL
ZU BESUCH BEI ZWEI TODFEINDEN: SAUDI-ARABIEN UND IRAN

REISE NACH SAUDI-ARABIEN

»KOMMEN SIE NACH RIAD!«

Anfang 2017 hatte ich in Berlin ein packendes Gespräch mit dem neuen Botschafter Saudi-Arabiens, Awwad S. Alawwad. Einem 45-jährigen dynamischen, elegant westlich gekleideten Mann. Er schwärmte von der »neuen Politik« Saudi-Arabiens. Ich müsse sie mir unbedingt ansehen. Leider konnten wir unser Gespräch nicht fortsetzen, weil Alawwad kurz danach zum Kultur- und Informationsminister ernannt wurde. Doch die Idee einer erneuten Reise nach Saudi-Arabien hatte sich in meinem Kopf festgesetzt. Ich bat um ein Visum und bekam es zu meiner Überraschung sofort.

WENN DER DEUTSCHE BOTSCHAFTER ZUR ABSAGE RÄT

Anfang Januar 2018 sollte es nach Riad gehen. Kurz vor Reisebeginn riet mir der deutsche Botschafter in Saudi-Arabien telefonisch dringend von der Reise ab. Zwischen Berlin und Riad gebe es große Verstimmungen, weil Außenminister Sigmar Gabriel von »außenpolitischem Abenteurertum«[1] der Saudis gesprochen hatte. Gabriel bemühe sich seit zwei Monaten vergeblich um einen Termin mit seinem saudischen Amtskollegen. Auch ich würde keine Termine bekommen.

Eine Rückfrage bei der saudischen Botschaft in Berlin ergab jedoch, dass meiner Reise nichts im Wege stehe. Man werde mich, wie besprochen, am Flughafen in Riad abholen. Ich war überrascht, wie locker die Saudis mit meinem Besuch umgingen. Ich war schließlich erst kurz zuvor aus dem Jemen zurückgekehrt und hatte den saudischen Krieg im Jemen hart kritisiert.

WIE ICH DIE SYMPATHIE MEINES SAUDISCHEN FAHRERS GEWANN

Wenige Tage später wurde ich am Flughafen von Riad von einem saudischen »Abholkommando« empfangen. Mit gepanzerter schwarzer Limousine. Der arabisch gekleidete Fahrer Faisal und sein Begleiter erklärten, Wagen und Fahrer stünden mir während der ganzen Woche zur Verfügung. Jetzt würden sie mich erst einmal im Prachthotel Narcissus unterbringen. Als Gast des Königreichs. Ich erwiderte freundlich, dass das leider nicht gehe. Weil ich längst ein anderes Hotel gebucht hätte und vor allem selbst bezahlen würde. Wie auf all meinen Reisen. Faisal schaute mich staunend an. »Toll«, sagte er. Dass in Saudi-Arabien ein Gast trotz ausdrücklicher offizieller Einladung selbst bezahlte, schien ungewöhnlich zu sein.

In meinem Hotel prüfte ich meine E-Mails. Gerade war eine Nachricht von Prinz Turki ibn Faisal eingegangen, dem Sohn des 1975 ermordeten Königs Faisal. Er bat mich, ihm gleich nach meiner Ankunft mitzuteilen, wann wir uns sehen könnten. Wusste er, dass ich seinen Vater gekannt hatte?

ERINNERUNGEN AN MEINE AUDIENZ BEI KÖNIG FAISAL

1973 hatte ich als junger Abgeordneter bei seinem Vater, König Faisal, eine Privataudienz gehabt. Während der sogenannten »Ölkrise«. In jenen Tagen stand Saudi-Arabien – ganz anders als heute – kämpferisch an der Seite von Syrien und Ägypten, die gerade gegen Israel den »Jom-Kippur-Krieg« verloren hatten. Faisal wollte mit einer kräftigen Drosselung der Ölfördermengen den Westen für die militärische Unterstützung Israels abstrafen. Das gelang ihm auch. In Deutschland gab es an vier Sonntagen ein allgemeines Fahrverbot.[2] Die Wirtschaftskrise in Deutschland verschärfte sich.

Ich hatte mit König Faisal ein ernstes Gespräch. Der Monarch wollte sein Land aus den engen Bindungen zu den USA und aus der Rolle eines reinen Erdölproduzenten herausführen. Er war ein beeindruckender Mann. Zwei Jahre später wurde er ermordet. Das war lange her.

Inzwischen stand Saudi-Arabien an der Seite Israels und bekämpfte seinen früheren Partner Syrien. So ändern sich die Zeiten. Politik ist eine Hure.

DER GEHEIMNISVOLLSTE ALLER PRINZEN

Jetzt saß ich Faisals Sohn Turki gegenüber. Vornehm arabisch gekleidet. Er war eine geheimnisumwitterte Gestalt. Über 23 Jahre lang war er Chef des saudischen Auslandsgeheimdienstes gewesen. Und hatte engste Kontakte zu den Mudschahedin und ihren Nachfolgern, den Taliban, gehabt. Auch Bin Laden hatte er persönlich gekannt. Zehn Tage vor den Anschlägen des 11. September war er überraschend als Geheimdienstchef zurückgetreten. Jeden, der das mit 9/11 in Verbindung brachte, hatte er gerichtlich in die Knie gezwungen. Seine Sympathie für Rebellen war allerdings ungebrochen. Mehrfach hatte er sich öffentlich für eine stärkere Waffenhilfe für »gemäßigte« syrische Rebellen ausgesprochen.

Ruhig und freundlich erklärte mir der Prinz, man habe lange versucht, den syrischen Präsidenten Assad zu einer maßvolleren Politik zu bewegen. Vergeblich. Mit den radikalen Rebellen von Jabhat Al-Nusra habe man allerdings nichts zu tun. Mit dem »verrückten« IS sowieso nicht. Für die katastrophale Entwicklung in Syrien sei Saudi-Arabien nicht verantwortlich. Die Zukunft der arabischen Welt sehe er trotz allem optimistisch. Die innerarabischen Konflikte würden eines Tages überwunden werden. Auch die europäischen Mächte hätten fast endlos Krieg gegeneinander geführt. Er setze auf die junge Generation.

DER STREIT SAUDI-ARABIEN GEGEN DEN IRAN – MUTTER VIELER KONFLIKTE IM MITTLEREN OSTEN?

Ich fragte ihn, warum Saudi-Arabien nicht versuche, eine friedliche Lösung mit dem Iran zu finden. Gemeinsam mit dem Iran sei Saudi-Arabien doch viel stärker. Und unabhängiger. Prinz Turki antwortete, niemand in seinem Land wolle Krieg gegen den Iran. Doch der Iran müsse auf Saudi-Arabien zukommen. Die Aggression gehe schließlich von Teheran aus. Nicht Saudi-Arabien bringe seine Truppen ins Ausland, sondern der Iran. Saudi-Arabien habe kein Interesse daran, andere Länder zu erobern.

Der Iran habe sich bis heute nicht einmal für die Zerstörung der saudischen Botschaft in Teheran vor zwei Jahren entschuldigt. Die Botschaft war nach der Hinrichtung eines bedeutenden schiitischen Geistlichen in Saudi-Arabien von einem randalierenden Mob mit Molotowcocktails beworfen und angezündet worden.*

Die Feindschaft zum Iran saß tief. Selbst bei diesem weltoffenen Mann. Und doch verstärkte das Gespräch meinen Eindruck, dass es auch im saudisch-iranischen Konflikt Lösungen gab. Geben musste. Auch im Interesse Saudi-Arabiens. Der Konflikt zwischen Saudi-Arabien und dem Iran ist – neben dem Palästinakonflikt – Hintergrund fast aller Konflikte im Mittleren Osten. Die amerikanische und die israelische Regierung scheinen diesen Konflikt zu lieben. Weil er die muslimische Welt in zwei Lager spaltet und schwächt. Und ihnen das Geschäft erleichtert: Divide et impera – teile und herrsche!

Ich vereinbarte mit Prinz Turki, dass wir uns bald zu einem weiteren Gespräch treffen würden. Wir waren in den letzten Jahrzehnten häufig an denselben Brennpunkten der Welt unterwegs gewesen. In Afghanistan, Pakistan, Syrien und Palästina. Und hatten dort gemeinsame Bekannte. Wir waren in vielen Punkten unter-

* Der iranische Präsident Rohani hatte den Angriff auf die Botschaft öffentlich scharf verurteilt. Eine direkte Entschuldigung gegenüber den Saudis blieb wohl aus.

schiedlicher Meinung. Doch es lohnte sich, mit diesem Mann zu sprechen, den manche den heimlichen Außenminister Saudi-Arabiens nennen.

SAUDISCHE MÄDCHEN OHNE KOPFTUCH?

Bei Awwad S. Alawwad, dem saudischen Kultur- und Informationsminister, den ich als Botschafter in Berlin kennengelernt hatte, ging es zu wie in einem modernen westlichen Unternehmen: Junge Leute saßen in lässiger Kleidung vor Computern, Mädchen liefen in Jeans herum, einige ohne Kopfbedeckung. Nur eine zog schnell ihr Kopftuch hoch, als ich vorbeiging.

Wie Prinz Turki war der Minister traditionell arabisch gekleidet. Anders als in Berlin trug er das Thob, ein helles landestypisches Langhemd. Und auf dem Kopf die Ghutra, ein rot-weiß gemustertes Tuch, fixiert mit der Oqaal, einer kunstvoll geflochtenen schwarzen Kordel.

An dem betont freundlichen Gespräch nahmen der Vizeminister und eine Abteilungsleiterin teil. Laut Alawwad hatte in Saudi-Arabien eine »Zeit des Wandels« begonnen, gesellschaftlich und religiös. »Reden Sie auf den Straßen mit den jungen Leuten, und Sie werden es erleben!« Ich erzählte ihm von den Mädchen ohne Kopftuch, die ich in einem der Büroräume gesehen hatte. Er lachte: »Wirklich?« Das müsse ein Versehen sein. Vielleicht sei das Kopftuch gerade heruntergerutscht. »Bei drei Mädchen?«, fragte ich schmunzelnd. »Möglich«, antwortete er lachend. »Hier geht's rund.«

Dass Frauen demnächst Auto fahren und Fußballspiele besuchen dürften, dass öffentliche Kinos und Konzerte erlaubt würden, sei nur der Anfang. Kronprinz Mohammed Bin Salman, »MBS« genannt, reagiere damit auf die Wünsche der Jugend. Die Welt werde sich über seine Reformen noch wundern.

Auch Korruption werde hart bekämpft. Einen Monat zuvor waren über dreißig ultrareiche Saudis festgenommen worden. Darunter Mitglieder der Königsfamilie und Minister. Da man ihnen die ungewohnte Härte saudischer Gefängniszellen ersparen wollte, hatte man sie im Luxushotel Ritz-Carlton untergebracht. Wurde dort gefoltert, wie Gegner des Königshauses behaupteten? MBS wollte schließlich hundert Milliarden Dollar »Diebesgut« von den »korrupten Reichen des Landes« zurückholen.[3] Alawwad verteidigte die Festnahmen energisch. Man werde nicht zulassen, dass das Volk bestohlen werde. Die Täter müssten ihr Diebesgut zurückgeben.

PLÄDOYER FÜR EINEN »GEMÄSSIGTEN ISLAM«

MBS stehe für einen gemäßigten Islam. So wie dieser bis 1979 praktiziert worden sei. Das Leben in Saudi-Arabien sei früher lockerer gewesen. Erst 1979 habe es einen Kurswechsel zu einem strengeren Islamverständnis gegeben. Hauptanlass sei die islamische Revolution im Nachbarland Iran gewesen. Die saudische Führung habe befürchtet, man werde auch ihr vorwerfen, nicht islamisch genug zu sein. Dieser Gefahr habe man vorbeugen wollen.

1979, kurz nach der Revolution im Iran, hatten in der Tat mehrere Hundert schwer bewaffnete Extremisten in Mekka die große Moschee gestürmt und zum Sturz des Königshauses aufgerufen. Französische Elitekämpfer hatten mithelfen müssen, die Moschee zu befreien. Die Lage des Königshauses war damals dramatisch.

Das alles sei nun vorüber, erklärte Alawwad. Jetzt gelte wieder der gemäßigte Islam. Der stehe für Gerechtigkeit und Toleranz. Auch gegenüber anderen Religionen. Saudi-Arabien habe als Geburtsland des Islam die Kompetenz, die Religion zu reformieren.

DIE »VERBRECHER« IM IRAN

Beim Thema Iran kam es zu einem offenen rhetorischen Schlagabtausch. Alawwad konterte jetzt jedes meiner Argumente. Nicht immer diplomatisch, aber eloquent. Seine Mitarbeiter hörten gebannt zu. Sie genossen unser Streitgespräch.

Ich nannte Argumente für Verhandlungen mit dem Iran. Er

nannte Gegenargumente. Mit dem Iran mache das alles keinen Sinn – das seien Verbrecher. Das Gespräch wurde immer lebhafter.

Irgendwann nahm er erschöpft sein Kopftuch samt Kordel ab und rieb sich den Kopf. »Das Ding kratzt«, sagte er und ließ sich in seinen Stuhl zurückfallen. Wir hatten anderthalb Stunden leidenschaftlich diskutiert. Alawwad würde in jedem westlichen Land Karriere machen.

IM INTELLEKTUELLEN »UNTERGRUND« SAUDI-ARABIENS

In der Wohnung eines saudischen Geschäftsmanns traf ich mich mit saudischen »Intellektuellen«. Sie waren von den Reformen nicht ganz so begeistert. Zwar begrüßten sie die gesellschaftliche Öffnung. Allerdings sei sie allenfalls eine Annäherung an den Standard in anderen arabischen Ländern. Manche der Reformen erreichten auch nur wenige Leute. Viele könnten sich teure Konzertkarten gar nicht leisten. Und Privatkinos habe es in Saudi-Arabien schon früher gegeben: Man habe sich in Privatwohnungen getroffen und dort vor einer großen Leinwand gegen ein kleines Entgelt Filme angeschaut.

Die Abwendung von der radikalen Auslegung des Islam sei allerdings uneingeschränkt positiv. Aber sie erfolge nur, weil der Extremismus dem Ansehen Saudi-Arabiens weltweit geschadet habe. Das Königshaus wolle aus der Extremismus-Ecke raus.

Korruption sei in Saudi-Arabien in der Tat ein großes Problem. Für MBS sei sie allerdings nur ein Vorwand, um politische Gegner auszuschalten. MBS persönlich verhalte sich auch nicht anders als die, die er gerade wegen Korruption festgenommen habe. Sein luxuriöser Lebensstil sei berüchtigt. Er habe sich für 500 Millionen Dollar eine der größten Jachten der Welt gekauft und für 300 Millionen ein Schloss in Frankreich.

ANGST UND EINSCHÜCHTERUNG?

Unter MBS herrsche in vielen Kreisen ein »Klima der Angst und Einschüchterung«. Es gebe keine Freiheit des Denkens mehr. Selbst moderate Kritik sei nicht mehr möglich. Gerade seien über siebzig Intellektuelle ins Gefängnis geworfen worden. Unter den Enkeln des Staatsgründers Ibn Saud finde ein erbarmungsloser Machtkampf statt. MBS betreibe regelrechte Säuberungen. Skrupellos, erbarmungslos, schonungslos. Sein Motto laute: »Saudi-Arabien, das bin ich. Nur ich.«

Von Donald Trump habe er freie Hand, »carte blanche«, bekommen. Er dürfe alles: die Menschenrechte mit Füßen treten, foltern und bombardieren, wen er wolle. Solange er einigermaßen den Schein wahre. Und in den USA investiere, amerikanische Waffen kaufe sowie Statthalter der Interessen Washingtons im Mittleren Osten sei. Das sei der Deal mit Trump. Jeder wisse das. Das Urteil der Intellektuellen über MBS war vernichtend. Das war neun Monate vor der brutalen Ermordung des saudischen Journalisten Jamal Khashoggi.

DIE BEFREIUNG AUS DER WAHHABITISCHEN GEFANGENSCHAFT

Als die drei gegangen waren, sagte mein saudischer Gastgeber, das Urteil seiner Freunde sei hart ausgefallen. MBS versuche sein Land für die Zukunft fit zu machen. In Saudi-Arabien gebe es gegen jede Veränderung starken Widerstand. Den könne der Kronprinz nur überwinden, wenn er alle Macht auf sich konzentriere. Das habe die Geschichte immer wieder bewiesen.

MBS müsse sein Land darauf vorbereiten, dass die Ölquellen eines Tages versiegen könnten. Oder die Ölpreise einbrächen. Das Bevölkerungswachstum sei dramatisch. Die Einwohnerzahl sei von 1960 bis 2017 von 4 auf 33 Millionen gestiegen.[4] Nach Jahrzehnten des Überflusses kämen jetzt härtere Zeiten, in denen jeder arbeiten müsse. Die Mittel- und Oberschicht sei harte Arbeit aber nicht gewohnt. MBS müsse die gesamte Wirtschaft umstellen.

Gleichzeitig müsse er sein Land aus der Gefangenschaft der

extremen wahhabitischen Gelehrten befreien. Das sei eine Herkulesaufgabe, die im Westen unterschätzt werde. Die Entscheidungen von MBS seien dramatisch. Durch seine kompromisslose Haltung gegenüber dem schiitischen Iran versuche er auch, die religiösen und konservativen Eliten seines Landes ruhigzustellen. Ob er das auf Dauer schaffe, sei fraglich. MBS habe letztlich einen Staatsstreich durchgeführt. Das Gleiche könne auch ihm passieren. Morgen schon. MBS wisse das. Doch er habe keine Wahl.

Auch ich sehe die leichte gesellschaftliche Öffnung in Saudi-Arabien als positiv an. Vor allem die angekündigte Abkehr vom religiösen Extremismus. Doch all das rechtfertigt nicht die unbeschreibliche Brutalität, mit der der Kronprinz gegen politische Gegner vorgeht. Nach allem, was ich in Riad erfahren musste, ist der Fall Khashoggi nur die Spitze eines Eisbergs.

DIE PRACHTSTRASSEN VON RIAD

Abends zog ich mit Bekannten durch die Innenstadt von Riad. Ihr Luxus übertrifft die Reichenviertel von Los Angeles. Selbst dort hatte ich keine derartigen Prachtstraßen gesehen. Ihr Prunk erdrückte mich. Riad will amerikanisch sein. Kalifornisch. Und ist es auch. Jedenfalls wenn man den männlichen Teil der Bevölkerung betrachtet: enge Jeans, Sweater, alles in dunklen Farben. In der Localizer Mall, einem Einkaufszentrum, spielten die Kinder der Reichen Computerspiele. Aßen Pommes oder Pizza, tranken Coca Cola. Wie Westler. Die meisten jungen Frauen aber waren noch immer tief verschleiert. Lediglich ihre dunkel funkelnden Augen waren zu sehen. Von Gleichberechtigung können die Frauen Saudi-Arabiens nur träumen.

Von Arabien aus waren Mohammeds Wüstensöhne aufgebrochen, die Welt zu erobern. Sie hatten eine der größten Zivilisationen der Menschheitsgeschichte geschaffen. Einen großen Traum gehabt und verwirklicht. Heute war der Traum vieler junger Saudis, amerikanisch zu leben. Ihre Werte waren blanker Materialismus.

Saudi-Arabien hat seine historische Rolle noch nicht wiedergefunden.

Auf dem Nachhauseweg fuhren wir am Ritz-Carlton-Hotel vorbei. In den meisten Zimmern brannte noch Licht. Hier saßen die reichsten Gefangenen der Welt. Würden sie ihre Milliarden wirklich freiwillig hergeben?

VON RIAD NACH TEHERAN – EIN KULTURSCHOCK

Eigentlich ist es einfach, von Riad nach Teheran zu fliegen. Selbst mit Zwischenlandung in Kuwait braucht man weniger als acht Stunden. Doch kein führender saudischer Politiker fliegt nach Teheran, kein iranischer nach Riad. Beide Staaten scheinen in Feindschaft erstarrt.

Ich hatte Teheran schon mehrfach besucht. Diesmal war es ein Kulturschock. Nach der demonstrativ zur Schau gestellten Pracht von Riad fiel mir die trotzige graue Armut Teherans besonders auf. Alles war kleiner, die Autos zwei Nummern, die Häuser drei. Unter Sanktionen gedeiht kein Wohlstand.

WENN IRANER HOCHZEIT FEIERN

Ihre Fröhlichkeit haben die Iraner dennoch nicht verloren. In meinem Hotel fand gerade ein Hochzeitsfest statt. Das musste ich mir natürlich anschauen. In einem kleinen Saal feierten fünfzig Hochzeitsgäste. Fröhliche Reden wurden geschwungen. Eine Hälfte der Frauen hatte ihr Kopftuch abgenommen, die andere trug es tief im Nacken. Eine Frau war sogar im Minirock erschienen. Man konnte schließlich nicht bei allem auf die Mullahs hören. Anders als in Saudi-Arabien haben im Iran viele Frauen die Fesseln der Vergangenheit längst abgeworfen.

Die Eltern des Brautpaares luden mich ein, mitzufeiern. Ich lehnte dankend ab. Doch alle schienen sich zu freuen, dass ich der Feier wenigstens von der Tür aus zuschaute.

DAS JEMENPROBLEM

Im Iran führte ich – endlich wieder mit Frederic an der Seite – zahlreiche politische Gespräche. Mit dem Außenminister, dem Vizepräsidenten und mehreren Militärchefs.

Auch die Iraner behaupteten, die Mittelstreckenraketen, die die jemenitischen Huthis gegen Saudi-Arabien abfeuerten, seien umgebaute alte russische Flugkörper. Die Behauptung der USA, die Waffen würden auf humanitären Schiffen über den Hafen Hudaida in den Jemen gebracht, sei nicht ernst zu nehmen. Riesige Mittelstreckenraketen könne man nicht in Kisten versenden. Außerdem kämen kaum noch Hilfsschiffe nach Hudaida durch. Seit 2016 habe der Iran keine Möglichkeit mehr, irgendetwas in den Jemen zu transportieren. Man habe es ein ganzes Jahr lang nicht einmal geschafft, den stellvertretenden iranischen Botschafter aus Sanaa nach Teheran zurückzuholen. 2016 habe ein ziviles iranisches Flugzeug versucht, mit medizinischen Hilfsgütern nach Hudaida zu fliegen. Zwei saudische Jets seien aufgestiegen und hätten den Piloten signalisiert, dass sie umdrehen müssten. Als diese sich weigerten, hätten die Saudis die Landebahn von Hudaida bombardiert. Das iranische Flugzeug habe abdrehen müssen.

Zu behaupten, die Huthis seien eine iranische Miliz, sei nicht seriös. Die Huthis machten seit jeher ihr »eigenes Ding«. Allerdings sei der Iran im Jemen heute einflussreicher als vor dem Krieg. Obwohl er dort kein Militär habe. Weil niemand – außer dem Iran – den Huthis politisch beistehe. Ohne die saudischen Bomben auf den Jemen wäre der politische Einfluss des Iran im Jemen geringer.

WER SAGT DIE WAHRHEIT?

Nach meinen Recherchen im Jemen vermute ich, dass es bis 2015 eine enge Zusammenarbeit zwischen den Huthis und dem Iran gab. Bis heute profitieren die Huthis vom Know-how jener Zeit. In unseren Tagen ist eine nennenswerte militärische Präsenz des Iran im Jemen nicht mehr wahrscheinlich. Sie ist auch nicht nötig. Vielleicht gibt es noch ein Dutzend junger iranischer Berater, die nach

2015 einfach dablieben. Und einige Hisbollah-Berater. Ähnlich machen es die Amerikaner in vielen Krisengebieten der Welt. Außerdem gibt es Internet und Handys, über die die Huthis kommunizieren können. Nicht nur mit den Iranern. Über Internet kann man heute jede Information und jeden Konstruktionsplan bekommen. Nicht nur aus dem Iran. Auch ich telefoniere regelmäßig mit den Huthis. Und mit Vertretern der vom Westen anerkannten Regierung, die die Huthis bekämpfen.

ÖL, EIN GESCHENK DES TEUFELS

Es war mein siebter Besuch im Iran. Aber mein erster unmittelbar nach einer Reise nach Saudi-Arabien. Der Iran ist ganz anders als Saudi-Arabien. Ich glaube, dass der Ölreichtum für die Saudis ein Unglück war. Ein Geschenk des Teufels. Die Menschen dort haben dadurch bis heute eine Rundumversorgung. Von der Krippe bis zum Sarg. Nur wenige müssen hart arbeiten. Das überlässt man billigen Arbeitskräften aus Asien. Viele übertragen die Erziehung ihrer Kinder Tagesmüttern aus Nepal, Sri Lanka oder Äthiopien.

Saudi-Arabien hat zu lange über seine Verhältnisse gelebt. Jetzt steckt es in einer Finanzkrise. Und muss sparen. Darauf sind die Menschen nicht vorbereitet. In der Sportwelt würde man sagen: Sie haben einen »Trainingsrückstand«. Seit Jahrzehnten. Vor allem die Männer. Es könnte lange dauern, bis sie ihn aufholen.

Die Iraner hingegen mussten in den letzten Jahrzehnten immer kämpfen. Sie lernten, dass ihr Lebensstandard vor allem von ihrer persönlichen Leistung abhing. Das machte sie stark. Die iranische Führung gibt viel weniger für ihr Militär aus als die Saudis. Und doch sind die iranischen Sicherheitskräfte wahrscheinlich stärker als die saudischen. Weil sie motivierter sind.

Auch den Iranern hat das Öl kein Glück gebracht. Die Probleme mit dem Westen eskalierten, als der Iran in den 50er-Jahren »seine« Ölfirmen verstaatlichte und weitgehend dem englischen und amerikanischen Einfluss entzog. In dieser Frage versteht die westliche »Wertegemeinschaft« keinen Spaß.

SIND SAUDIS UND IRANER RELIGIÖS?

Saudis und Iraner gelten als streng religiös. Schaut man genauer hin, nehmen es manche mit der Religion nicht allzu ernst. In beiden Ländern gibt es in den großen Städten wilde Partys. Mit viel Alkohol. Die Müllabfuhr von Riad entsorgt jeden Morgen unzählige leere Whiskyflaschen. Auch im Iran wird privat kräftig getrunken. Zumindest in bestimmten Kreisen. Trotzdem ist der größte Teil der Saudis und der Iraner tief gläubig. Allerdings oft nicht in der strengen Form, die manche Imame und Mullahs gerne hätten.

DEMOKRATIE IM IRAN?

Am Iran gibt es viel zu kritisieren: Seiner »Demokratie« sind durch die konservative Verfassung sowie durch die Rechte des »Obersten Führers« und des »Wächterrats« enge Grenzen gesetzt. Die Führung übt in vielen Bereichen Zensur aus. Nicht so hart wie MBS in Saudi-Arabien. Aber nach Meinung der Mehrheit der Iraner noch immer viel zu streng.

Und doch ist die iranische Demokratie umfassender als die »Demokratien« der meisten arabischen Staaten. Frauen sind im Iran uneingeschränkt wahlberechtigt. Nicht nur bei Kommunalwahlen oder bei Wahlen zu lokalen Handelskammern wie in Saudi-Arabien.

In Teheran läuteten bei unserem Besuch immer wieder die Glocken christlicher Kirchen. Es gibt zwanzig jüdische Synagogen und zwei jüdische Kindergärten. 10 000 Juden leben allein in Teheran. In Saudi-Arabien hingegen können weder Christen noch Juden öffentlich beten, geschweige denn ein eigenes Gotteshaus bauen oder betreiben.

DER ZORN DES JÜDISCHEN IRANERS

Wir trafen den jüdischen Parlamentsabgeordneten Dr. Ciamak Moresadegh. Er war Chef eines großen jüdischen Krankenhauses. Moresadegh war über das Verhalten der USA im Nukleardeal tief enttäuscht. Das iranische Volk sei reingelegt worden. Die Reformer

Rohani und Zarif hätten nichts erreicht. Sie stünden jetzt in der Bevölkerung schlecht da. Es könne gut sein, dass deshalb die Hardliner die nächste Wahl gewännen.

Wenn es Krieg gebe, würden »die iranischen Juden selbstverständlich ihre Heimat verteidigen«, sagte er. Auch gegen Israel. Dass Netanjahu jeden, der ihn oder seine Politik kritisiere, einen Antisemiten nenne, sei einfach nur »verrückt«. »Netanjahu ist nicht Moses!«, sagte Moresadegh. »Er ist höchstens ein schlechter Jude.«

ZARIFS ENTTÄUSCHUNG

Nach Moresadegh sprachen wir mit dem iranischen Außenminister Mohammed Zarif. Wir kannten ihn aus Deutschland. Vor seinem Amtssitz stürzten sich zwei Bodyguards auf mich. Doch der Grund war harmlos. Sie wollten ein Selfie machen. Sie hätten mein IS-Buch gelesen, sagten sie grinsend. Dann hielten sie ein Blatt vor ihr Handy. »Wette gewonnen« stand darauf. Sie hatten mit Freunden gewettet, dass sie das Selfie bekommen würden. Jetzt waren sie mächtig stolz.

Zarif empfing uns in einem dunkel getäfelten Empfangssaal. Er wirkte nachdenklich. Am Vortag hatten deutsche und französische Medien berichtet, die Europäer planten zusätzliche Sanktionen gegen den Iran. Wegen seiner Mittelstreckenraketen und seiner Syrienpolitik. Angeblich wollten die Europäer den US-Präsidenten dadurch davon abhalten, den Atomdeal völlig zu kippen. Eine absurde Idee!

Zarif fragte ungläubig: »Glauben die Europäer wirklich, dass man Trump dadurch besänftigen kann? Das wird seinen Appetit eher vergrößern. Man kann einen Deal doch nicht dadurch retten, dass man ihn verletzt!« Er wirkte ratlos. Er erzählte, wie hart es gewesen sei, das Nuklearabkommen gegen die Widerstände im Iran durchzusetzen. Das Abkommen sei doch ein Erfolg europäischer Diplomatie. Der Iran habe alle Forderungen der Europäer erfüllt. Auch die der USA. Es sei nicht nachvollziehbar, warum Europa darauf jetzt mit neuen Sanktionen antworten wolle.

Das war im Januar 2018. Inzwischen haben die Europäer diese wirre Idee wieder aufgegeben. Sie haben dem Iran versprochen, die durch die US-Sanktionen entstehenden Schäden so weit wie möglich auszugleichen. Da die USA den Zahlungsverkehr mit dem Iran blockieren, haben die Europäer eine Art Tauschbörse geschaffen. Auf ihr will man iranisches Öl gegen europäische Technologie »tauschen«. So, dass kein Geld fließt.

Die Menschen im Iran sind trotzdem maßlos enttäuscht, dass die oft demütigenden Zugeständnisse ihrer Regierung im Nukleardeal nicht wie versprochen zur völligen Aufhebung, sondern zur Verschärfung der amerikanischen Sanktionen geführt haben. Viele Iraner werfen Außenminister Zarif und Präsident Rohani vor, auf die USA hereingefallen zu sein. Sollten auch die Europäer ihre Versprechen nicht halten, könnte die Regierung Rohani/Zarif stürzen. Hardliner würden übernehmen. Ein weiteres absurdes Ergebnis amerikanischer Außenpolitik.

IRANISCHE RAKETEN, SAUDISCHE RAKETEN

Wir sprachen über den Vorwurf, dass der Iran konventionelle Mittelstreckenraketen baue und damit gegen den »Geist« des Nuklearabkommens verstoße. Zarif konterte, sein Land gebe nur einen Bruchteil dessen für sein Militär aus, was Israel oder Saudi-Arabien ausgäben. Die aus China stammenden Raketen Saudi-Arabiens hätten eine größere Reichweite als die iranischen. Sie seien anders als die iranischen Raketen sogar nuklearfähig. Der Iran habe in fast 300 Jahren kein Land angegriffen. Er werde das auch in Zukunft nicht tun. Teheran sei jederzeit zu Verhandlungen mit Riad bereit. Leider habe Saudi-Arabien kein Interesse an Gesprächen. Weil es auf den Erfolg der Sanktionen setze.

EIN NICHTANGRIFFSPAKT FÜR DEN PERSISCHEN GOLF?

Zarif schlug einen Nichtangriffspakt für den Persischen Golf vor. Zusammen mit »vertrauensbildenden Maßnahmen« wie etwa gegenseitigen Militärbesuchen. Ich fand den Vorschlag hoch interessant. Die Entspannungspolitik Willy Brandt basierte auf einer ähnlichen Konstruktion, einem Gewaltverzichtsvertrag. Doch wer interessiert sich schon für iranische Entspannungsvorschläge im Mittleren Osten?

DER ALTE UND DER NEUE IRAN

Am Freitag, dem muslimischen Feiertag, streiften wir wie so oft durch die Straßen von Teheran. Wieder sahen wir die zwei Gesichter des Iran. Das traditionalistische, verschlossene und das moderne, weltoffene Gesicht. Die westliche Öffentlichkeit kennt meist nur das alte, konservative Gesicht. Überzeichnet bis zur Karikatur.

Dem alten Iran begegneten Frederic und ich beim Freitagsgebet in der Imam-Khomeini-Moschee. Über 10 000 Menschen nahmen am Gottesdienst teil. Männer und Frauen. Aber kaum junge Menschen.

Ich versank, wie oft in Gotteshäusern, in tiefe Meditation. Bis der Imam am Ende seiner Predigt ausrief: »Tod Amerika, Tod England, Tod Israel!« Der Satz riss mich aus meiner besinnlichen Stimmung.

Eigentlich war er ja nur ein routinemäßiger Appell an ein altes Feindbild, das der reaktionäre Teil des Iran wohl noch immer braucht. Doch an politischer Torheit ist er kaum zu überbieten. Manche Hardliner und konservative Mullahs sehen sich bis heute als »Zentrum des Widerstands gegen den US-Imperialismus«. Sie schaden mit derart radikalen Sprüchen dem Ansehen ihres Landes. Zur Freude der Gegner des Iran. Für die Mehrheit der Iraner, vor allem für die Jüngeren, ist dieser Slogan abgedroschene Folklore. Sie sind weit weg von diesen Feindbildern. Sie wären gerne wieder Teil der Weltgemeinschaft. Sie würden die Welt außerordentlich bereichern. Präsident Rohani hat daher mehrfach gebeten, auf diesen Satz zu verzichten. Ohne Erfolg. Nach der Kündigung des Nuklear-Abkommens durch die USA dürfte er es noch schwerer haben.

Als wir an einem Obststand im Zentrum Teherans frisch gepressten Saft kauften, stellte sich eine junge Iranerin zu uns. Sie lachte uns fröhlich an. Sie war dezent geschminkt, ihr Kopftuch hing ganz hinten im Nacken. Ich fragte sie, wie wichtig für sie das Kopftuch sei. Sie dachte kurz nach. Dann sagte sie: »Ich weiß, dass darüber bei euch viel diskutiert wird. Aber das Kopftuch ist nicht unser Hauptproblem. Unser Problem ist, dass es kaum Jobs gibt.« Ein munteres Gespräch entfaltete sich. Über iranische Mullahs und Machos. »Wer ist stärker im Iran, die Frauen oder die Männer?«, fragte ich. Sie lachte: »Die Frauen natürlich! Was glauben Sie denn?« Dann entschwand sie im Strom der vielen Tausend Passanten.

DER JUNGE MIT DEM MÜLLSACK

Es fing an, leicht zu regnen. Neben uns sammelte ein etwa zehnjähriger Junge Plastikverpackungen ein. Er arbeitete sehr schnell. Vermutlich wurde er nach der Menge des eingesammelten Mülls bezahlt. Der rote Müllsack, den er auf dem Rücken trug, war fast so groß wie er selbst.

Ein paar Meter weiter verkaufte ein Straßenhändler futuristische Spielzeugautos. Ich dachte, für meine Enkel wäre so ein »Transformer«-Auto ein schönes Geschenk. Aber welches sollte ich nehmen? Es gab so viele Modelle. Ich fragte den Jungen mit dem Müllsack, ob er mir helfen könne. Stolz stellte er sich zu uns und erklärte mir, was das coolste Auto sei. Dann redete er mit ernster Miene auf den Verkäufer ein, mir einen fairen Preis zu machen. Als wir uns verabschiedeten, reichte ich ihm zu seiner Überraschung das Päckchen mit dem krassen Auto. Die Augen des Müll-Jungen wurden riesengroß. Das Auto war für ihn? Er konnte es nicht glauben. Ein Strahlen ging über sein Gesicht.

DER BESENGEIGER

Etwas weiter umstanden rund hundert Menschen drei Musikanten, die zu modernen Rhythmen alte iranische Lieder spielten. Es klang faszinierend. Vor allem der Geiger war überragend. Wir wühlten uns durch die Menge, um die Instrumente zu sehen, denen die

Künstler die zauberhaften Töne entlockten. Was wir sahen, war typisch für das ganze Land. Der Geiger spielte auf einem anderthalb Meter großen Holzbesen, den er mit Saiten bespannt hatte. Auch der »Gitarrist« hatte sein Instrument selbst gebastelt. Der Schlagzeuger trommelte auf einer Art Backblech. Das Ergebnis war grandios.

Dieser auch in seiner Armut stolze, ungebrochene Iran wird alle Krisen überleben. Und alle amerikanischen Präsidenten. Notfalls mit selbst gebastelten Instrumenten und Müllsäcken auf dem Rücken. Niemand wird den Lebenswillen dieser vornehmen Menschen brechen. Weder eigene noch fremde Regierungen.

18. KAPITEL
DIE VERTREIBUNG DER ROHINGYA

DAS DESINTERESSE DES WESTENS AN DER TRAGÖDIE DER ROHINGYA

Wie unwichtig dem Westen Menschenrechte sind, wenn weder wirtschaftliche noch geostrategische Interessen auf dem Spiel stehen, zeigt exemplarisch die Vertreibung der Rohingya aus Myanmar.

Cox's Bazar Oktober 2017. Wer aus dem oktobergrauen Deutschland in die feuchtheiße bengalische Hafenstadt Cox's Bazar kommt, reibt sich verdutzt die Augen. Es ist, als seien die Stadt und ihre Menschen in Farbtöpfe gefallen. In Pastellfarben, die aussehen, als habe man Milch unter die Farben gemischt. Alles ist kunterbunt. Die Fahrrad- und Motorrad-Rikschas, die Werkstätten, die Reklameschilder und vor allem die Menschen. Vielleicht wären Armut und Elend in diesem Teil der Welt ohne diese Farbenfreude auch nicht zu ertragen.

Besonders in diesen Tagen, in denen gerade Hunderttausende muslimische Rohingya in Panik aus Myanmar nach Bangladesch geflohen waren. Vor einer Regierung, an deren Spitze eine Friedensnobelpreisträgerin stand. Hunderte Rohingya-Dörfer waren angeblich niedergebrannt, Tausende Männer ermordet, unzählige Frauen vergewaltigt worden. Wie war so etwas in unserer Zeit möglich?

Kurz entschlossen hatte ich mich ins Flugzeug gesetzt und war mit zwei Freunden losgeflogen. Mit der jungen Nina Priester, die Projektmanagerin unserer Stiftung Sternenstaub ist, und wieder mit dem Fotografen Ali Nouraldin.

DAS LAGER KUTUPALONG-BALUKHALI

Sofort nach unserer Ankunft fuhren wir nach Kutupalong-Balukhali, einem der großen Flüchtlingslager in Cox's Bazar. Obwohl es bereits dunkel wurde, war es im Auto noch immer schwül heiß. Der Verkehr war hektisch, chaotisch, laut. Jeder hupte sich den Weg frei. Wir fuhren vorbei an fröhlich bemalten, verbeulten Bussen. An Bretterbuden eines kleinen Marktes, die von schummrigen Laternen beleuchtet wurden, die in der Dämmerung in allen Farben flackerten. Auf der Straße dösten verwilderte Hunde. Sie dachten nicht daran, sich wegen eines nahenden Autos zu erheben. Unser Fahrer musste ständig ausweichen. Am Straßenrand kauerten Flüchtlinge mit leerem Blick: Männer, Frauen, abgemagerte Kinder. Auch sie in bunte Gewänder gehüllt. Sie hofften, dass irgendjemand anhielt und etwas zu essen brachte. Vielleicht sogar etwas Geld. Doch die Autos fuhren vorbei.

Ein grimmiger Armeeposten mit Maschinenpistole stoppte uns. Der Besuch von Flüchtlingslagern war um diese Uhrzeit nicht mehr erlaubt. Doch gegen ein kleines Trinkgeld winkte er uns freundlich zum Flüchtlingslager durch. Kurz danach standen wir vor einem Hügel, übersät mit schwarzen Plastikzelten. Endlos, so weit das Auge in der Dunkelheit reichte. Feuerstellen ließen schemenhaft die Konturen des Lagers erahnen.

Es hatte geregnet, wir mussten durch tiefen Matsch. Vor uns ein Mann mit orangefarbenem Bart, Kinder an einer roten Wasserpumpe. Staunend starrten sie auf Ninas blonde Haare. Die Erde stank nach Tierkot und Fäulnis. Ein junges Mädchen, vielleicht acht Jahre alt, trug ihren erkälteten Bruder auf dem Rücken. Rotze lief ihm über das schmutzige Gesicht. Er war barfuß. Alle Kinder waren barfuß. Barfuß im Matsch.

Eine Frau erlaubte uns, ihr Zelt zu besuchen. Es war zehn Quadratmeter groß und so niedrig, dass wir den Kopf einziehen mussten. Zwei Familien, zehn Frauen und Kinder, teilten sich das Zelt. Geschlafen wurde auf dem feuchten Lehmboden. Ich fragte die Frauen, warum sie geflohen seien. Man habe ihre Häuser niedergebrannt und auf ihre Männer geschossen, antworteten sie. Ob es auch Vergewaltigungen gegeben habe, wollte ich wissen. Betretenes Schweigen. Nach einer Pause sagte eine der Frauen: »Ja, es hat Vergewaltigungen gegeben. Bei Nachbarn!« Welche Frau erzählt schon einem Fremden, dass sie oder ihre Töchter vergewaltigt wurden?

Nina war weiß im Gesicht. Wir brachen ab. Alles hier war Elend. Schweißgebadet fuhren wir zurück.

Ein junger Arzt begleitete uns. Er berichtete, die sanitären Verhältnisse in den Lagern seien katastrophal. Auf tausend Flüchtlinge komme eine Wasserpumpe, auf 300 eine Toilette. Die meisten bekämen nur eine Mahlzeit pro Tag, für die sie stundenlang anstehen müssten. Mit Tausenden anderen Flüchtlingen. Fast alle seien unterernährt und dehydriert, ausgetrocknet. Die medizinische Versorgung erreiche nur die Hälfte der Flüchtlinge.

In den riesigen Lagern lebten Zehntausende. Fast die Hälfte seien Kinder. Hunderte von ihnen seien auf der Flucht von ihren Eltern getrennt worden. Sie lebten jetzt allein in einem der vielen Lager. Die Welt mache sich keine Vorstellung, welche Tragödie hier stattfinde.

Er erzählte von einer Mutter, die ihre Tochter losgeschickt hatte, um Essen zu holen. Als ihr Kind nach einer Stunde nicht zurück war, sei sie losgerannt. Stundenlang habe sie ihre Tochter gesucht. Aber nicht gefunden. Zu groß war das Flüchtlingslager. Erschöpft sei sie zusammengebrochen und in eine Miniklinik gebracht worden. Als sich ihr Kreislauf wieder erholt habe, sei sie zurückgehastet. Um zu ihren anderen Kindern zu kommen, die sicher längst verzweifelt nach ihrer Mutter riefen. Ihre verlorene Tochter habe sie nie wiedergefunden.

Die Flüchtlingsorganisation UNHCR hatte allein bis Anfang Oktober 2017 mehr als 1600 Kinder erfasst, die ihre Eltern verloren hatten.[1] Nach all den miterlebten Morden, Vergewaltigungen, brennenden Häusern, nach dieser dramatischen Flucht auch noch die Eltern zu verlieren – wie hält ein Kind das aus?

DIE STRENGE BOTSCHAFTERIN MYANMARS

Ein Jahr zuvor hatte ich in Berlin die Botschafterin Myanmars in aller Form um ein Visum für ihr Land gebeten. Und um die Erlaubnis, die Gebiete der Rohingya zu besuchen. Mit versteinerter Miene hatte sie meine Bitte abgelehnt. Es gebe nicht den geringsten Grund, Rohingya-Dörfer zu besuchen, meinte sie.

Doch es gab viele Gründe. Der wichtigste war: Wir dürfen nie mehr zulassen, dass Menschen wegen ihrer Rasse, Religion oder Herkunft verfolgt werden. Wer in den letzten Jahren die Berichte aus Myanmar und Bangladesch gesehen hatte, musste davon ausgehen, dass dort seit Langem eine intensive rassistisch-religiöse Verfolgung stattfand. Die Weltöffentlichkeit hatte sich dafür nie richtig interessiert. Auch der Westen nicht, der sich so gerne als Champion der Menschenrechte präsentiert. Er hatte in Myanmar keine existentiellen Interessen, für die es sich lohnte, »im Namen der Menschenrechte« zu kämpfen.

Seit Myanmar 1948 unabhängig geworden war, hatte seine buddhistische Regierung bereits zwanzig Militäraktionen gegen die muslimischen Rohingya durchgeführt. Aufgepeitscht von buddhistischen Extremisten und Nationalisten. Über eine Million Rohingya waren dabei schon früher geflohen. Rund 350 000 leben heute in Pakistan, 500 000 in Saudi-Arabien, 150 000 in Malaysia, fast 100 000 weitere in anderen Ländern. Auch dort oft unter unwürdigen Bedingungen. Ähnlich wie in Bangladesch.

Schon früher hatten die Militärs Rohingya-Dörfer, ja ganze Täler abgebrannt und unbewohnbar gemacht. Kein Staat, keine internationale Organisation war ihnen in den Arm gefallen. Die jetzige Militäraktion galt als die umfassendste und brutalste. Obwohl schon die früheren Vertreibungen an Unmenschlichkeit schwer zu übertreffen waren.

Die myanmarische Regierung behauptet, die Rohingya seien illegale Einwanderer aus Bangladesch. Seit 1982 verweigert sie ihnen systematisch die Staatsangehörigkeit. Die Rohingya hingegen erklären, sie lebten schon seit dem 16. Jahrhundert im Bundesstaat Rakhaing in Myanmar.[2]

MENSCHEN ALS HÄSSLICHE KOBOLDE?

Die Regierung von Myanmar will die Rohingya aus zwei Gründen loswerden. Zum einen aus rassistischem Dünkel. Die Rohingya sind dunkelhäutiger als die Mehrheit der Burmesen. Der burmesische Generalkonsul in Hongkong nannte sie 2009 öffentlich »hässlich wie Kobolde«. Zum anderen scheint die Militärführung von Myanmar die muslimischen Rohingya als Sicherheitsrisiko anzusehen. Wegen des bevölkerungsreichen, mehrheitlich muslimischen Nachbarstaats Bangladesch.

Außerdem hatten Rohingya-Rebellen Ende August 2017 bei einem Angriff auf eine Polizeistation zwölf Beamte getötet. Es war klar, dass Myanmars Regierung darauf reagieren musste und durfte. Aber nicht wie ein Unrechtsstaat. Obwohl Myanmar offiziell eine parlamentarische Demokratie ist, antwortete das Militär hemmungsloser als je zuvor. Es ließ Hunderte Dörfer niederbrennen und Tausende friedliche Rohingya ermorden. Hunderttausende Rohingya flohen nach Bangladesch.

MUSS MAN ZUM RECHERCHIEREN NACH MYANMAR?

Als wir im Oktober 2017 in Cox's Bazar ankamen, waren bereits 500 000 Rohingya nach Bangladesch geflohen. Innerhalb kurzer Zeit stieg diese Zahl auf über 750 000. Internationale Beobachter sprachen von verbrannten Dörfern, von Massenmorden, Massenvertreibungen und Massenvergewaltigungen. Das meiste wusste ich bereits aus den Medien. Es gab keinen konkreten Grund, an den Berichten zu zweifeln.

Doch damit hatte ich mich nie zufriedengegeben. Immer wieder hatte ich erlebt, dass die Dinge vor Ort anders aussahen als in den Berichten, die ich gelesen oder gesehen hatte. Wer hatte die Fotos der verbrannten Dörfer gemacht? Stammten sie wirklich aus Myanmar? Zeigten sie muslimische oder buddhistische Dörfer? Waren Buddhisten oder Muslime die Täter? Letzteres hatte die Regierung von Myanmar behauptet. Wer hatte die Berichte über die Massaker geschrieben? Ein Tausende Kilometer entfernt sitzender Agentur-Journalist?

Wenn Publizisten und Journalisten auf Vor-Ort-Besichtigungen verzichten würden, wäre politische Desinformation in Krisenländern noch einfacher. Außerdem wusste ich, dass in schwierigen Strafprozessen der Vorsitzende Richter oft Tatort-Besichtigungen anordnete. Ich war früher selbst kurz Richter gewesen. Am Tatort sieht vieles anders aus als in den Akten.

Ich wollte daher unter allen Umständen nicht nur nach Bangladesch, sondern auch über die Grenze nach Myanmar. Um die niedergebrannten Rohingya-Dörfer zu sehen. Mit eigenen Augen. Das Problem war, dass die Grenze mit Minengürteln, meterhohen Stacheldrahtzäunen und Militärposten gesichert war. Und dass weder Ali noch Nina noch meine Rohingya-Kontaktpersonen mitwollten.

OPERATION GRENZE

Zur Vorbereitung der »Tatort-Besichtigung« trafen wir uns abends in einer Hütte in der Nähe des Strandes. Wir, das waren Nina, Ali, zwei Bangladescher, drei Rohingya und ich. Es herrschte eine bedrückte Stimmung. Alle standen eng beieinander, flüsterten und hatten Bedenken. Auch die Rohingya, die ich in Cox's Bazar kennengelernt hatte. Sie wollten nicht in ihre abgebrannten Dörfer zurück. Sie berichteten von Landminen und von Soldaten, die ohne Vorwarnung schießen würden. Außerdem würden sie als Rohingya nach einer Festnahme viel härter bestraft als ich, als Deutscher. Das Ganze sei viel zu gefährlich. Auch für mich.

Ali, unser Fotograf, lehnte die Überquerung der Grenze kategorisch ab. Seine erst elf Monate alte Tochter brauche ihren Vater, erklärte er. Ich konnte ihn verstehen. Er liebte seine kleine Tochter über alles. Auch die anderen Männer blieben bei ihrer Ablehnung. Nina fragte ich bewusst nicht. Ich wollte keinen Druck auf eine Mitarbeiterin unserer Stiftung ausüben.

Wir diskutierten stundenlang. Wie in diesen Ländern bei schwierigen Expeditionen üblich, bot ich jedem, der mitgehen würde, einen kleinen Geldbetrag an. Für europäische Verhältnisse wenig, für einen Flüchtling oder einen Bangladescher viel. Die Jungs waren bettelarm und mussten ihre Familien ernähren. Am Ende einer langen Diskussion erklärten sich überraschend drei der Rohingya bereit, doch mitzukommen: zwei als ortskundige Kundschafter, einer als Übersetzer. Der Übersetzer, Amir, hatte schon einmal wegen illegalen Grenzübertritts in Myanmar kurz im Gefängnis gesessen. »Very risky, very risky!«, murmelte er immer wieder. Er schien bereits zu bedauern, dass er zugesagt hatte.

IM MORGENGRAUEN MYANMAR

Am nächsten Morgen standen Nina, Ali und ich um halb drei auf. Schweigend und schlaftrunken gingen wir auf die Straße. Es war schwül. Unsere Haut war klebrig. Vor Luftfeuchtigkeit und Schweiß. Ein Hund trottete verschlafen über die Straße. Ein anderer fraß aus einer Mülltonne. Es hatte wieder geregnet. Die Straßen waren nass und menschenleer.

Um drei Uhr sollte die Fahrt losgehen. Ich musste über die Grenze, solange die Soldaten noch schliefen. Doch unser Fahrer kam erst um vier. Eigentlich wollte ich da schon über der Grenze sein. Ein Wettlauf gegen die Zeit begann. Sonnenaufgang bedeutete maximale Gefahr, vielleicht sogar Scheitern unserer Pläne.

Beunruhigt fuhren wir los. Vor uns ein Wetterleuchten, ein unbewachter Checkpoint. Endlich der vereinbarte Treffpunkt kurz vor der Grenze: eine armselige Behausung, die aussah wie ein Ganoven-Unterschlupf. Ich klopfte, niemand antwortete. Ich klopfte lauter und rief: »Hello, Germany is here. The night is over.« Eine ängstliche Frauenstimme antwortete, doch niemand machte auf. Ratlos standen wir vor dem dunklen Schuppen. Genau jetzt kam das, was wir überhaupt nicht gebrauchen konnten: eine Polizeistreife auf einem Motorrad. Doch wir hatten Glück: Der Polizist, der uns kontrollierte, hatte eine Schwäche für Deutsche. Er gab mir sogar seine Telefonnummer. Falls ich irgendwann Probleme bekommen sollte.

Als er weg war, tauchte, ziemlich verschlafen, unsere Rohingya-Mannschaft auf. Es war inzwischen kurz vor fünf, aber glücklicherweise immer noch dunkel. Noch einmal fragte ich an den Rohingya vorbei, ob sonst noch jemand mitkommen wolle. Doch ich bekam keine Antwort. Das war in Ordnung. Man musste nicht bei allem mitmachen, was ich tat.

Wir hatten uns für einen Grenzabschnitt entschieden, der von Flüchtlingen nur selten benutzt wurde. Und hoffentlich nicht ganz so scharf bewacht war. Dafür würden die Stacheldrahtzäune umso unbeschädigter und schwerer zu überwinden sein.

Alle waren jetzt voll konzentriert. Es galt, dem Sonnenaufgang zuvorzukommen. Ich lief mit den drei Rohingya los. Wir mussten zur Anlegestelle des Bootes, das uns über einen Seitenarm des Naf-Flusses zur Grenze bringen sollte. Nina und Ali blieben beim Auto, um die Stellung zu halten. Für den Notfall hatten alle Handys dabei.

Über feuchte, glitschige Wiesen hasteten wir zur Bootsanlegestelle. So leise wie möglich, weil die Grenze jetzt ganz nahe war. Nach fünf Minuten waren wir am Wasser. Der Morgen graute. Ich stieg in den schwankenden Kahn.

Gerade als wir ablegen wollten, tauchte aus der Dämmerung eine Gestalt auf. Nina! Leise sagte sie: »Ich komme mit.« Sie war hinter uns hergerannt. Ich dachte: »Donnerwetter!« Dann legte das Boot ab. Hinter uns schob Amir, unser Dolmetscher, einen zweiten Kahn in den Fluss. Leise glitten unsere Boote über das spiegelglatte Wasser.

ZWEI BOOTE AUF DEM NAF

Der Flussarm war hier etwa fünf Meter breit. Niemandsland. Links lag Bangladesch, rechts Myanmar. Wir fuhren flussabwärts. Eine fast unwirklich schöne Palmenlandschaft glitt an uns vorbei. In der Morgendämmerung erinnerte sie an einen Scherenschnitt. Vor uns stiegen Rauchwolken auf. Nach zwanzig Minuten steuerten unsere Begleiter das Boot ans myanmarische Ufer. Wir fuhren tief ins Schilf hinein. Machten uns ganz klein. Der Grenzzaun war hier nur noch hundert Meter entfernt. Unsere Kundschafter stiegen leise aus, um die Lage an der Grenze zu erforschen.

Nach zehn Minuten kamen sie zurück. Unruhig, weil es inzwischen hell wurde. Und weil sie jenseits des Grenzzauns Stimmen und Militärfahrzeuge gehört hatten. Das angeblich niedergebrannte Dorf lag ausgerechnet zwischen zwei Militärposten. Beide nur einige Hundert Meter vom Dorf entfernt. Deswegen also wurde dieser Grenzabschnitt nur selten von Flüchtlingen genutzt. War dieses Dorf wirklich ein geeignetes Erkundungsprojekt?

DER GRENZZAUN

Wir hatten keine Zeit, darüber nachzudenken. Unsere Begleiter drängten zur Eile. Geduckt gingen wir Richtung Zaun. Wegen der Minengefahr im Gänsemarsch dicht hintereinander, die Kundschafter voran. Vor dem drei Meter hohen Stacheldrahtzaun sahen wir große Löcher im Boden. Waren hier Minen ausgegraben worden oder explodiert? Auch darüber konnten wir nicht lange nachdenken.

Wie kommt man über einen drei Meter hohen Stacheldrahtzaun, ohne sich allzu sehr zu verletzen? Schwierig. Doch ich musste da drüber. Ich spürte, wie sich rostige Drahtdornen in meine Haut bohrten. Wie meine mehrfach zerrissene Hose blutig wurde. Meine Hände auch. Nina allerdings überstieg den hohen, stacheligen Zaun fast spielerisch.

Barfuß hasteten wir über feuchte Reisfelder auf eine Waldschonung zu. Hinter ihr sollte das Dorf liegen. Wegen der Minengefahr versuchten wir weiter, möglichst genau in die Fußstapfen unserer Kundschafter zu treten. Doch irgendwann waren die Rohingya einfach zu schnell. Außerdem glitten wir ständig aus. Nina filmte rennend, rutschend, liegend. Links vor uns ein düsterer Wachturm. Hoffentlich war er noch nicht besetzt. Wir waren ein zu leichtes Ziel. Wir mussten aus dem Schussfeld raus.

DER ORT, DER EINST EIN DORF WAR

Außer Atem kamen wir im Schutz der Bäume an. Und sahen ein trostloses Bild. Alle Häuser waren Opfer der Flammen geworden. In den Ruinen lagen noch Tassen und einige wenige andere Gegenstände, die den Flammen widerstanden hatten. Die von den Menschen erzählten, die hier gelebt hatten.

Es war nicht das erste abgebrannte Dorf, das ich in meinem Leben gesehen hatte. Und doch erschütterte mich der Anblick der niedergebrannten Häuser und Felder erneut. Es war immer die gleiche Geschichte menschlicher Bosheit und menschlichen Leids. Was mochte sich während des Angriffs hier abgespielt haben? Waren alle Bewohner entkommen? Wie hatten die Kinder die Feuerhölle erlebt?

Der Lärm, der von den Militärposten zu uns drang, wurde lauter. Wir hörten Fahrzeuge, die mit aufheulendem Motor starteten. Irgendwann würden die Soldaten den Wachturm besetzen. Irgendwann kamen wir hier nicht mehr raus. Unsere Begleiter drängten auf schnelle Rückkehr. Noch immer barfuß liefen wir zur Grenze zurück.

Als ich wieder vor dem Stacheldrahtzaun stand, kam er mir fast wie ein Freund vor. Obwohl er mich vorhin übel zugerichtet hatte. Doch jetzt wartete hinter ihm die Freiheit. Diesmal klappte das Übersteigen problemlos. Wenige Minuten später glitten unsere Kähne wieder über das ruhige Wasser. Wir hatten es geschafft. Eine halbe Stunde später schloss Ali uns in die Arme.

IM KRANKENHAUS VON COX'S BAZAR

Nachmittags besuchten wir das Krankenhaus von Cox's Bazar. Wir sahen eine weitere Facette des Horrors der Vertreibung der Rohingya. Obwohl hier nur die leichter Verletzten untergebracht waren. Die schwerer Verwundeten lagen in den Krankenhäusern der Millionenstadt Chittagong. Was wir sahen, war schlimm genug.

Wie ein grauer Schleier überdeckten Trauer und Hoffnungslosigkeit das bunte Bild grüner, blauer, orangener Pastellfarben. Die Menschen hatten offenbar Schreckliches durchgemacht. Auf hundert Quadratmetern lagen oder saßen mindestens 200 verletzte Frauen, Kinder und Männer. Manche auf primitiven Metallbetten, andere auf dem schmutzigen Boden. Sie hatten Brand-, Schuss-

und Stichwunden sowie Verletzungen, die sie auf der Flucht erlitten hatten.

Manche alte Menschen waren völlig dehydriert, manche Babys durch die tagelange Flucht halb verhungert. Die dreißigjährige Toslima schaute hilfesuchend zu Nina und mir. Sie hatte ein fünf Monate altes unterernährtes Baby auf dem Arm, dessen Füße stark nach innen gekrümmt waren. Zwei Wochen lang war sie auf der Flucht gewesen. Ohne Essen, ohne Trinkwasser. Ein Arzt erklärte uns, dass die Verkrüppelung der Füße wohl nie geheilt werden könne. Zumindest nicht in Bangladesch.

Auf einem Bett lag Fatima, ein sechsjähriges Mädchen, dessen Bein von der Hüfte bis zum Knie eine einzige verkrustete Brandwunde war. Ihre Mutter schilderte, Soldaten hätten das Dorf gestürmt und Jagd auf die Männer gemacht. Sie hätten alle Ziegen und Kühe getötet und schließlich das Haus angezündet. Fatima habe noch geschlafen. Sie habe den lodernden Flammen nur knapp entkommen können. Nicht nur ihre Verletzungen werden Fatima ihr ganzes Leben lang an diese Nacht des Grauens erinnern. Auch ihre Seele wird die Erlebnisse kaum verarbeiten können.

Genauso wenig wie die achtjährige Nour Key, deren Körper voller Brandnarben war. Sie war den Flammen ihres Hauses bereits entkommen, als Soldaten sie einfingen. Und erneut in die Flammen warfen. Die Grausamkeit des Menschen kennt keine Grenzen.

Daneben dämmerte ein dreizehnjähriger Junge auf einer Liege vor sich hin. Sein Hals war mit einem blutgetränkten Tuch umwickelt. Myanmarische Soldaten hatten versucht, ihm und seinen Brüdern die Kehle durchzuschneiden. Während seine Brüder starben, konnte er mit halb durchschnittener Kehle entkommen. Sein Zustand war kritisch. Er sollte demnächst nach Chittagong verlegt werden.

Die Regierung von Myanmar behauptete, die Rohingya hätten ihre Häuser selbst angezündet. Das war blanker Zynismus. Würden die Rohingya ihre eigenen Kinder in die Flammen stoßen? Ihnen Schusswunden zufügen, ihnen die Kehle durchschneiden? Wir haben unzählige Rohingya zu den Gewaltakten befragt. Kinder und

Erwachsene. An den unterschiedlichsten Orten. Eine Woche lang. Sie haben alle die gleiche Geschichte erzählt. Die Geschichte rassistischer Raserei myanmarischer Soldaten.

Dass diese Gewalttaten von Anhängern einer als besonders friedfertig bekannten Religion begangen wurden, hat viele Menschen überrascht. Mich anfangs ebenfalls. Doch auch hier galt: Es war nicht der Buddhismus, der mordete, vergewaltigte, brandschatzte. Es waren Menschen. Deren rassistischer und nationalistischer Hass in bestimmten Situationen stärker war als ihre Bindung an die Lehren ihrer Religion.

EINE SCHALE REIS

Ihre Opfer erhielten in diesem ärmlichen Krankenhaus pro Tag eine Schale Reis. Das reichte natürlich nicht, um sie wieder auf die Beine zu bringen. Wir hatten kleine Essenspakete mitgebracht. Mit Obst, Milch, Brot, Eiern, Keksen und Saft. Jeder erhielt zwei Pakete. Plötzlich kam Freude in dem traurigen Krankensaal auf. Alle strahlten. Jemand hatte an sie gedacht. An die Vergessenen dieser Erde. Ein kleines Baby tapste strahlend auf Nina zu, während es sich glücklich eine Banane in den Mund stopfte.

Am Abend trafen wir in Kutupalong Waisen und Halbwaisen. Lange unterhielten wir uns mit einer jungen Rohingya-Frau. Sie sah aus wie vierzehn, war aber schon zwanzig. Sie hatte ihren Mann verloren und versuchte, ihre kleine Tochter alleine großzuziehen. Ich fragte sie, welche Träume sie habe. Sie schaute mich verständnislos an. »Träume? Hier hat keiner mehr Träume.«

DAS VERGESSENE VOLK

Das ist nun anderthalb Jahre her. Es gelang nicht, die Weltöffentlichkeit längere Zeit für das Schicksal der Rohingya zu interessieren. Myanmar ist weit weg. Und doch frage ich: Müssten sich nicht zumindest all jene Politiker energisch um eine Lösung bemühen, die ständig von ihrer »responsibility to protect«, von ihrer Schutzverantwortung für unterdrückte Menschen reden? Oder gilt das alles nur, wenn westliche Interessen im Spiel sind? Wenn durch die Vertreibung der Rohingya die westliche Rohstoffversorgung gefährdet wäre, hätte der Westen längst reagiert. Nicht nur mit diplomatischem Druck, sondern wohl auch militärisch. Was auch hier falsch wäre.

Unsere Stiftung Sternenstaub finanziert in den Flüchtlingslagern der Rohingya inzwischen eine kleine Schule. Außerdem haben wir den Rohingya eine mobile Klinik geschenkt. Fast schäme ich mich dieser Geschenke. Weil sie nicht einmal ein Tropfen auf den heißen Stein sind. Das Volk der Rohingya braucht mehr als Verbandszeug und Erste-Hilfe-Kliniken. Das Volk der Rohingya braucht Politiker, die durchsetzen, dass sie gleichberechtigte und respektierte Staatsbürger Myanmars werden. Anstatt alle paar Jahre als »hässliche Kobolde« wie Ungeziefer erschlagen oder aus dem Land gejagt zu werden. Das Volk der Rohingya braucht internationale Politiker, die Menschen sind, keine Heuchler.

19. KAPITEL
DAS VERSAGEN DER MEDIEN

FANKURVEN-JOURNALISMUS

Unsere Medien könnten die blutige Heuchelei der westlichen Politik jederzeit enttarnen und stoppen. Als Wächter der Demokratie ist das sogar ihre Pflicht. Sie dürften nie zulassen, dass die Bevölkerung von den Regierenden systematisch über die wahren Kriegs- oder Sanktionsgründe getäuscht wird. Doch statt die Heuchelei der Mächtigen zu demaskieren, spielen viele Medien ihr Spiel mit. Sie sind Teil des Systems geworden, das sie kontrollieren sollten. Scheinheilig sprechen auch sie vom Kampf um die »Werte des Westens«,[1] wenn dieser seine materiellen Interessen mit Kriegen oder Sanktionen durchsetzt. Mörderische Militärinterventionen stellen sie als Übernahme weltweiter »Schutzverantwortung«, als »humanitäre Pflicht« dar.[2]

Anpassung an die herrschende Meinung, Herdenmoral, ist seit Jahrtausenden eine erfolgreiche Überlebensstrategie. Doch in einem freiheitlichen System darf sie nicht die Ethik freier Journalisten sein.

WENN BEOBACHTER IN DER FANKURVE SITZEN

Viele Leitmedien sitzen nicht als objektive Beobachter auf der Haupttribüne der Weltpolitik. Sondern in der Fankurve der Mächtigen. Sie betreiben Fankurven-Journalismus. Sie pfeifen nur bei Fouls des »Gegners«. Fouls der eigenen Mannschaft ignorieren sie oder relativieren sie als »notwendige Härte«. Wie Fans eben.

Als West-Mossul unter amerikanischer Führung vernichtet

wurde und mindestens 20 000 Zivilisten getötet wurden, sprachen Leitmedien von einem Sieg über den Terror, von einer »Befreiung«.[3] Als unter russischer Führung Ost-Aleppo zerstört wurde und nach Schätzung Einheimischer 10 000 Menschen starben,[4] sprachen sie von einer Niederlage oder gar dem »Ende der Menschlichkeit«.[5] In Mossul saß der IS, in Aleppo Jabhat Al-Nusra. Beides Sumpfpflanzen Al-Qaidas.

DIE GOLDENE PALME DER DOPPELMORAL

Große Teile der einst so unterschiedlichen Weltkulturstädte Mossul und Aleppo sehen heute gleich aus: wie einst Hiroshima. Trotzdem machte der westliche Journalismus bei der Beurteilung der Bombardements durch Amerikaner und Russen einen großen Unterschied: Die amerikanischen Bomben waren »gute Bomben«. Die russischen Bomben »böse Bomben«. Das Fankurven-Motto des westlichen Mainstream-Journalismus lautet: Was Amerika und wir dürfen, dürfen Russland und andere »Gegner« noch lange nicht.

Ich habe beide Städte mehrmals besucht. Erschüttert über das Leid der Menschen, über das Versagen unserer Politik und über das Versagen unserer Medien. Schon wegen Mossul und Aleppo hätten einige westliche Leitmedien die »Goldene Palme der Doppelmoral« verdient.

WENN MEDIEN VERSUCHEN, KRIEGE HERBEIZUSCHREIBEN

Manche führende Journalisten sind kriegsfreudiger als ihre Regierungen. Auch in Deutschland. Der geistreiche Berthold Kohler, Herausgeber der *Frankfurter Allgemeinen Zeitung*, begrüßte nicht nur die letzten Kriege des Westens. Er wollte mehr Krieg. Dass Obama seine Militärintervention gegen Syrien im letzten Augenblick absagte, beklagte er heftig. Der Westen müsse mit Geschlossenheit »seine Werte schützen, (...) gegebenenfalls auch mit eigenen Truppen in Syrien«. Ohne Opfer werde dieser epochale Kampf nicht zu bestehen sein.[6] Dem völkerrechtswidrigen Krieg der USA gegen den

Irak bescheinigte Kohler großzügig »Legitimität«. Schließlich habe es eine »sichtbare Zustimmung zum Einmarsch der Koalition« gegeben.[7]

Josef Joffe, bellizistischer Herausgeber der *Zeit*, befürwortete den Afghanistankrieg als »Verteidigungskrieg«, der »so lang dauern [werde], bis das Terrornetzwerk zerstört worden ist«.[8] Inzwischen ist die Zahl der Terroristen im Mittleren Osten durch die »Antiterror-Kriege« explodiert. Einen Josef Joffe hält das nicht auf. Den Libyenkrieg der NATO nannte er einen »Glücksfall«.[9] Auch gegen Syrien hätte er wohl gerne eine westliche Militärintervention gesehen: Die Syrer »hätten die militärische Hilfe des Westens noch mehr verdient als die Libyer«. Leider komme sie nicht, weil das Reale stärker sei als das Ideale. Europa müsse keinen Massenansturm syrischer Flüchtlinge fürchten, schrieb er 2011.[10] Na dann ...

2013 textete Joffe: »Wer die Assad-Diktatur fällen oder doch lähmen will, zerschlage Stromversorgung, Kommunikationsanlagen, Fabriken und Brücken à la Serbien; noch besser: Raffinerien, Benzinlager, Flugplätze und Häfen. Und nimmt, Präzisionswaffen hin oder her, Abertausende von Ziviltoten in Kauf (...). Im Kriegshandwerk gilt der ›Trugschluss vom letzten Zug‹: Wenn die eine Seite in der Erwartung zuschlägt, dass die andere danach die Waffen streckt. Dann müsste der Schlag ein nahezu tödlicher sein. Sonst wird der ›kurze‹ Krieg zum endlosen, den der Westen um jeden Preis vermeiden will.«[11]

Doch Assad ist noch immer da. Trotz weit über 100 000 vom Westen und seinen Verbündeten bewaffneten Rebellen und Terroristen. »Zerschlagen« wurde mit der kriminellen Chaos-Strategie des Westens nicht das Regime, sondern das Volk, das Land.

Stefan Kornelius, Ressortleiter Außenpolitik der *Süddeutschen Zeitung*, argumentierte ähnlich kriegerisch. Die Ablehnung des Irakkriegs durch die deutsche Bundesregierung im Jahr 2002 nannte er »töricht« und »falsch«. Deutschland opfere »die NATO (...) auf dem Altar neudeutscher Außenpolitik (...). Willkommen in der Isolation! (...) Der Preis für die Entscheidung wird gewaltig sein«[12]. Die Bomben gegen Gaddafi nannte er »mutig«, die deutsche Enthaltung im Sicherheitsrat der Vereinten Nationen die »größte[] außenpolitische[] Fehlentscheidung« der Bundesregierung. Dafür zahle »Deutschland einen hohen Preis«, sagte er seinen Lesern voraus.[13]

Heute erregen sich die drei Spitzenjournalisten über den explodierenden Terrorismus im Mittleren Osten. Auf die Idee, dass sie selbst geistige Mitverursacher des Chaos sein könnten, das wie ein Bumerang auf uns zurückschlägt, kommen sie nicht. Ganz im Gegenteil! Kohler und Joffe verspotten Gegner des Krieges als »Geier der islamistischen Propaganda«[14] und »Vulgärpazifisten«.[15]

Kohler, Joffe und Kornelius kommentieren nicht wesentlich anders als ihre berühmten Kollegen von der *New York Times* oder der *Washington Post*. Die Leitmedien der westlichen Welt haben so manchen Krieg mit herbeigeschrieben. Nicht erst in den letzten Jahren. Über die Kriegslust amerikanischer Medien gibt es ganze Bücher.[16]

IN DER WARMEN STUBE SITZEN UND KRIEGSLIEDER SINGEN

Einige führende Journalisten scheinen sich geradezu danach zu sehnen, dass sich nach ihren Kommentaren ganze Armeen in Bewegung setzen. Die Bomben fliegen ja nicht ihnen um die Ohren, sondern anderen. Dort, wo es kracht und wehtut, wird man sie selten finden. Sie sehen im Krieg ein Zeichen von Männlichkeit. Sich selbst setzen sie diesem Männlichkeitstest sicherheitshalber nicht aus. Goethe verachtete Leute, die in der warmen Stube sitzen und Kriegslieder singen.

Ich lade jeden dieser drei Spitzenjournalisten – Kohler, Joffe und Kornelius – ein, mit mir eine Woche in einem Kriegsgebiet zu verbringen. Und anschließend ein Kriegskrankenhaus zu besuchen. In den Kampfgebieten Afghanistans, Libyens, des Jemen oder Somalias. Nicht als »embedded journalist«. Sondern ohne Bodyguards und ohne schusssichere Weste. Die Menschen, die der Westen bombardiert, haben auch keine schusssicheren Westen. Wetten, dass keiner mitkommt? Kriegslieder singen ist einfacher, wenn man in der warmen Stube bleibt.

»Das eiserne Dreieck«[17] Kohler, Joffe, Kornelius kann nicht für die Mehrheit der deutschen Journalisten sprechen. Nach meiner Erfahrung steht die Mehrheit deutscher Journalisten auf der Seite des Friedens. Aber Kohler, Joffe und Kornelius repräsentieren mächtige Leitmedien, Meinungsführer in Deutschland. Sie sind publizistische Bündnispartner des Weltherrschaftsprojekts der USA. Bündnispartner im Kampf gegen Heuchelei werden sie nie sein.

DIE MÄCHTIGEN DER MEDIEN ZIEHT ES ZU DEN MÄCHTIGEN DER MACHT

Die Nähe westlicher Spitzenjournalisten zu den Spitzen westlicher Politik ist vielfach untersucht worden.[18] Das Hauptproblem liegt nicht in ihrer Beteiligung an bestimmten transatlantischen Konferenzen. Sondern darin, dass sich manche Journalisten in der Nähe der Mächtigen zu wohl fühlen. Dass sie sich vom Ambiente der Macht berauschen lassen. Dass sie dabei ihre Wächterrolle vergessen, ihre innere Distanz aufgeben. Dass sie zu Höflingen werden.

Ich habe jahrelang nah miterlebt, wie ehrfurchtsvoll führende Medienvertreter den Kanzlern Brandt, Kohl, Schröder oder Merkel hinterhertrotteten. Wie sehr sie die persönliche Nähe genossen, die sie vor ihren Kollegen auszeichnete. Nach einem längeren Vier-Augen-Gespräch mit einem der Mächtigen tauchte in ihren Artikeln oft lange kein kritisches Wort mehr über diesen auf. Und wenn ihnen doch einmal eines herausrutschte, ruderten sie monatelang zurück.

Richter müssen sich bei einer solchen Nähe für »befangen« erklären. Aus dem Rechtsstreit ausscheiden. Fußball-Schiedsrichter oder Punktrichter im Eiskunstlauf auch. Eigentlich ist das selbstverständlich. Und doch hält sich kaum jemand an diese Grundregel objektiven und gewissenhaften Journalismus. Je befangener manche sind, desto unbefangener schreiben sie.

DAS FEHLEN INNERER PRESSEFREIHEIT

Zwanzig Jahre meines Lebens habe ich in der Politik und 22 Jahre in den Medien gearbeitet. Ich habe unzählige Journalisten kennengelernt. Oft beeindruckende Menschen, bei denen ich mich sehr wohlgefühlt habe. Die auf der Seite des Friedens stehen. Auch in den drei genannten großen deutschen Zeitungen.

Wie kommt es, dass wir ihre Stimmen in entscheidenden Augenblicken so selten hören? Warum ist es für sie so schwer, sich gegen die unverantwortliche Kriegstreiberei ihrer Vorgesetzten zu stellen? Warum halten sie ihnen nicht ihre katastrophalen Fehleinschätzungen vor?

Einer der Gründe liegt wohl darin, dass die im Grundgesetz garantierte Pressefreiheit die Medienhäuser mehr schützt als die Journalisten. Zwar wird auch der einzelne Journalist vor Interventionen von außen geschützt. Nicht geschützt ist er jedoch vor Interventionen von innen. Vor Weisungen seines Vorgesetzten, seines Chefredakteurs. Gegenüber der Chefredaktion oder dem Verleger haben Journalisten keine »Pressefreiheit«. Unser Grundgesetz gewährleistet nur die »äußere«, nicht die »innere Pressefreiheit«.

UNFREIHEIT IN EINEM FREIEN LAND?

Wenn die Chefredaktion mancher deutscher Leitmedien in der morgendlichen Konferenz entscheidet: »Wir kommentieren den Irankonflikt heute so«, wird der Konflikt vom zuständigen Redakteur in der Regel auch »so« kommentiert. Selbst wenn er völlig anderer Meinung ist. Natürlich kann er diskutieren, widersprechen. Wenn die Chefredaktion bei ihrer Meinung bleibt, wird er sich beugen müssen. Ab einem bestimmten Alter ist es nicht mehr leicht, zu kündigen.

Mit Friedrich Schiller würde ich gerne allen Verlegern und Chefredakteuren zurufen: »Geben Sie Gedankenfreiheit, Sire!« Von den Journalisten aber wünsche ich mir, ebenfalls mit Schiller, »mehr Mannesmut vor Fürstenthronen!« Manchmal muss man eben engagiert für seine Meinung kämpfen. Und notfalls auch einen Preis dafür zahlen.

DAS RECHT AUF TENDENZSCHUTZ UND »BLATTLINIE«

Niemand sollte Verlegern und Chefredakteuren das Recht bestreiten, die Grundrichtung ihrer Medien festzulegen. Aber in Grundfragen von Krieg und Frieden, in zentralen Fragen von Recht und Unrecht, in wichtigen Gewissensfragen muss der einzelne Journalist mehr Freiheit haben. Selbst das Bundesverfassungsgericht veröffentlicht »Minderheitsvoten«. Geht etwas Ähnliches nicht auch in den Medien? In der Frage von Krieg und Frieden wären das ja sogar oft »Mehrheitsvoten«.

Ich war über zwanzig Jahre lang Stellvertreter Hubert Burdas, eines deutschen Verlegers mit klaren politischen Vorstellungen. Ich habe in dieser Zeit mehrere Bücher über die Kriege in Afghanistan und im Irak geschrieben. Sie setzten sich kritisch mit der amerikanischen Außenpolitik auseinander. Auch meine Bedenken gegen die Außenpolitik Israels habe ich darin formuliert.

Mein damaliger Verleger ist ein großer Freund der USA. Und ein noch größerer Freund Israels. Er hat mich trotzdem machen lassen. Obwohl es ihm bestimmt nicht leichtfiel. Natürlich hatten wir Auseinandersetzungen über meine Aussagen. Aber sie waren fair und souverän. Das meine ich, wenn ich von verlegerischer Toleranz spreche. Sie ist möglich.

INTOLERANZ ZERSTÖRT GLAUBWÜRDIGKEIT

Diese Toleranz und Liberalität gegenüber abweichenden Meinungen liegen auch im Interesse der Eigentümer und Chefredakteure der großen Medien. Einer der Gründe des Glaubwürdigkeitsverlustes der Leitmedien liegt ja gerade darin, dass sie zu häufig Gegenmeinungen unterdrücken. Und Fakten, die nicht zu ihrer Weltsicht passen, ausgrenzen.

Ich habe auf meiner Facebook-Seite über 700 000 Abonnenten. Mit manchen Artikeln erreiche ich Millionen Leser. Nicht weil ich besonders originell schreibe. Sondern weil es die mutige SZ, die vielfältige FAZ oder den frechen *Spiegel* von früher nicht mehr gibt. Und junge Menschen den klassischen Leitmedien oft nicht mehr glauben. Weil sie zu oft getäuscht wurden. Fake News ist leider nicht nur ein Problem der Sozialen Medien, sondern mindestens ebenso der klassischen Medien.

Wenn ich in den letzten Jahrzehnten durch Afghanistan, den Irak, Libyen, Syrien, Palästina, den Iran oder den Jemen reiste und abends die Berichte westlicher Leitmedien studierte, dachte ich oft, ich sei im falschen Film. Weil ich Dinge las, die mit der Realität vor Ort wenig zu tun hatten. Auch ich musste während meiner Reisen mehrfach meine Meinung korrigieren. Der Mainstream aber ändert seine prowestliche Meinung nie. Er folgt immer demselben Drehbuch.

Vor allem in Fragen von Krieg und Frieden waren die großen westlichen Medien oft Büttel der Mächtigen. Sie haben deren Lügen häufig ungeprüft weiterverbreitet. Sie dachten: Warum sollte ein Verteidigungsminister oder ein anderes hochrangiges Regierungsmitglied uns die Unwahrheit sagen? Ja, warum wohl? Weil die Politik immer Propagandisten braucht.

FÜR EINE RENAISSANCE DER MEINUNGSVIELFALT

Früher fand ich in der FAZ zu zentralen Streitpunkten die unterschiedlichsten Meinungen. So kamen beim Afghanistankrieg im »Politischen Buch« Befürworter und Gegner zu Wort. Im »Feuilleton« oder in der »Wirtschaft« fand ich eine weitere Sicht der Dinge. Das war großer Journalismus. Und zeugte von geistiger Freiheit. Doch das ist Vergangenheit. Die Berichterstattung in außenpolitischen Fragen geht jetzt meist stramm in eine Richtung. Was ist aus der früheren Meinungsvielfalt der FAZ geworden?

Es gibt Medien, die auch heute noch versuchen, ein gewisses Maß an »innerer Pressefreiheit« und Meinungsvielfalt zuzulassen. Die *Zeit* etwa oder die öffentlich-rechtlichen Rundfunkanstalten. Und manche Regionalzeitungen. Doch auch sie haben sich dem Zeitgeist in wichtigen Fragen zu selten widersetzt. Gegen Krieg und Heuchelei war ihre Stimme nur selten zu hören. Oder nur leise und vornehm. Sie waren meist kein echtes Gegengewicht.

WENN MANCHE MEDIEN ALS WÄCHTER DER DEMOKRATIE BEDEUTUNGSLOS WERDEN

Auch der einst große *Spiegel* ist kein Leuchtturm der freien Presse mehr. Nicht erst seit dem »Fall Relotius«. Obwohl in manchen Ressorts noch immer großartige Journalisten schreiben. Der *Spiegel*, über den man früher so kräftig streiten konnte, den man hassen und lieben konnte, schwimmt heute bei vielen Themen in fast peinlicher Weise dem Zeitgeist hinterher. In manchen Fragen, die ich einigermaßen gut beurteilen kann, in der Syrienfrage etwa, lag und liegt er so sehr daneben, dass er einem fast leidtun kann.

Ein einziges Mal habe ich einen Artikel des *Spiegel* gerichtlich überprüfen lassen. Als dieser einen mehrseitigen Bericht über unsere Reise in den »Islamischen Staat« veröffentlichte. Am Ende der mündlichen Gerichtsverhandlung unterwarf sich der *Spiegel* in allen vierzehn von mir als unwahr bezeichneten Passagen und gab »strafbewehrte Unterlassungserklärungen« ab. Er darf diese vierzehn Aussagen nie mehr wiederholen. Auf Anraten des Hamburger Landgerichts verpflichtete sich der *Spiegel* sogar, seinen Artikel im Internet vollständig zu löschen.[19] »Viel schlimmer geht's nimmer!«, sagte mir ein Prozessbeobachter kopfschüttelnd. Der *Spiegel* hat sich bei seinen Lesern nie für diese Pleite entschuldigt. Bei mir sowieso nicht. Im Grunde ist das traurig. Der *Spiegel* war einer der wichtigsten Wächter unserer Demokratie. Nur mit viel mutigerem Journalismus wird er das wieder werden.

DER MUT VIELER HISTORIKER

Während manche Medien der Meinung der Mächtigen hinterherhecheln, sie verharmlosen oder verteidigen, findet man bei Historikern oft einen unerschrockeneren, freieren Blick auf die großen Linien der Weltpolitik. Ganz offen benennen Historiker die Heucheleien und Irrtümer unserer Zeit. Zur Vorbereitung dieses Buches habe ich unzählige Werke deutscher, amerikanischer und französischer Geschichtswissenschaftler gelesen. Das Märchen vom »heldenhaften« Kampf des Westens für Menschenrechte und Demokratie erzählen sie nur selten. Es ist zu absurd. Fast lächerlich. Könnten sich manche Journalisten nicht wenigstens eine kleine Scheibe von der Courage unserer Historiker abschneiden?

WARUM LEITMEDIEN WICHTIG BLEIBEN

Werde ich jetzt SZ, FAZ oder ZEIT nicht mehr lesen? Ich würde mich selbst bestrafen. Ich lese jeden Tag mindestens zwei Stunden Zeitung. Mit großem Gewinn. Mindestens eine Stunde sitze ich täglich auf meinem Trimm-Rad und lese dort die FAZ. Selbstverständlich auch Artikel von Berthold Kohler. Nicht zur »Feindbeobachtung«, sondern weil ich in dieser Zeitung auch starke Analysen finde. Auch von Kohler. Dasselbe gilt für die SZ und zunehmend auch für die *Zeit*. Oder die Wochenzeitung *Der Freitag*.

Zeitungen sind ein Teil unserer Kultur. Genau deshalb macht mich das Versagen vieler Leitmedien in der Frage von Krieg und Frieden so zornig. Dass sie die Heucheleien der Mächtigen so einfach durchgehen lassen, ja mitmachen, gefährdet den Frieden weltweit. Und schwächt ihre eigene Bedeutung.

WIR HABEN KEINE LÜGENPRESSE, ABER EINE LEBENSLÜGE UNSERER ZIVILISATION

Ich glaube nicht, dass es in den von mir genannten Medien Journalisten gibt, die bewusst die Unwahrheit schreiben. Ausnahmen bestätigen die Regel. Ich glaube, dass die meisten journalistischen Kriegsbefürworter selbst Opfer einer großen Lüge sind. Der Lebenslüge des Westens, dass seine Machtpolitik eine humanitäre Aktion sei. Machtpolitik wird das nie sein. Die USA geben unvorstellbare 700 Milliarden Dollar für Rüstung aus, weil sie weltweit ihre Interessen durchsetzen wollen. Nicht um kleinen afghanischen Mädchen den Schulzugang zu ermöglichen.

Die großen Medien müssen aufhören, derart alberne Märchen zu verbreiten. Sie sollten – angelehnt an Andersens Märchen *Des Kaisers neue Kleider* – nicht zu denen gehören, die die nicht existente Garderobe des Kaisers bejubeln. Sie sollten der kleine Junge sein, der offen ausspricht, dass der Kaiser gar nichts anhat.

20. KAPITEL
WAS TUN?

Mai 2018. Zehn Monate nach der »Befreiung« Mossuls war Frederic noch einmal alleine in die zerstörte Stadt zurückgekehrt. Zu einer Nachrecherche. Was er sah, hat er bis heute nicht verarbeitet. Auf den Trümmern der zerschmetterten Altstadt lagen noch immer tote Kinder, Frauen, Männer. Gefangene, die Hände auf dem Rücken gefesselt. Wind und Wetter hatten manche der Leichen mumifiziert. Andere waren verwest. Unter den Trümmern wurden noch Tausende Leichen vermutet. Nach zehn Monaten!

Das Bild eines kleinen mumifizierten Kindes wird auch mir nie aus dem Kopf gehen. Keiner der »Befreier« hatte sich um die Bergung gekümmert. Die Angehörigen waren tot oder saßen in Lagern fest. Die »Befreiungsshow« der »68-Mächte-Koalition«, zu der auch Deutschland gehörte, war vorüber. Die Bergung von Opfern, von Kindern, war im Rahmen der »Befreiung« durch die westliche »Wertegemeinschaft« nicht vorgesehen.

Das ist das wahre Gesicht unserer Kriege und Siege. Wenn ich an die mumifizierten Kinder von Mossul denke, möchte ich schreien. Alle müssten schreien. Gibt es ein schrecklicheres Symbol der Heuchelei westlicher Wertepolitik?

DEN KRIEG ÄCHTEN, DEN FRIEDEN ADELN

Wenn wir all diese Schrecken nicht wieder am eigenen Leibe erleben wollen, müssen wir den Krieg viel entschiedener ächten. Das ist keine Utopie. Die Menschheit hat auch andere, lange als unausrottbar geltende Perversitäten überwunden. Im Zeitalter der Aufklärung und des Humanismus gelang es, sadistische Strafen wie Vierteilen, Pfählen, Verbrennen und auch Folter zu ächten. Mutige Frauenrechtlerinnen haben die Diskriminierung von Frauen zumindest erschwert.

Auch offener Rassismus wird von der Mehrheit der Menschen inzwischen verachtet. Bis zu seiner vollen Überwindung mag es noch ein langer Weg sein. Doch wir können es schaffen. Wir müssen es schaffen. Selbst der Tierschutz macht winzige Fortschritte. Das Bewusstsein, dass die Erde nicht nur uns Menschen und vor allem nicht nur den Mächtigen gehört, wächst. Die totale gesellschaftliche Ächtung der Gewalt und des Krieges wäre ein entscheidender Schritt zur Weiterentwicklung der Menschheit.

FRIEDEN IST MÖGLICH

Gandhi lehrt: Ohne Wahrheit und Gewaltlosigkeit wird die Menschheit untergehen.[1] Gandhis Plädoyer gegen Gewalt und Lüge wird sich allerdings nur durchsetzen, wenn wir uns viel unerschrockener dafür einsetzen. In jedem Herzen wohnt »ein Funken von Freundschaft zur Menschheit«.[2] Der Mensch ist auch zum Guten fähig. Ich habe wenig Menschen ohne guten Kern kennengelernt.

Wir müssen zeigen, dass die meisten Opfer der heuchlerischen Kriege unschuldige Zivilisten sind. Menschen wie du und ich. Wie dein Nachbar und seine Kinder. Wir müssen den Menschen emotionale Begeisterung für die Sache des Friedens einflößen. Eine zweite humanistische Revolution starten. Gewaltfrei!

Wir sollten aufhören, uns zu entschuldigen, wenn wir für den Frieden sind. »Eine Träne zu trocknen ist ehrenvoller, als Ströme von Blut zu vergießen«, sagte schon Lord Byron.[3] Auf die Anklagebank gehören die Kriegsverharmloser, die Kriegstreiber, die Heuchler. Wir müssen ihnen das Geschäft mit dem Tod erschweren.

Krieg, das Totschlagen anderer, meist unschuldiger Menschen, ist unanständig, pervers. Wir müssen dem Krieg die Maske der Ehrbarkeit vom Gesicht reißen. Niemand in Deutschland oder in den USA wäre bereit, seinen Nachbarn samt Familie mit Bomben und

Raketen zu beschießen, wenn sich in dessen Haus Terroristen verbergen würden. Im Krieg gegen den Terror tun unsere Politiker das jeden Tag. Auch die deutsche Bundesregierung. Die mit deutscher Hilfe durch westliche Bomben ermordeten Menschen in Kabul, Kundus, Mossul, Rakka oder im Jemen waren unsere Nachbarn. Nachbarn auf unserem gemeinsamen Planeten Erde.

DAS KATEGORISCHE VERBOT VON ANGRIFFSKRIEGEN

Willy Brandt nannte in seiner Rede zur Verleihung des Friedensnobelpreises den Krieg nicht »ultima ratio«, sondern »ultima irratio« – äußerste Unvernunft. Krieg ist immer eine Niederlage der internationalen Politik. Deren wichtigste Aufgabe ist es, Konflikte ohne Gewalt zu lösen. Die einzigen verfassungs- und völkerrechtlich legitimen Ausnahmen in Deutschland sind die Selbstverteidigung gegen einen unmittelbar drohenden oder erfolgten militärischen Angriff auf das Bundesgebiet oder auf einen unserer Verbündeten.[4] Sowie, nach der extrem weitgehenden Rechtsprechung des Bundesverfassungsgerichts, vom UN-Sicherheitsrat ausdrücklich genehmigte, völkerrechtlich und moralisch gerechtfertigte militärische Gewalt.

Leider wird oft übersehen, dass sich auch der Sicherheitsrat bei seiner Entscheidung an die Regeln des Völkerrechts halten muss. Es muss tatsächlich eine Bedrohung oder ein Bruch des Friedens oder eine Angriffshandlung nach Artikel 39 der UN-Charta vorliegen. Unrechtmäßige Kriege werden auch durch einen Beschluss des UN-Sicherheitsrats nicht rechtmäßig. Schon gar nicht durch einen Beschluss der NATO. Obwohl das Bundesverfassungsgericht im Jahr 1994 die NATO seltsamerweise zu einem mit der UNO vergleichbaren »System gegenseitiger kollektiver Sicherheit« im Sinne des Artikels 24 Absatz 2 des Grundgesetzes ernannt hat. Eine gefährliche Entscheidung, die mit dem Friedensgebot unseres Grundgesetzes nicht vereinbar ist.

Völkerrechtswidrig und verfassungswidrig sind:

- Kriege zur Herbeiführung eines Regimewechsels wie 2003 im Irak oder 2011 in Libyen.
- Militäreinsätze zur Durchsetzung wirtschaftlicher, politischer und geostrategischer Interessen.
- »Vergeltungskriege« wie jener in Afghanistan. Das galt zumindest für Bushs »Operation Enduring Freedom«, an der sich auch Deutschland beteiligte. Die USA und Deutschland wussten, dass die Taliban nicht hinter den Anschlägen von 9/11 steckten. Und dass Al-Qaida nicht in Kabul saß. Fünfzehn der neunzehn Attentäter stammten aus Saudi-Arabien, keiner aus Afghanistan.[5]
- Auch die widerlichsten Verbrechen von Despoten berechtigen nicht zu Angriffskriegen. Diese angeblich humanitären Kriege töten wiederum Unschuldige und begehen dadurch erneut schwerste Menschenrechtsverletzungen. Die Kriege gegen Saddam Hussein oder Gaddafi mit Hunderttausenden Ziviltoten haben die Leiden der Iraker und Libyer nicht verringert, sondern vergrößert. Die Waffe, die nur Despoten tötet, ist noch nicht erfunden. Es ist eine Vergewaltigung der Sprache, im Namen der »Menschlichkeit« unschuldige Menschen zu töten. Es gibt keine humanen Bomben und keine humanen Kriege.
- »Target killing«. Gezielte Hinrichtungen mithilfe von Drohnen im Obama-Stil. Der in Deutschland liegende US-Luftwaffenstützpunkt Ramstein spielt dabei eine traurige, dem Friedensgebot des Grundgesetzes krass widersprechende Rolle.[6]

Krieg darf nur äußerstes Mittel in klar definierten Notfällen sein. Unser Grundgesetz ist bei diesem Thema zu Recht sehr restriktiv.[7]

Trotzdem haben unsere Politiker Auslandseinsätze der Bundeswehr zur Normalität gemacht. Mit dem Segen des Bundesverfassungsgerichts. Dieser wichtigste Wächter über die Einhaltung des Grundgesetzes hat dessen ausdrückliches Friedensgebot nicht konsequent verteidigt. Dem Zeitgeist folgend, hat es sich das Grundgesetz zurechtgebogen.

Die Bundesregierung hat es genauso gemacht. In einem fast verzweifelten öffentlichen Beitrag schreibt selbst der langjährige Leiter der Rechtsabteilung des Bundesverteidigungsministeriums, Dieter Weingärtner: »Die deutsche Sicherheitspolitik tendiert (...) dazu, die Verfassungslage zu ignorieren. (...) Notfalls biegt die Bundesregierung die verfassungsrechtlichen Grundlagen eines Einsatzes zurecht – und erhält dazu auch noch die Zustimmung des Bundestages.«[8] Was soll man da noch sagen? Der Mann war sechzehn Jahre lang Leiter der Rechtsabteilung des BMVg.

Inzwischen werden unsere Soldaten in Krisen- und Kriegsgebiete geschickt, nur um Bündnispartnern einen Gefallen zu tun. Den USA in Afghanistan, weil diese nach 9/11 Stärke demonstrieren wollten und das Land am Hindukusch als wichtiges geostrategisches Ziel ansahen. Unserem Bündnispartner Frankreich in Mali, um ihm bei der Sicherung seiner Uraninteressen zu helfen. Der deutsche Mali-Einsatz ist ein klassisches Beispiel für Heuchelei pur. In Deutschland stellt die Bundesregierung Atomkraftwerke ab. In Mali aber hilft sie der französischen Regierung mit deutschen Soldaten, die Uranversorgung französischer Atomkraftwerke zu sichern. Absurdistan!

DIE VERFASSUNGSWIDRIGKEIT VON WAFFENEXPORTEN IN KRISENGEBIETE

Überall in den Kriegsgebieten des Mittleren Ostens habe ich westliche Munition gefunden. Manchmal sogar deutsche Waffen. Terroristen des IS präsentierten meinem Sohn und mir stolz ein erbeutetes deutsches Maschinengewehr. Einen Großteil seiner Munition bezog der IS von Rebellen der »Freien Syrischen Armee«, die vom Westen und seinen Verbündeten systematisch entlohnt und ausgerüstet wurden. Mit dem Verkauf der geschenkten westlichen Munition besserten die FSA-Kämpfer ihr Gehalt auf. Auf dem blühenden Schwarzmarkt für Waffen konnte der IS jede gewünschte Waffe kaufen. Wenn der Preis stimmte.

Die vom Bundessicherheitsrat unter Aushebelung des »Parlamentsvorbehalts« genehmigten Waffenexporte in Krisen- und Kriegsgebiete sind ein weiterer Verstoß gegen das Friedensgebot des Grundgesetzes. Derartige Waffenlieferungen sind oft Teilnahme an Kriegshandlungen und völkerrechts- und grundgesetzwidrig. Häufig sind sie Beihilfe zum Mord. Man muss das offen aussprechen. Die Saudis morden im Jemen schließlich nicht nur mit amerikanischen und britischen, sondern auch mit deutschen Waffen.

2017 gingen sechzig Prozent der von der Bundesregierung genehmigten deutschen Waffenexporte an sogenannte Drittstaaten.[9] Waffen im Wert von 1,3 Milliarden Euro gingen an Staaten der arabischen Kriegsallianz, die den Jemen bombardiert und aushungert.[10] Ein Sprecher der Berliner Regierungskoalition begründete die Waffenexporte an Saudi-Arabien und ähnliche Staaten 2015 mit den Worten, diese könnten »das ›Pulverfass‹ (...) Mittlerer Osten stabilisieren«.[11] Zum Verfassungsbruch kommt noch die Volksverhöhnung.

Das Geschäft mit dem Tod blüht nicht nur im Mittleren Osten. An Südkorea wurden bayerische Taurus-Raketen geliefert.[12] Sie sind »Enthauptungswaffen«. Ihre Aufgabe ist die Ausschaltung der Führung Nordkoreas. Ihre »Mephisto-Gefechtsköpfe« können mehrere Ebenen eines Bunkers durchschlagen.

Das soll Verteidigung sein? Friedenspolitik? Wenn sich schon das Bundesverfassungsgericht in dieser Frage so klein macht, sollte wenigstens der Gesetzgeber als Vertreter des Volkes Flagge zeigen. Waffenexporte in Krisen- und Kriegsgebiete sollten grundsätzlich unter Strafe gestellt werden.[13]

DIE VERGESSLICHKEIT DER POLITIK UND IHRE FOLGEN

Es scheint, als hätten manche Politiker und unsere obersten Verfassungsrichter vergessen, dass sich Deutschland 1990 bei der Wiedervereinigung im »Zwei-plus-Vier-Vertrag« noch einmal ausdrücklich verpflichtet hatte, »dass von deutschem Boden nur Frieden ausgehen wird«. Dass das »vereinte Deutschland keine seiner Waffen jemals einsetzen wird, es sei denn in Übereinstimmung mit seiner Verfassung und der Charta der Vereinten Nationen«.

Der langjährige deutsche Richter am Internationalen Strafgerichtshof in Den Haag, Hans-Peter Kaul, sagte kurz vor seinem Tod: Der Einsatz militärischer Gewalt »führt fast automatisch zu Verbrechen gegen die Menschlichkeit und Kriegsverbrechen. Es gibt keinen Militäreinsatz ohne Verbrechen.«[14] Die menschlichen Tragödien in Afghanistan, im Irak, in Libyen, in Syrien, im Jemen oder im Gaza-Streifen müssten eigentlich allen die Augen öffnen, die sich für eine Erweiterung der militärischen Interventionsmöglichkeiten des Westens und auch Deutschlands einsetzen. Wissen sie wirklich, was sie tun?

FRIEDEN IM MITTLEREN OSTEN?

Frieden ist auch im Mittleren Osten möglich. Die westlichen Politiker müssten hierzu allerdings umdenken. Und den Mittleren Osten so behandeln, als lebten sie selbst dort. Die Zustimmung zu den folgenden vier skizzenhaften Leitlinien würde ihnen dann erheblich leichter fallen.

1. Der Westen muss auf alle militärischen Interventionen im Mittleren Osten verzichten. Nichteinmischung muss ein zentraler Grundsatz unserer Politik werden. Entsprechend der Forderung Kants in seiner Schrift *Zum ewigen Frieden*. Die Länder des Mittleren Ostens müssen ihre Konflikte selbst lösen. Unsere Einmischungskriege haben nur Unheil angerichtet. Sie haben die Zahl der Terroristen nicht verringert, sondern in die Höhe gejagt. Von der Flüchtlingskatastrophe ganz zu schweigen.
2. Der Westen muss mittelfristig bereit sein, alle seine Militärstützpunkte im Mittleren Osten abzubauen. Sie sind demütigende Überbleibsel des westlichen Kolonialismus. Für Russland gilt nichts anderes.
3. Der Mittlere Osten braucht zur Beilegung der vielen regionalen und innerstaatlichen Konflikte eine auf Dauer angelegte Friedens- und Sicherheitskonferenz: eine Middle-East-KSZE im Stil jener Konferenz von Helsinki, die einst den mindestens genauso schwierigen Ost-West-Konflikt entschärfte.

4. Der Westen muss die muslimische Welt genauso fair behandeln, wie er Israel behandelt. Er muss die Diskriminierung der Muslime auch in den Ländern des Westens stoppen. Er muss seinen antimuslimischen Rassismus beenden.

PROFESSIONELLE TERRORBEKÄMPFUNG

Wir müssen den Terrorismus professionell bekämpfen. Mit den klassischen Methoden des Antiterror-Kampfes. Mit Unterwanderung, Geld, Spezialkommandos. Aber nicht länger mit dem gescheiterten, kontraproduktiven Terrorzuchtprogramm Krieg, das an Plumpheit und Torheit kaum zu überbieten ist. Wer zur Bekämpfung einer Wespenplage mit Knüppeln auf das Wespennest einprügelt, darf sich nicht wundern, dass die Wespen immer aggressiver werden.

Im Irak kann der sunnitisch getarnte Terrorismus nur mithilfe der sunnitischen Minderheit geschlagen werden. Die arabischen Sunniten, die rund dreißig Prozent der irakischen Bevölkerung stellen, sind voller Bitterkeit, weil sie in ihrem Land seit dem Überfall der USA im Jahr 2003 massiv benachteiligt werden. Die Führer der arabisch-sunnitischen Stämme des Irak haben mir erst kürzlich wieder erklärt, dass sie an dem Tag, an dem sie wieder gleichberechtigte Mitglieder der irakischen Gesellschaft werden, den Kampf gegen den IS und alle seine Nachfolgeorganisationen aufnehmen und auch gewinnen werden. Noch effektiver als 2007, als sie Al-Qaida alias »ISI« aus den sunnitischen Provinzen des Irak verjagten. Für Syrien gilt Ähnliches. Auch dort würde eine nationale Aussöhnung viele Probleme lösen.

AUSSÖHNUNG ZWISCHEN CHRISTLICHER, MUSLIMISCHER UND JÜDISCHER WELT

Kriege im Mittleren Osten mögen im Interesse mancher US-Strategen liegen, deren Mantra »Divide et impera!« (»Teile und herrsche!«) lautet. Im Interesse Europas liegen sie nicht. Der Mittlere Osten liegt vor unserer Haustür. Und wir vor seiner. Europa hat ein strategisches Interesse am Frieden im Orient. Nicht nur wegen der vielen Flüchtlinge, die aus dieser Region nach Europa kommen.

Auch Frieden zwischen Christen, Juden und Muslimen ist keine Utopie. Das hatte man lange auch vom Verhältnis zwischen Christen und Juden geglaubt. Und doch ist diese Aussöhnung heute weitgehend gelungen. Ich habe viele Stunden meines Lebens in Synagogen, Kirchen und Moscheen verbracht. In Europa und im Mittleren Osten. Zuletzt Ende 2018 in Teheran, wo Frederic und ich an einem einzigen Tag eine Synagoge, eine Kirche und eine Moschee besuchen konnten. Ein unvergessliches Erlebnis, bei dem uns die Ähnlichkeiten der drei großen monotheistischen Weltreligionen besonders bewusst wurden.

Alle drei Religionen sind aus dem tiefen Glauben an den EINEN Gott entstanden. Da soll eine Aussöhnung unmöglich sein? Gerechtigkeit und Nächstenliebe sind jüdische, christliche und islamische Werte. Und die ideale Grundlage einer Partnerschaft der drei großen Religionen. Der Stammvater der drei monotheistischen Religionen Abraham und die Propheten Mose, Jesus und Mohammed wären über die heutige Feindschaft und den Hass unter ihren Anhängern entsetzt. Christentum, Judentum und Islam müssen eine vernünftige Form des Zusammenlebens finden. Bevor es erneut zu spät ist.

AUFBRUCH ZU EINER MULTILATERALEN WELT

Der Westen und vor allem Europa haben gar keine andere Wahl als Frieden im Mittleren Osten. Das Zeitalter der alleinigen Vorherrschaft der USA geht seinem Ende entgegen. Aus der monopolaren Welt wird eine multipolare Welt werden. Wir Europäer sollten unsere regionalen Probleme lösen, bevor wir an den Rand der Weltpolitik gedrängt werden.

Für die USA wird es bald nicht mehr ganz so einfach sein, Kriege in fremden Kulturkreisen zu führen. Der große Knüppel wirkt nicht mehr, wenn mehrere andere einen ähnlichen Knüppel haben. Oder Atomwaffen. Oder kluge Bündnisse. Der Westen ist im Mittleren

Osten schon jetzt dem De-facto-Bündnis Russland, China, Iran und Türkei nicht mehr überlegen.

Unsere Politiker haben verlernt, strategisch zu denken. Was spricht gegen eine strategische Partnerschaft Europas mit Russland? Unter Beibehaltung der transatlantischen Partnerschaft? Was gegen einen deutsch-französischen Bundesstaat, wenn die EU ein zerstrittener Debattierklub bleibt?

Auch in einer multipolaren Welt können die westlichen Länder ihre Identität, ihre Kultur, ihren Wohlstand, ihre Freiheit und ihre rechtsstaatliche Demokratie behaupten. Wenn sie nicht erneut alle Katastrophen der Vergangenheit erleben wollen, müssen sie allerdings lernen, die Interessen anderer mitzuberücksichtigen. Und darauf verzichten, anderen Kulturkreisen ihre Vorstellungen von einer gerechten Welt mit Bomben und Raketen einzubläuen.

WERTE VORLEBEN

Wir sollten in diese multipolare Welt nicht nur unsere militärische und wirtschaftliche Stärke einbringen. Obwohl auch sie wichtig sein wird. Sondern auch moralische Stärke und Glaubwürdigkeit. Nicht nur mit Worten. Sondern indem wir sie vorleben. Und andere Staaten so behandeln, wie wir selbst behandelt werden wollen. Dort, wo es um unsere Interessen geht, sollten wir sie klar benennen. Das ist auf Dauer klüger, als einen Kampf um Werte vorzuheucheln, den uns die Welt schon lange nicht mehr glaubt.

Ziel muss sein, in der entstehenden multipolaren Welt ein Gleichgewicht der Kräfte herzustellen. Auf der Basis gegenseitigen Respekts und anerkannter internationaler Regeln. Anders als Samuel Huntington meint, muss es nicht zu einem Zusammenprall der Kulturen kommen. Eine multipolare Welt bietet auch große Chancen.

21. KAPITEL
ALAN, DER JUNGE AUS BASCHIKA

EIN SOMMERTAG IN BASCHIKA

Dies ist die Geschichte Alans*, eines elfjährigen Jungen aus Baschika, einer jesidischen Kleinstadt zwanzig Kilometer nordöstlich von Mossul.

Alan war ein fröhlicher Junge mit spitzbübischem Lächeln. An einem sonnigen Nachmittag im Juni 2014 spielte er in Baschika mit Freunden Fußball. Unter Olivenbäumen, für die seine Stadt im ganzen Irak berühmt ist. Sie spielten vier gegen vier. Die Tore hatten sie mit Steinen markiert. Die Mannschaften waren bunt gemischt. Jesiden, Muslime, Christen. Der Glaube seiner Freunde interessierte Alan nicht. Freunde waren Freunde.

Es war wie immer ein fröhlicher Kick. Bis zu dem Augenblick, als ein Mann herbeistürmte und seinem Sohn zurief: »Der IS kommt! Wir müssen weg. Los!« Alle schauten verdutzt, der Junge rannte zu seinem Vater. Ihr Auto brauste davon. Die anderen Jungs guckten sich erschrocken an. Sie wussten, wer der IS war. Doch für Baschika drohte angeblich zurzeit keine Gefahr. Zumindest hatte das Alans Vater gesagt. Trotzdem hatte keiner Lust, weiterzuspielen. Verstört liefen sie nach Hause.

Alan versuchte, seine Eltern zu überzeugen, dass es vielleicht doch besser wäre, zu Verwandten in den Norden zu fahren. Wenigstens für ein paar Tage. Seine Mutter fand, dass er Quatsch rede. Sein Vater auch. Doch beim Abendessen stürzte ein Onkel in die Küche

---

* Name geändert.

und rief: »Was macht ihr hier noch? Die Stadt ist fast leer! Wir müssen raus.«

DIE ERSTE FLUCHT

Jetzt ging alles ganz schnell. Alans Eltern und seine zwei kleinen Schwestern brauchten nur Minuten, um sich umzuziehen. Zum Kofferpacken war keine Zeit. Zehn Minuten später saßen alle im Auto. Alans Mutter weinte. Sein Vater biss sich auf die Lippen. Sie beschlossen, weit weg zu fahren. Nach Istanbul. Über Dohuk, eine kleine kurdische Stadt im Norden. Von dort gab es eine direkte Busverbindung. Istanbul war 1700 Kilometer entfernt. Das hieß über dreißig Stunden Fahrtzeit. Aber die Türkei bedeutete Sicherheit. Auch für Jesiden.

BEGINN DER ODYSSEE

Alan hoffte, dass alles nur ein böser Traum war. Dass er bald nach Baschika zurück könnte. Er ahnte nicht, dass die Fahrt nach Istanbul nur der Beginn einer Odyssee war. Dass er nie mehr unter Baschikas Olivenbäumen Fußball spielen würde.

Vier Monate blieben sie an ihrem neuen Zufluchtsort, einem Dorf nordwestlich von Istanbul. Über Telefonate mit Freunden erfuhren sie, wie der IS Baschika eroberte. Wie später Tausende jesidische Männer ermordet, jesidische Mädchen und Frauen vergewaltigt und versklavt, wie Hunderttausende vertrieben wurden. Auch was in Mossul geschah, bekam die Familie mit. Die Massaker an Schiiten, die Flucht der Christen. Mossul war nur zwanzig Kilometer von Baschika entfernt. Auch dort lebten Verwandte und Freunde.

In Alans Familie wurde viel geweint. Sein Vater, ein Röntgenarzt, hatte keine Arbeit mehr. Seine Ersparnisse gingen zu Ende. Er begann, sich nach den Einreisebestimmungen fremder Länder zu erkundigen – Australien, Kanada, USA. Vielleicht konnten sie dort ein neues Leben aufbauen. Irgendwo weit weg. In einem Land, in dem es Frieden und Arbeit gab. Aber am Ende wollten alle doch lieber irgendwann nach Baschika zurück. Sobald es befreit war. Dort war ihre Heimat. Dort waren ihre Wurzeln.

NACH KURDISTAN

Im Herbst 2014 fuhr die Familie in den Irak zurück. Nach Erbil, in die Hauptstadt der »Autonomen Region Kurdistan im Irak«. Erbil war fast schon Heimat. Die Stadt lag nur achtzig Kilometer von Baschika entfernt und galt als einigermaßen sicher. Die kurdischen Peschmerga-Kämpfer hatten vor zwei Monaten die Eroberung der Stadt durch den IS verhindert. Vierzig Kilometer vor Erbil hatten sie den IS mit US-Luftunterstützung gestoppt. Viele jesidische Flüchtlinge lebten jetzt dort.

Alans Familie musste in Erbil auf engstem Raum hausen: zwanzig Personen in einer kleinen Vierzimmerwohnung. Ihr Geld wurde immer knapper. So konnte es nicht weitergehen. Auch nicht für Alan. Er wollte studieren, Arzt werden. Aber seit Monaten konnte er nicht einmal mehr zur Schule gehen. Seine Zukunftspläne lösten sich gerade in Luft auf.

Sechs Monate hielten sie es in Erbil aus. Dann beschlossen sie, noch näher an Baschika heranzuziehen. Nach Mahad, einer kleinen jesidischen Ortschaft, zwanzig Kilometer von Baschika entfernt. Dort wohnten Alans Großeltern. Sie besaßen ein Haus mit Garten. Dort konnten sie mietfrei wohnen.

HINTER DEM HÜGEL: DER IS

Mahad war angeblich sicher. Obwohl der IS in Baschika saß. Nur durch einen Berg von Mahad getrennt. Mehrfach hörte Alan, wie Kampfjets Raketen auf Baschika feuerten. Manchmal erzitterte ihr Haus wie bei einem Erdbeben. Vom Dach aus sah Alan über Baschika Rauchwolken aufsteigen. Und hinter Baschika lag Mossul. Er bekam zunehmend Angst. »Mama, warum sind wir nicht in Erbil geblieben?«

Einmal nahm ihn sein Großvater mit auf den Berg, der Mahad

von Baschika trennte. Von hier aus sah Alan ganz Baschika. Rauchende Trümmer, Flaggen des IS. Der IS war so nah. Er brauchte nur über den Berg zu kommen, um Mahad anzugreifen.

DER KÜHNE PLAN

In dem inzwischen zwölfjährigen Jungen reifte ein Plan: Er wollte versuchen, sich nach Deutschland durchzuschlagen. Von diesem Land hatte er nur Gutes gehört. Im Fernsehen, von seinen Eltern, seinen Freunden. Außerdem lebte in München ein Onkel. Deutschland war sicher. Und anders als andere Länder jagte es Flüchtlinge nicht einfach wieder weg. Deutschland war für viele die letzte Hoffnung. Wenn sie durchkamen und sich danach anstrengten, konnten sie dort ein neues Leben aufbauen. Alan wollte weg. Weg vom Terror, weg vom Krieg. Wieder zur Schule gehen. Eine Chance bekommen.

DER KAMPF MIT DEM VATER

Sein Vater wollte Alans Plan nicht zustimmen. Er wollte seinen Sohn nicht verlieren. Auf der Flucht konnte Schlimmes passieren. Viele kamen nicht durch. Fast täglich könne man das im Fernsehen sehen. Doch er wusste: Auch in Mahad war das Leben nicht sicher. Vor einem Jahr hatte er die IS-Gefahr schon einmal unterschätzt.

Alan hatte Bammel, alleine in einem fremden Land zu leben, ohne Eltern und Geschwister. Doch gleichzeitig war in dem Zwölfjährigen ein großer Kampfgeist erwacht. Er wollte sein Schicksal selbst in die Hand nehmen. Es war ein Wirrwarr der Gefühle. Alan und sein Vater diskutierten die halbe Nacht. Dann stimmte Alans Vater zu.

BITTERER REIS

Schon wenige Tage später war es so weit. Alans Vater hatte einen Schlepper organisiert. Der hatte versprochen, Alan mit einer Gruppe von Irakern über die Türkei, Bulgarien, Serbien, Ungarn und Österreich nach Deutschland zu bringen. Meist in Lastwagen. Über die Grenzen müssten sie allerdings zu Fuß. Auf Schleichpfaden. Dauer der Reise: zweieinhalb Wochen. Kosten: 10 000 Dollar. Alans Vater hatte schon lange nicht mehr so viel Geld. Doch die Großeltern halfen. Trotzdem musste Alans Vater zusätzlich einen Kredit aufnehmen.

Alan packte seinen Rucksack: einen Pullover, zwei T-Shirts, eine Hose, eine Jacke. Außerdem Nüsse, Gebäck, Schokolade, Snickers. Seine Mutter kochte noch einmal sein Lieblingsgericht: Reis mit Hühnchen. Doch Alan brachte kaum etwas runter. Der Reis kam ihm bitter vor. Er wusste, jetzt kamen harte Wochen. Pläne schmieden war das eine. Sie umsetzen etwas ganz anderes. Bald würde er auf sich alleine gestellt sein. Ohne Familie. Vielleicht würden sie sich nie wiedersehen. »Nie« war ein schlimmes Wort.

Natürlich würde er versuchen, seine Eltern irgendwann nachzuholen. Klar! Aber ob das möglich war, war ungewiss. Seiner Mutter hatte er ohnehin das Herz gebrochen. »Pass auf dich auf! Gib nie auf!«, hatte sie ihm zum Abschied gesagt. Dann war sie in ein anderes Zimmer gegangen.

START IN ISTANBUL

Zwei Tage später, Ende Juli 2015,* trafen Alan und sein Vater nahe Istanbul ihre Gruppe. Zwei Schmuggler und elf Flüchtlinge warteten im Morgengrauen auf einem Parkplatz: Kurden, Araber, Muslime, Christen, Jesiden. Unter ihnen drei Kinder. Eines war erst vier Jahre alt. Alan verstand nicht, wie man so kleine Kinder mitnehmen konnte. Er fand, dass er viel erwachsener war. Der Abschied war kurz. »Du schaffst es!«, sagte Alans Vater und versuchte zu lächeln. Dann drückte er seinen Sohn so fest an sich, wie er ihn noch nie gedrückt hatte.

---

* Sechs Wochen vor Angela Merkels Satz »Wir schaffen das« und der anschließenden »Öffnung« der auch vorher nicht geschlossenen Grenzen von Österreich und Deutschland.

Alan quetschte sich mit den dreizehn anderen in einen Minibus, der nur für sieben Personen zugelassen war. Tausend Gedanken schossen ihm durch den Kopf. Über zwölf Monate war es nun her, dass er mit seiner Familie aus Baschika geflohen war. Hatte er die richtige Entscheidung getroffen? Vor ihm lagen fast 2000 Kilometer, Berge, Flüsse, der halbe Balkan. Mit Polizei, Grenzschutz und Armee. Irgendwo dahinter lag Deutschland. Da wollte er hin. Schlafend, wachend, zweifelnd und dann wieder voller Vorfreude versuchte er, die Zeit totzuschlagen.

OHRFEIGEN UND BOOTE SCHLEPPEN

Ein paar Kilometer vor der Grenze zu Bulgarien hielten sie an einem bewaldeten Grundstück. Zwölf weitere Flüchtlinge warteten hier: Iraker, Syrer, Afghanen. Und zwei Schmuggler. Alles musste nun ganz schnell gehen. Bloß nicht auffallen! Minuten später marschierten sie los. 28 Personen waren sie jetzt. Darunter zwei Frauen, sechs Kinder und vier Schmuggler. Inzwischen war es stockdunkel.

Ab jetzt galten knallharte Regeln: Nicht miteinander reden, totales Handyverbot und so schnell laufen, wie es die Schlepper befahlen. Jeder Befehl war sofort zu befolgen. Wer nicht schnell genug ging oder redete, wurde geschlagen. Auf den Kopf, ins Gesicht. Auch Erwachsene. Widerstand war sinnlos. Alan wurde mehrfach geschlagen. Es tat richtig weh. Der vordere Schlepper ging meist ein paar Hundert Meter voraus. Und prüfte, ob die Luft rein war. Dann ließ er sich zurückfallen. Er war aggressiv und wirkte zugedröhnt. Stand er unter Drogen?

Sie hatten vier aufblasbare Boote mitbekommen. Zusammengefaltet in großen schwarzen Säcken. Jeder wog etwa zwanzig Kilo. Je vier Mann mussten einen Sack schleppen. Zusätzlich zu ihren Rucksäcken. Über Stock und Stein, mitten in der Nacht. Irgendwann konnte Alan nicht mehr. Er ließ den Sack einfach los und ging weiter. Auch die anderen waren fix und fertig und blieben stehen. Als der zugedröhnte Schlepper das merkte, prügelte er wütend auf Alan ein. Vor Erschöpfung und Verzweiflung weinend, schleppte Alan die schwere Last weiter. Es war ein Albtraum. Er konnte nicht mehr laufen, nicht mehr tragen und wurde ständig verprügelt. Nachts im türkisch-bulgarischen Grenzgebiet. Hunderte Kilometer von seinen Eltern entfernt.

ZU KLEINE BOOTE, ZU GROSSER FLUSS

An der Grenze zu Bulgarien mussten sie über einen achtzig Meter breiten Fluss. An einigen Stellen war er tief. Viele konnten nicht schwimmen. Auch Alan nicht. Mit einer kleinen Fußballpumpe mussten sie die drei Meter langen, anderthalb Meter breiten Schlauchboote mit Luft füllen. Alan pumpte, bis ihm schwindlig wurde. Dann kam der Nächste dran. Und irgendwann wieder Alan. Eine Dreiviertelstunde lang.

Zu Alans Überraschung bliesen sie nur zwei Boote auf. Obwohl jedes Boot nur für sechs Personen zugelassen war. Sie waren aber 28. Das bedeutete, dass in jedem der Boote vierzehn statt sieben Personen sitzen würden. Trotzdem durften sie die anderen zwei Boote nicht aus den Säcken herausholen. Sie wurden angeblich für später gebraucht. Keiner wagte zu widersprechen. Die Schlepper schlugen zu schnell zu.

ÜBERFAHRT NACH BULGARIEN

Im Morgengrauen fuhren sie in den schwankenden Booten über den Fluss. Keiner rührte sich. Bei der geringsten Bewegung konnte alles vorbei sein. Mehrfach schwappte Wasser in die Boote. An einer seichten Stelle bohrte sich ein Zweig in Alans Boot. Alle schauten sich an. Wenn das Boot Luft verlor, konnte es keine vierzehn Personen mehr tragen. Einer der Schmuggler brach den Zweig ab und ließ ein Stück im Boot stecken. Würde das bis zum Ufer gut gehen? Sami, ein junger irakischer Flüchtling, sah die Gefahr und ließ sich ins Wasser gleiten. Schwimmend zog er das Boot an Land. Alle waren klatschnass. Aber erleichtert. Sie waren in Bulgarien.

FLUCHT AUF EINEN FRIEDHOF

Nach Aussagen der Schlepper wimmelte es hier von Polizisten. Ihr Kommando hieß: »Wenn ihr Polizisten seht, sofort wegrennen und verstecken. Jeder für sich. Wer erwischt wird, hat Pech gehabt.« Mehrfach riefen sie: »Achtung Polizei!« Dann warfen sich alle hinter einen Busch oder einen Baum und warteten, bis die Luft rein war. Dann ging es hastig weiter.

Alans Herz klopfte laut. Der durchnässte Rucksack mit seinen Klamotten war ihm inzwischen viel zu schwer. Er ließ ihn einfach stehen. Er konnte nicht mehr. Sollte ihn die bulgarische Polizei halt erwischen. Doch sofort war wieder einer der Schmuggler bei ihm und fauchte ihn an: »Siehst du nicht, dass überall Polizei ist?« Geduckt rannte er zurück, holte die schwere nasse Tasche und warf sie Alan entgegen. Dann packte er Alan am Kragen und zerrte ihn hinter sich her. Bis sie sich auf einem kleinen Friedhof verstecken konnten.

VON DER POLIZEI GESTOPPT

Als die Luft rein war, verschwanden die Schlepper. »Ihr werdet gleich von einem Lkw abgeholt«, sagten sie. Dann waren sie weg. Nach einer Weile tauchte tatsächlich ein Lkw auf. Sein Fahrer stieg aus und schaute sich um. Dann öffnete er die hintere Ladetür. Wie auf Kommando schossen die Flüchtlinge aus ihrem Versteck heraus und kletterten in den Lastwagen. Als hätten sie es tagelang trainiert. Die Tür knallte zu, dann war es dunkel im Wagen.

Sie waren gerade einmal zwei Stunden gefahren, als der Fahrer unvermittelt abbremste. Sie hörten eine strenge Stimme. Der Fahrer antwortete erregt. Es kam zum Streit. Die Ladetür wurde geöffnet. Vor ihnen stand ein Polizist. Wie Schafe zählte er sie durch. Keiner wagte etwas zu sagen. Der Fahrer redete auf den Polizisten ein. Der antwortete abweisend. Resigniert zog der Fahrer schließlich seinen Geldbeutel raus und gab dem Polizisten einige Scheine. Dann schloss er die Ladetür und fuhr weiter.

DER ENDLOS LANGE »ZWISCHENSTOPP«

Stunden später hielt der Wagen an einem parkähnlichen Grundstück. Alle mussten raus. Der Fahrer murmelte etwas von einem kurzen Zwischenstopp. Sie würden gleich abgeholt. Dann fuhr er weg.

Nach vier langen Stunden kamen Taxis. Sie brachten sie zu einem schlichten grauen Haus. Frauen und Kinder wurden zu einer maximal vierzig Quadratmeter großen Einzimmerwohnung gebracht. Dort standen bereits Dutzende erschöpfte Frauen und Kinder. Schlafen konnte niemand. Es war viel zu eng. Man konnte sich nur noch aneinanderlehnen.

Die Männer und auch Alan schliefen draußen im Hof. Auf dem Steinboden. Seine Jacke hängte Alan zum Trocknen auf. Außer seinem dünnen Pulli hatte er nichts mehr gegen die Kälte der Nacht. Als die anderen Flüchtlinge anfingen, sich laut zu unterhalten, wurde er ganz unruhig. Was, wenn Nachbarn sie hörten und die Polizei alarmierten?

Sie warteten und warteten. Nicht Stunden, sondern Tage und Nächte, die nicht enden wollten. Niemand kam. Kein Taxi, kein Lastwagen. Keiner sagte, was los war. Wo waren sie? Warum saßen sie hier fest? Alans Sorgen wurden immer größer. War die Flucht gescheitert?

AUFBRUCH IM MORGENGRAUEN

Am sechsten Tag, morgens um fünf, kam ein kleiner Lkw. Alle mussten schnell einsteigen. Im Halbschlaf kletterte Alan auf den Lastwagen. Seine Jacke vergaß er.

Der Laster war alt und nur mit Plastikplanen bedeckt. Da die Ladefläche klein war, mussten alle stehen und sich an Stangen festhalten. Wegen der flatternden Planen konnte die kleinste Bewegung von außen erkannt werden. Niemand durfte sich rühren, niemand sprechen. Acht Stunden lang.

ÜBER DIE BERGE

Im Grenzgebiet zu Serbien ging es wieder zu Fuß weiter. »Endlich!«, dachte Alan nach der stundenlangen Steherei. Obwohl ihm die Beine wehtaten. Weil die Grenze angeblich durch Radar überwacht wurde, mussten sie große Umwege gehen: rauf, runter, vorwärts, zurück. Immer wieder mussten sie rennen, sich zu Boden werfen, durften sich minutenlang nicht rühren. Die Erde war nass und rutschig. Nach zwei Stunden Marsch war Alan völlig erledigt.

Eine siebzigjährige Frau mit weißen Haaren schaffte die Ab- und Aufstiege jetzt kaum noch. Die anderen Flüchtlinge machten mehrfach kleine Pausen, um ihr die Möglichkeit zu geben, aufzuschließen. Die Schmuggler wurden immer ungeduldiger. Schließlich erklärten sie der Gruppe, beim nächsten Aufstieg dürfe keiner mehr auf die erschöpfte Frau warten. Sie hätten keine Lust, wegen ihr erwischt zu werden.

Ein Sturm der Empörung kam auf. Die Flüchtlinge waren heimatlos, rechtlos, schutzlos. Sie hatten alles aufgegeben. Ihren Anstand würden sie nicht aufgeben. »Die Frau kommt mit«, sagte einer im Namen aller. Mit zitternder Stimme. Die Schmuggler konnten fluchen, soviel sie wollten. Die Gruppe blieb standhaft: Die Frau kam mit. Gemeinsam schafften sie es über die Grenze nach Serbien.

SERBIEN IM MATSCH

Den Bergen folgten kilometerlange Matschfelder. Bei jedem Schritt sanken sie ein. Das kostete Kraft. Eine Frau war schwanger und hatte zwei Kinder dabei. Die Berge hatte sie noch geschafft, jetzt gingen ihr die Kräfte aus. Verbissen kämpfte sie um jeden Schritt. Sami, der junge Iraker, der an der bulgarischen Grenze das Boot ans Ufer gezogen hatte, nahm ihr kleinstes Kind auf den Arm. Das andere führte er an der Hand. Auch Alans Rucksack trug er.

Als nach vielen Stunden das Schlammgebiet durchquert war, verschwanden die Schmuggler. Sie sagten den erschöpften Flüchtlingen noch, sie sollten sich am Waldrand verstecken. Dort würden sie abgeholt. Alan wusste, das konnte wieder lange dauern. Er schlief sofort ein. Als er aufwachte, regnete es. Alle hatten Durst. Aber keiner hatte Wasser.

AUS PFÜTZEN TRINKEN?

Alan entdeckte eine große Wasserpfütze. Er überlegte nicht lange. Er kniete sich vor die Pfütze und trank einen großen Schluck. Das aufgewühlte Wasser mischte sich mit dem schlammigen Boden. Und schmeckte trotzdem köstlich. Alan trank und trank. Andere folgten ihm. Gemeinsam schlürften sie die Pfütze fast leer. Dass das ungesund sein könnte, interessierte sie nicht. Verdursten war noch ungesunder.

Nach langem Warten kamen mehrere Lieferwagen. Sie brachten sie nach zweistündiger Fahrt wieder auf ein parkähnliches Grundstück. Direkt neben einem großen Gebäude, vor dem mehrere Flaggen wehten. Die Fahrer sagten, es sei eine Art Botschaft. Aber wo? Hier sollten sie warten. Irgendwann würden Taxis kommen, um sie zu ihrer Unterkunft zu bringen. Alan fand das nicht sehr beruhigend. An Botschaften gab es auch Polizei. Was war, wenn die sie entdeckte?

ENDE DER REISE?

Nach einer Stunde kamen Taxis. Sie brachten sie zu einem großen Haus mit Garten. Mit über hundert weiteren Flüchtlingen: Syrern, Afghanen, Iranern, ja sogar Chinesen. Doch wieder ging es nicht weiter. Sie warteten einen Tag, zwei Tage. Die Unruhe stieg. Alan fürchtete wieder, dass alles gescheitert war. Die anderen Flüchtlinge waren ja noch länger hier. Hatte man sie vergessen? Waren die Schlepper ausgestiegen? Festgenommen? Nichts ging weiter. Keiner wusste warum. Fünf volle Tage mussten sie warten. Fünf Tage Ungewissheit, Sorgen, Zweifel. Erst am sechsten Tag kamen die Lastwagen. Eine riesengroße Last fiel von Alans Schultern.

AUFBRUCH ZUR UNGARISCHEN GRENZE

Sieben Stunden lang fuhren sie Richtung ungarischer Grenze. Kurz vor der Grenze wurde ihr Lkw gestoppt. Sie hörten ein lautes Wortgefecht. Der Fahrer hatte an einer Mautstelle angeblich das falsche Ticket gekauft. Jetzt musste er eine hohe Strafe zahlen. Fluchend fuhr er los und steuerte den Lastwagen auf einen nahe gelegenen Parkplatz.

Dann öffnete er den Laderaum. Mit verbissenem Gesicht verlangte er von den Flüchtlingen, dass sie die Strafe zahlten: 1450 Euro! Sie schauten ihn fassungslos an. 1450 Euro? Der Fahrer malte die Zahl auf die verdreckte Tür. Die Flüchtlinge versuchten ihm mit Händen und Füßen klarzumachen, dass sie nicht so viel Geld hatten. Und nicht zahlen würden.

Der Fahrer drohte, dann werde er sie stehen lassen. Doch 1450 Euro waren zu viel. Mit hochrotem Kopf schaute der Fahrer sie an. Dann knallte er die Tür zu und schob den Riegel vor. Sie waren eingesperrt.

GEFANGEN IN EINEM LKW

Einer der Flüchtlinge rief flüsternd einen Kontaktmann bei den Schleppern an. Der versuchte, ihn zu beruhigen. Er werde einen neuen Fahrer schicken, versprach er. Doch niemand kam.

Sie warteten eine Stunde, zwei Stunden. Was sollten sie machen? Wenn sie gegen die Wände hämmerten, riskierten sie, dass die Polizei kam. Dann würden sie abgeschoben. Aber ewig im Lastwagen warten ging auch nicht. Die Luft wurde dicker, einige mussten auf die Toilette. Die Stunden vergingen. Angst breitete sich aus.

Nach drei Stunden klopfte jemand leise an die Wände des Lkw. Keiner rührte sich. Wer wusste schon, wer das war? Erst als der Klopfer sagte, er sei der neue Fahrer, fiel ihnen ein Felsbrocken vom Herzen.

UNGARN

Sie fuhren nur noch wenige Kilometer. Dann ging es zu Fuß weiter. Richtung Ungarn. Und wieder das gleiche Spiel: tagsüber stundenlanges Fahren, nachts stundenlanges Marschieren über die Grenze. Zermürbend, endlos.

Acht Stunden lang schleppte sich die erschöpfte Karawane Richtung Ungarn. Ab und zu pausierten sie unter Bäumen. Immer nur kurz. Keiner durfte einschlafen. Einer der Flüchtlinge hatte nur noch ein T-Shirt und eine dünne Hose. Er zitterte wie Espenlaub, konnte vor Kälte fast nicht mehr laufen. Sami, der hilfsbereite Iraker, gab ihm seinen Pulli. Für sich hatte er ja noch seine Jacke. Dann hieß es wieder laufen, laufen. Bis sie irgendwann irgendwo in Ungarn waren.

SECHZEHN STUNDEN DURCH UNGARN

Dort wartete im Morgengrauen wieder ein klappriger Lastwagen mit Plastikplanen. Auf der Ladefläche war es erneut eng. Nur die Frauen durften sitzen. Wie gehabt durften sich die Stehenden nicht rühren. Sechzehn Stunden lang! Sechzehn Stunden, eine Ewigkeit! Beim Tanken durfte keiner einen Mucks von sich geben. Alan traute sich kaum zu atmen. Er lernte, im Stehen zu schlafen. Noch nie in seinem Leben war er so erschöpft. Alles tat ihm weh.

DIE GRENZE ZU ÖSTERREICH

Kurz vor der österreichischen Grenze mussten sie erneut raus. Im Halbschlaf, wie in Trance, liefen sie durch die Nacht. Alan fror, obwohl er unter seinem Pulli zwei T-Shirts anhatte. Zu essen hatte er schon lange nichts mehr. Sami gab ihm gelegentlich eine Dattel. Am Ende der Nacht bekam er kaum noch mit, dass sie in Österreich waren. Und nur noch durch Österreich fahren mussten. Stehend, schlafend. Ein Gedanke ließ Alan durchhalten: Irgendwann musste Deutschland kommen. Egal, wie viele Stunden er noch fahren, laufen, fahren, laufen musste. Er musste nur durchhalten. Nicht zusammenbrechen. »Gib nie auf!«, hatte seine Mutter gesagt.

SALZBURG

Nachmittags waren sie in Salzburg. Der letzten Stadt vor der Grenze zu Deutschland. Jetzt musste man nur um Salzburg herumfahren und war in Bayern. Genau das taten die Schmuggler offenbar. Einer von ihnen sagte leise: »Wir sind in Deutschland. Germany.«

Alan hatte im Dämmerschlaf nur mit halbem Ohr zugehört. Deutschland? Deutschland? Doch dann realisierte er: Deutschland! Er hatte es geschafft! Alan wollte schreien, jubeln, tanzen. Alles in ihm war Freude, alles in ihm war Glück. Aber er war zu erschöpft, um es zu zeigen. Sein Körper konnte einfach nicht mehr. Nur seine nicht endenden Tränen zeigten sein grenzenloses Glück.

DEUTSCHE POLIZEI

Kurz danach tauchten freundliche deutsche Polizisten auf. Sie sagten Hallo und öffneten die Tür ihres VW-Busses. Alle mussten einsteigen. Sie taten es gerne. Es war ja Deutschland. Auf der Polizeistation wurden ihre Personalien aufgenommen. Alle wurden fotografiert. Als Alan drankam, schlief er. Dann wurden sie in ein Heim gebracht. Zum ersten Mal konnten sie wieder gut essen und schlafen. Alan schlief schon beim Essen ein.

MÜNCHEN

Am nächsten Tag fuhr Alan mit dem Zug nach München. Schmuggler hatten die Tickets organisiert und ihn zum Zug gebracht. Als er auf dem Münchner Hauptbahnhof ankam, war er überwältigt. So viele Gleise, so viele Züge! Alles neu, alles picobello, alles friedlich. Vor dem Bahnhof ging Alan einfach auf ein paar Polizisten zu. Er sagte, er sei Alan und neu hier. Mithilfe eines Übersetzers erklärte er, dass er in München einen Onkel habe. Aber nicht wisse wo.

Auf der Polizeistation verbanden ihn die Polizisten mit seinem Onkel. Alan war schleierhaft, wie sie dessen Telefonnummer so schnell gefunden hatten. Während er telefonierte, besorgten ihm die Polizisten eine große Tüte mit Süßigkeiten, Snacks und Getränken. Alan staunte. Solche Polizisten hatte er noch nie erlebt.

ALAN, EIN JUNGE AUS DEUTSCHLAND

Das alles geschah im Juli 2015. Heute arbeitet Alan in einer deutschen Großstadt an seiner Zukunft. Er spricht fließend Deutsch und besucht die neunte Klasse einer Mittelschule. Lieblingsfach Mathematik. Seine Lehrer mögen ihn. »Selbstverständlich wird er's aufs Gymnasium schaffen und Abitur machen«, sagen sie. Alan will studieren und Arzt werden. Um seinen Traum zu verwirklichen, anderen zu helfen. Und um seiner neuen Heimat Danke zu sagen. Alan, der Junge aus Baschika, ist jetzt ein Junge aus Deutschland.

* * *

Dieses Kapitel widmen Frederic und ich allen, die unsere Migranten täglich kollektiv diffamieren. Damit sie wissen, wovon sie reden. Ohne den Überfall der USA auf den Irak, ohne den dadurch entstandenen IS und ohne den Bombenkrieg des Westens auf die vom IS besetzten Städte und Dörfer wäre Alan noch heute ein glücklicher Junge in Baschika.

KURZ UND BÜNDIG

Seit sechzig Jahren bereise ich die Krisengebiete des Mittleren Ostens, Afrikas, Asiens und Lateinamerikas. Hier zehn Erfahrungen einer langen Reise:

1. Die Geschichte des Westens ist eine Geschichte brutaler Gewalt und großer Heuchelei. Nirgendwo auf der Welt kämpft der Westen für die Werte seiner Zivilisation. Sondern ausschließlich für seine kurzsichtigen Interessen. Um Macht, Märkte und Moneten. Oft mit terroristischen Methoden. Die Leiden anderer Völker und Kulturen interessieren ihn nicht.

2. Um seine Interessen leichter durchsetzen zu können, verpackt der Westen sie in edle Werte. Wie Menschenrechte, Freiheit, Gleichheit, Brüderlichkeit und Demokratie. Insbesondere seine Außenpolitik ist eine Mogelpackung.

3. Diese in edle Werte verpackte egozentrische Interessenpolitik des Westens lag und liegt vielleicht im Interesse seiner Machteliten. Doch sie lag nie im Interesse der Völker dieser Welt. Auch die Menschen Europas mussten die kurzsichtige Interessenpolitik ihrer Eliten mit grauenvollen Kriegen bezahlen.

4. Wenn der Westen seine heuchlerische und kurzsichtige Interessenpolitik weltweit fortsetzt, wird er alle Katastrophen seiner Geschichte erneut erleben. Man kann die Interessen anderer Völker und Kulturen nicht endlos mit Füßen treten, ohne dafür eines Tages einen blutigen Preis zu zahlen.

5. Die Heuchelei der westlichen Außenpolitik gefährdet unsere Demokratie. Die Bevölkerung wird in der Frage von Krieg und Frieden systematisch belogen. Und dadurch von jeder echten demokra-

tischen Willensbildung ausgeschlossen. Viele Menschen spüren das. Sie wenden sich antidemokratischen, populistischen, rassistischen und nationalistischen Parteien zu.

6. Populismus, Rassismus und Nationalismus lösen kein Problem. Ihre Vertreter neigen dazu, die verratenen und beschmutzten Werte unserer Zivilisation ganz über Bord zu werfen und offen eine noch rücksichtslosere Interessenpolitik durchzuführen. Trump ist nur ein besonders plumpes Beispiel von vielen. In Europa kommen ähnliche Gestalten hoch. Das demokratische Europa könnte daran zerbrechen. Deutschland auch.

7. Der Westen braucht eine gewaltfreie humanistische Revolution. Statt die Werte seiner Zivilisation zur Vergewaltigung anderer Völker und Kulturen zu missbrauchen, sollte er seine jahrhundertealten Versprechen gegenüber der Menschheit einlösen. Er sollte seine Werte vorleben. Und andere Völker und Kulturen so behandeln, wie er selbst behandelt werden will.

8. Wo es um Interessen geht, sollte die Politik das offen sagen. Wenn diese Interessen berechtigt sind und auf die Interessen anderer Rücksicht nehmen, gibt es keinen Grund, sie zu verheimlichen.

9. Unsere Medien sollten bei dieser humanistischen Revolution eine zentrale Rolle spielen. Zu oft sehen sie sich als Verbündete der Mächtigen. Sie decken deren Heuchelei, statt sie zu enttarnen. Wenn sich das nicht ändert, werden die Menschen ihre Informationen noch häufiger jenseits der klassischen Medien suchen. Die klassischen Medien schaffen sich dadurch selbst ab.

10. Der Untergang einer Zivilisation beginnt mit dem Verlust ihrer Glaubwürdigkeit. Wenn der Westen seine Werte weiter so schamlos verrät, wird er untergehen. Wir sollten das verhindern. Es lohnt sich, für Freiheit, Gleichheit und Brüderlichkeit, für Menschenrechte, Demokratie und Rechtsstaatlichkeit zu kämpfen. Jeder von uns kann mithelfen. Notfalls durch eine neue politische Bewegung. Die die Werte unserer Zivilisation vorlebt und nicht nur vorheuchelt.

ANMERKUNGEN

2. KAPITEL: HEUCHELEI IM PARADIES

1 Zit. n. Zinn, Howard: *Eine Geschichte des amerikanischen Volkes*. Berlin 2007, S. 313 f.

2 www.constitutionfacts.com/us-declaration-of-independence/read-the-declaration/

3 www.bundestag.de/parlament/aufgaben/rechtsgrundlagen/grundgesetz/gg_01/245122

4 de.usembassy.gov/de/kampfhandlungen-im-irak-weitgehend-beendet

5 Todenhöfer, Jürgen: *Andy und Marwa. Zwei Kinder und der Krieg*. München 2005, S. 179

6 Kinzer, Stephen: *Overthrow. America's Century of Regime Change from Hawaii to Iraq*. New York 2006, S.104 und 319

7 Zit. n. Zinn 2007, S. 617

8 Melville, Herman: *Weissjacke oder Die Welt auf einem Kriegsschiff*. Leipzig [2]1971, S. 218

9 content.time.com/time/world/article/0,8599,1826734,00.html

10 Todenhöfer, Jürgen: *Du sollst nicht töten. Mein Traum vom Frieden*. München 2013, S. 126

11 www.theguardian.com/world/2012/mar/11/us-soldier-kills-afghan-civilians

12 www.rollingstone.com/politics/politics-news/the-kill-team-how-u-s-soldiers-in-afghanistan-murdered-innocent-civilians-169793/

13 www.sueddeutsche.de/politik/ruecktritt-von-koehler-das-umstrittene-interview-im-wortlaut-1.952332

14 transcripts.cnn.com/TRANSCRIPTS/0204/08/se.02.html

15 Vgl. Kinzer 2006, S. 34 und 302

16 Zit. n. Kennedy, Paul: *Aufstieg und Fall der großen Mächte. Ökonomischer Wandel und militärischer Konflikt von 1500 bis 2000*. Frankfurt am Main [2]1989, S. 374

17 www.presidency.ucsb.edu/documents/the-state-the-union-address-delivered-before-joint-session-the-congress
18 Appleman Williams, William: *Die Tragödie der amerikanischen Diplomatie*. Frankfurt am Main 1973, S. 79
19 Siehe Junker, Detlef: *Von der Weltmacht zur Supermacht. Amerikanische Außenpolitik im 20. Jahrhundert*. Mannheim, Leipzig 1995
20 Kinzer 2006, S. 316
21 Zit. n. Zinn 2007, S. 132 f.
22 Vgl. Darwin, John: *Der imperiale Traum. Die Globalgeschichte großer Reiche 1400–2000*. Frankfurt am Main 2010, S. 347.
23 Havel, Václav: *Briefe an Olga. Betrachtungen aus dem Gefängnis*. Hamburg 1990, S. 301
24 www.zeit.de/1997/36/Heuchelei_ueberall
25 Aslan, Reza: *Kein Gott außer Gott. Der Glaube der Muslime von Muhammed bis zur Gegenwart*. München 22006, S. 254
26 de Tocqueville, Alexis: *»The European Revolution« and Correspondence with Gobineau*. New York 1959, S. 268 (zit. n. Mishra, Pinkaj: *Aus den Ruinen des Empires. Die Revolte gegen den Westen und der Wiederaufstieg Asiens*. Frankfurt am Main 2013, S. 359)
27 Zit. n. Shapiro, Fred R.: *The Yale Book of Quotations*. New Haven, London 2006, S. 299
28 Vgl. Kinzer 2006, S. 315
29 Vgl. Rows, Arthur E.: »How to Build Support for War«, in: *Columbia Journalism Review*, September/October 1992 (archive.li/KjMxW#selection-421.0-429.17), und MacArthur, John R.: *Second Front. Censorship and Propaganda in the 1991 Gulf War*. Berkeley, Los Angeles, London 2004, S. 54
30 McGrory, Mary: »Capitol Hill Knowlton«, in: *The Washington Post*, 12. Januar 1992 (www.washingtonpost.com/archive/opinions/1992/01/12/capitol-hill-knowlton/da2f7a94-8fca-497c-8da8-d6b7ff17da4e/?utm_term=.13fc61a3d5b9)
31 www.britannica.com/event/Persian-Gulf-War
32 Schmitt, Eric: »U.S. Army Buried Iraqi Soldiers Alive in Gulf War«, in: *The New York Times*, 15. September 1991 (www.nytimes.com/1991/09/15/world/us-army-buried-iraqi-soldiers-alive-in-gulf-war.html)
33 Le Bon, Gustave: *La civilisation des Arabes*. Edition Al-Bustane, Paris 2009, S. 502.

4. KAPITEL: DAS WELTUNTERWERFUNGSPROJEKT

1 Huntington, Samuel P.: *Der Kampf der Kulturen. The Clash of Civilizations. Die Neugestaltung der Weltpolitik im 21. Jahrhundert*. München, Wien 51997, S. 68
2 de las Casas, Bartolomé: *Brevísima relación de la destrucción de las Indias* (ciudadseva.com/texto/brevisima-relacion-de-la-destruccion-de-las-indias/)
3 Zit. n. Zinn 2007, S. 22
4 Mesghena, Mekonnen: »Adam Hochschild: *Schatten über dem Kongo. Die Geschichte eines großen, fast vergessenen Menschheitsverbrechens*.« Deutschlandfunk, 14. August 2000 (www.deutschlandfunk.de/adam-hochschild-schatten-ueber-dem-kongo-die-geschichte.730.de.html?dram:article_id=101703)
5 Vgl. Van Reybrouck, David: *Kongo. Eine Geschichte*. Bonn 2013, S. 112
6 Mesghena 2000
7 Vgl. Marchal, Jules: *E. D. Morel contre Léopold II. L'Histoire du Congo 1900–1910*. Bd. 2, Paris 1996, S. 317 (zit. n. Hochschild, Adam: *Schatten über dem Kongo. Die Geschichte eines der großen, fast vergessenen Menschheitsverbrechens*, Stuttgart 2000, S. 172 f.)
8 Vgl. Mesghena 2000
9 archive.nytimes.com/www.nytimes.com/books/98/08/30/daily/leopold-book-review.html
10 Vgl. Van Reybrouck 2013, S. 116, und Hochschild 2000, S. 235
11 Vgl. Van Reybrouck 2013, S. 116 f.
12 Vgl. Mesghena 2000
13 Siehe www.theguardian.com/world/2002/jul/18/congo.andrewosborn
14 www.wright.edu/~christopher.oldstone-moore/china.htm und www.welt.de/geschichte/article172647940/Erster-Opiumkrieg-Als-England-weltgroesster-Drogendealer-wurde.html
15 Vgl. www.deutschlandfunk.de/vor-175-jahren-briten-besetzen-hongkong.871.de.html?dram:article_id=343463
16 www.uni-protokolle.de/Lexikon/Zweiter_Opiumkrieg.html
17 Zit. n. Dev, Amiya/Chung, Tan (Hg.): *Tagore and China*. Delhi 2011, S. 242, und Bickers, Robert/Tiedemann, R. G. (Hg.): *The Boxers. China and the World*. Lanham (MD) 2007, S. 148 (zit. n. Mishra 2013, S. 276)
18 Zit. n. Le Bon 2009, S. 495

19 Zit. n. monde-diplomatique.de/artikel/!525502
20 Zit. n. Darwin 2010, S. 240
21 Pinker, Steven: *Gewalt. Eine neue Geschichte der Menschheit*. Frankfurt am Main 2011, S. 977
22 Kinzer 2006, S. 105 f.
23 *The Brooklyn Daily*, 01. April 1900
24 Siehe z. B. Spencer Tucker (Hg.): *The Encyclopedia of World War I. A Political, Social and Military History*. Verlag ABC-Clio, Santa Barbara 2005, S. 273
25 Vgl. www.bpb.de/geschichte/deutsche-geschichte/der-zweite-weltkrieg/
26 Vgl. necrometrics.com/ww2stats.htm#USSR
27 Vgl. www.hanau.de/lih/portrait/geschichte/33/065263/index.html
28 www.juedische-allgemeine.de/article/view/id/9341
29 Vgl. www.nytimes.com/1964/04/09/archives/texts-of-accounts-by-lucas-and-considine-on-interviews-with.html
30 Vgl. www.cbsnews.com/news/how-many-americans-died-in-korea/
31 Vgl. Ninkovich, Frank: *Modernity and Power. A History of the Domino Theory in the Twentieth Century*. Chicago/London 1994, S. 293
32 www.tagesspiegel.de/themen/70-jahre-tagesspiegel/berlin-chronik-1966-bis-1975-vietnam-benno-ohnesorg-baader-meinhof/12369662.html; www.zeit.de/1965/52/der-sinnlos-gewordene-krieg/komplettansicht; wolfgangneuss.de/?page_id=6
33 Ninkovich, Frank: *The Wilsonian Century. U.S. Foreign Policy since 1900*. Chicago, London 1999, S. 227
34 www.zeit.de/2003/07/Vasallen/komplettansicht
35 Siehe hierzu auch Darwin.

5. KAPITEL: LIEBLINGSSTRATEGIE KRIEG

1 www.focus.de/politik/ausland/gott-spricht-durch-mich_aid_100097.html
2 foreignpolicy.com/2016/11/15/bush-chirac-and-the-war-in-iraq/
3 www.focus.de/politik/ausland/gott-spricht-durch-mich_aid_100097.html
4 Burckhardt, Jacob: *Weltgeschichtliche Betrachtungen*. Berlin, Stuttgart 1905, S. 163
5 Burckhardt 1905, S. 33

6 Schettler, Adolf: *In Gottes Namen durch! Für die deutschen Streiter in Heer und Flotte*. Leipzig 1915, S. 18

7 Rede Winston Churchills am 14. Dezember 1929 (zit. n. Toye, Richard: *Churchill's Empire. The World That Made Him and the World He Made*. Basingstoke, Oxford 2010, S. 35)

8 Churchill, Winston S.: My Early Life. A Roving Comission (= Collected Works Vol. I), S. 162 (zit. n. Toye 2010, S. 39)

9 Keegan, John: *Das Antlitz des Krieges. Die Schlachten von Azincourt 1415, Waterloo 1815 und an der Somme 1916*. Frankfurt am Main 2007, S. 30

10 www.deutschlandfunk.de/aussenpolitik-gauck-auch-zu-waffen-greifen.694.de.html?dram:article_id=289120%22

11 Weingärtner, Dieter: »Zur Verteidigung«, in: *Frankfurter Allgemeine Zeitung*, 22. November 2018 (epaper.faz.net/webreader-v3/index.html#/452841/14-15)

12 Burckhardt 1905, S. 171

13 Friedrich II.: *Briefe. An Voltaire. Eilenburg am 31. Oktober 1760* (www.welcker-online.de/Texte/Voltaire/Friedrich/friedrich_II.pdf?TSPD_101_R0=5bf72d540b8447df06a54a382d80d3e3jZI00000000000000005673aebcffff00000000000000000000000000005c053d7600ab5482af)

14 Vgl. Le Bon, Gustave: *La Revolution Française et la Psychologie des Révolutions*. Paris 1983, S. 186

15 Vgl. Pinker, Steven: *The Blank Slate. The Modern Denial of Human Nature*. London 2003, S. 331

16 www.deutschlandfunk.de/mutter-teresa-erhaelt-den-friedensnobelpreis.871.de.html?dram:article_id=124939

17 Anne Will, Sendung vom 23. Januar 2011: »Im Krieg gedient, zu Hause ausgedient. Lassen wir unsere Soldaten im Stich?«

18 Siehe Craig, Iona: »Death in Al Ghayil. Woman and Children in Yemeni Village Recall Horror of Trump's ›Highly Successful‹ SEAL Raid« in: *The Intercept*, 9. März 2017 (www.theintercept.com/2017/03/09/women-and-children-in-yemeni-village-recall-horror-of-trumps-highly-successful-seal-raid/)

19 Jean-Paul Sartre im Vorwort zu Fanon, Frantz: *Les Damnés de la terre*. Paris 1961 (zit. n. Mathieu, Anne: »Die Entdeckung der Kolonisierten.« In: *Le Monde Diplomatique*, 12. November 2004 (monde-diplomatique.de/artikel/!675682#fn9)

20 Edward Said: Orientalismus. Frankfurt am Main 2009, S. 237

21 Vgl. Hochgeschwender, Michael: *Der amerikanische Bürgerkrieg*. München 2010, S. 95 f.

22 en.wikipedia.org/wiki/Puckle_gun

23 Chomsky, Noam: »The World After Sept. 11« (www.globalissues.org/article/306/chomsky-the-world-after-sept-11)

24 Nietzsche, Friedrich: *Also sprach Zarathustra. Ein Buch für Alle und Keinen*. Stuttgart 1956, S. 51

25 www.centcom.mil/MEDIA/PRESS-RELEASES/Press-Release-View/Article/1201013/combined-joint-task-force-operation-inherent-resolve-monthly-civilian-casualty/

26 www.aljazeera.com/programmes/upfront/2018/03/time-apologised-invading-iraq-180309093248027.html

6. KAPITEL: FASSUNGSLOS IN GAZA

1 Vgl. www.technologyreview.com/s/528991/an-explanation-of-the-evidence-of-weaknesses-in-the-iron-dome-defense-system/

2 Vgl. www.btselem.org/statistics

3 Vgl. besacenter.org/perspectives-papers/mowing-grass-gaza/

4 Vgl. www.unrwa.org/newsroom/features/gaza-fishermen-restricted-livelihoods

5 Herzl, Theodor: *Der Judenstaat. Versuch einer modernen Lösung der Judenfrage*, Zürich 21996, S. 102 f.

7. KAPITEL: ACHT JAHRHUNDERTE ISLAMISCHER HOCHKULTUR, DIE ES ANGEBLICH NIE GAB

1 Vgl. www.pravdareport.com/science/earth/22-01-2008/103574-stench-0/

2 Mitchel, Piers D./Anastasiou, Evilena/Syon, Danny: »Human Intestinal Parasites in Crusader Acre. Evidence for Migration With Disease in the Medieval Period«, in: *International Journal of Paleopathology*, Volume 1, Issues 3–4, S. 132–137 und www.sciencedirect.com/science/article/pii/S1879981711000337?via%3Dihub

3 Vgl. www.telegraph.co.uk/culture/tvandradio/8421415/Medieval-London-10-disgusting-facts.html

4 Turner, Ernest Sackville: *What the Butler Saw. Two Hundred and Fifty Years of the Servant Problem*. London 2012 und www.pravdareport.com/science/earth/22-01-2008/103574-stench-0/

5 Siehe hierzu: Wendehorst, Alfred: »Wer konnte im Mittelalter lesen und schreiben?«, in: Fried, Johannes (Hg.): *Schulen und Studium im sozialen Wandel des hohen und späten Mittelalters*. Sigmaringen 1986, S. 9-33 (journals.ub.uni-heidelberg.de/index.php/vuf/article/viewFile/15806/9674)

6 Vgl. Faulstich, Werner: *Medien und Öffentlichkeiten im Mittelalter 800–1400* (= Geschichte der Medien Bd. 2). Göttingen 1996, S. 103

7 Vgl. Bossong, Georg: »Al-Andalus, goldener Traum«, in: *Die Zeit*, Nr. 25/2011 (www.zeit.de/2011/25/Al-Andalus/komplettansicht)

8 Ebd.

9 Tierney, Tom: *Spanish and Moorish fashions*. Mineloa, N.Y. 2003, S. 4

10 Le Bon, *La civilisation des Arabes*, S. 469

11 Le Bon, *La civilisation des Arabes*, S. 470 u. 469

12 Vgl. Schlicht, Alfred: *Geschichte der arabischen Welt*. Stuttgart 2013, S. 186

13 Vgl. ebd., S. 54 f.

14 Le Bon 2009, S. 12

15 Le Bon 2009, S. 12

16 Le Bon 2009, S. 478

17 Le Bon 2009, S. 366

18 Le Bon 2009, S. 255

19 Vgl. www.telegraph.co.uk/culture/tvandradio/8421415/Medieval-London-10-disgusting-facts.html

20 Bergmeier, Rolf: *Karl der Große. Korrektur eines Mythos*, Marburg 2016

21 Siehe Lowin, Shari L.: *Arabic and Hebrew Love Poems in Al-Andalus* (= Culture and Civilization in the Middle East, Bd. 39). London 2014 (www.bbc.com/culture/story/20170616-the-1000-year-old-lost-arab-poetry-that-lives-on-in-hebrew und https://en.wikipedia.org/wiki/Jewish_poetry_from_Al-Andalus)

22 Vgl. Bossong 2011

23 Lt. Prof. Dr. Amir Zaidan, Wien

24 www.guinnessworldrecords.com/world-records/oldest-university/ und www.whc.unesco.org/en/list/170

25 Le Bon 2009, S. 366

26 Lt. Prof. Dr. Amir Zaidan, Wien, und Le Bon 2009, S. 366

27 Le Bon 2009, S. 67, 469

28 Siehe www.nytimes.com/2001/10/30/science/how-islam-won-and-lost-the-lead-in-science.html; Le Bon, *La civilisation des Arabes*,

S. 161, 499; www-history.mcs.st-andrews.ac.uk/Biographies/Al-Biruni.html und www.chemie-schule.de/KnowHow/Avicenna

29 Herder, Johann Gottfried: *Ideen zur Philosophie der Geschichte der Menschheit* (= Zur Philosophie der Geschichte , Bd. 2). Berlin 1952

30 Watt, W. Montgomery: *Der Einfluss des Islam auf das europäische Mittelalter*. Berlin 1993, S. 112 f.

31 Watt 1993, S. 14

32 Le Bon 2009, S. 479

33 Vgl. Hunke, Sigrid: *Allahs Sonne über dem Abendland. Unser arabisches Erbe*. Stuttgart 1960, S. 365–368, und www.welt.de/kultur/article120010209/Muetze-Kabel-Jacke-alles-arabische-Einwanderer.html

34 Le Bon, *La civilisation des Arabes*, S. 104

35 Vgl. Frazier, Ian: »Inaders. Destroying Baghdad«, in: *The New Yorker*, 25. April 2005, www.newyorker.com/magazine/2005/04/25/invaders-3

36 Le Bon 2009, S. 504 ff.

37 Le Bon 2009, S. 505

38 Siehe www.telegraph.co.uk/culture/books/bookreviews/11422613/The-Fall-of-the-Ottomans-the-Great-War-in-the-Middle-East-1914-1920-by-Eugene-Rogan.html und www.economist.com/the-world-if/2017/07/13/had-the-ottoman-empire-been-saved-rather-than-sunk

39 Le Bon 2009, S. 106

40 Le Bon 2009, S. 226

41 Le Bon 2009, S. 226

42 Le Bon 2009, S. 472

43 Le Bon 2009, S. 259

8. KAPITEL: EUROPA SCHLÄGT ZURÜCK

1 Zit. n. Schweizer, Gerhard: »Mohammed in der Hölle«, in: ZEIT *Geschichte*, Nr. 4/2017 (www.zeit.de/zeit-geschichte/2017/04/islam-mittelalter-bedrohung-feindbild)

2 Zit. n. ebd.

3 Vgl. www.dantealighieri.dk/Bachenschwanz/hoelle/dgk-h28.htm

4 Darwin 2010, S. 197

5 Vgl. Darwin 2010, S. 193

6 Vgl. Schlicht 2013, S. 250 f.
7 Vgl. Darwin 2010, S. 183
8 Vgl. Darwin 2010, S. 185
9 Vgl. www.cfr.org/timeline/oil-dependence-and-us-foreign-policy
10 Burrows, Matthew: »›Mission Civilisatrice‹. French Cultural Policy in the Middle East, 1860–1914«, in: *The Historical Journal*, 1986, Bd. 29/1, S. 109–135, hier S. 109
11 Korrespondenz zwischen Sir Henry McMahon und Scherif Hussein, 14. Dezember 1915 (www.adespicabletruce.org.uk/page63.html)
12 Zit. n. Fromkin, David: *A Peace to End all Peace. The Fall of the Ottoman Empire and the Creation of the Modern Middle East.* New York 2009, S. 257
13 Andrew, C. M./Kanya-Forstner, A. S.: »The French Colonial Party and French Colonial War Aims, 1914–1918«, in: *The Historical Journal*, March 1974, Bd. 17, Nr. 1 , S. 79–106, hier S. 101
14 Vgl. Fromkin 2009, S. 494
15 Varé, Daniele: *Laughing Diplomat*, London 1938, S. 155 (zit. n. Fromkin 2009, S. 400)
16 Zit. n. Younis, Mohammed: *The Rise of the Crescent. The Sacred Clash.* o. O. 2006, S. 95
17 Younis 2006, S. 95
18 www.theguardian.com/world/2003/apr/19/iraq.arts
19 Vgl. Lawrence, Thomas E.: *Die sieben Säulen der Weisheit.* München 1999 (Kapitel »Verschwörung und Betrug«)
20 Fromkin 2009
21 www.newyorker.com/news/news-desk/how-the-curse-of-sykes-picot-still-haunts-the-middle-east.
22 de Tocqueville, Alexis: »Lettre de Tocqueville à Gobineau, 22 octobre 1843.« In: *Œuvres complètes*. Bd. IX. Gallimard, 1959, S. 69
23 Raddatz, Hans-Peter: *Von Allah zum Terror? Der Djihad und die Deformierung des Westens*, München 22002, S. 71
24 www.bundeskanzlerin.de/Content/DE/Rede/2017/02/2017-02-18-rede-bk-merkel-muesiko.html
25 abcnews.go.com/Blotter/us-military-weapons-inscribed-secret-jesus-bible-codes/story?id=9575794
26 Vgl. Koran, Sure 2, Vers 191
27 Koran, Sure 2, Vers 192
28 Koran, Sure 2, Vers 190
29 Koran, Sure 5, Vers 32

30 islam.de/375.php
31 Vgl. www.uibk.ac.at/theol/leseraum/texte/224.html
32 Vgl. Bibel, Numeri 15:32–36
33 Demandt, Alexander: *Der Idealstaat. Die politischen Theorien der Antike*. Köln, Weimar, Wien 1993. S. 249
34 Bibel, 5 Mose 7:1–5
35 Bibel, Jeremia 19:9
36 Bibel, Matthäus 10:34
37 Bibel, Offenbarung 14:9–11
38 Vgl. necrometrics.com/
39 Siehe www.nzz.ch/meinung/kommentare/religion-und-gewalt-menschen-toeten-nicht-goetter-ld.114544
40 Said 2009, S. 130 f.
41 Said 2009, S. 167
42 Vgl. Bericht des Unabhängigen Expertenkreises Antisemitismus, Drucksache 18/11970, S. 69 (dip21.bundestag.de/dip21/btd/18/119/1811970.pdf)
43 www.washingtonpost.com/news/post-politics/wp/2017/05/20/i-think-islam-hates-us-a-timeline-of-trumps-comments-about-islam-and-muslims/
44 www.juancole.com/2016/10/campaign-donalds-defeat.html
45 Sunnan Abu Dawud, Buch 1, Hadith 236
46 Bibel, Korinther 14:34–36
47 www.badische-zeitung.de/ausland-1/wenn-ich-ueber-islamische-gewalt-spreche-muss-ich-auch-ueber-christliche-gewalt-sprechen--125573809.html

9. KAPITEL: DIE MUSLIMISCHE SUCHE NACH WEGEN AUS DER KRISE

1 Vgl. www.nytimes.com/2010/06/07/opinion/07douthat.html
2 Vgl. Mahoney, John F.: »About this Issue«, in: *The Link*, 38/2005, Nr. 2, S. 13 (www.ameu.org/getattachment/51ee4866-95c1-4603-bodd-e16d2d49fcbc/The-Day-FDR-Met-Saudi-Arabia-Ibn-Saud.aspx)
3 Vgl. www.eia.gov/energyexplained/index.php?page=oil_imports
4 www.cnn.com/2018/10/03/politics/trump-saudi-king-intl/index.html
5 Vgl. Schlicht 2013, S. 327
6 Demandt 1993, S. 237

7 Interview mit Peter Ustinov in: *Die Welt*, 22. April 2003 (www.welt.de/print-welt/article689952/Der-Krieg-ist-der-Terrorismus-der-Reichen.html)
8 Siehe zu diesem Abschnitt sowie zu den folgenden Abschnitten »Terrorismus in Mittelalter und in der frühen Neuzeit«, »Terrorismus im Namen republikanischer Vernunft« und »Terrorismus der Neuzeit« Demandt, Alexander: »Terrorismus. Ein zeitloses Thema?«, in: *In omni historia curiosus. Studien von der Antike bis zur Neuzeit. Festschrift für Helmut Schneider zum 65. Geburtstag*. Wiesbaden 2011, S. 301–312
9 Bibel, Lukas 19:27
10 Vgl. Crane, Conrad C.: Bombs, Cities and Civilians, University Press of Kansas 1993, S. 32 f. und www.bbc.co.uk/history/worldwars/wwtwo/area_bombing_01.shtml
11 Vgl. www.haaretz.com/israel-news/.premium-historian-calls-1946-attack-on-king-david-hotel-terror-1.5414668
12 Vgl. www.watson.ch/Wissen/Schweiz/982459207-Die-vergessenen-Jahre-des-Terrors--In-den-70ern-und-80ern-zogen-Terroristen-eine-Blutspur-durch-Europa
13 Vgl. www.tagesspiegel.de/politik/rechtsextremismus-in-deutschland-von-169-todesopfern-rechter-gewalt-werden-nur-83-offiziell-genannt/23117380.html
14 Vgl. www.newsweek.com/america-safer-16-years-after-911-662936
15 www.theguardian.com/world/2011/may/02/bin-laden-war-words-quotes
16 *Body Count. Casualty Figures after 10 Years of the »War on Terror«*. Washington, Berlin, Ottawa 2015, S. 15 (www.psr.org/wp-content/uploads/2018/05/body-count.pdf)

10. KAPITEL: EINE REISE IN DIE USA

1 Vgl. www.theguardian.com/world/2011/feb/15/curveball-iraqi-fantasist-cia-saddam

11. KAPITEL: ANTITERROR-KRIEGE – VERBRECHEN UND WAHNSINN

1 www.zeit.de/2007/36/Interview-Helmut-Schmidt/seite-7
2 Chomsky on War Criminals, PressTV Interview (youtu.be/WuODgB6bu1I?t=22m3s)

3 Deutscher Bundestag: Plenarprotokoll 14/210, 22. Dezember 2001, S. 20828 (dipbt.bundestag.de/doc/btp/14/14210.pdf)

4 Ebd., S. 20823 (dipbt.bundestag.de/doc/btp/14/14210.pdf)

5 www.bundesregierung.de/Content/DE/Bulletin/2001_2007/2001/92-2_Fischer.html

6 Vgl. www.hrw.org/report/2017/10/17/i-wont-be-doctor-and-one-day-youll-be-sick/girls-access-education-afghanistan

7 Vgl. ebd.

8 Siehe archive.indianexpress.com/news/taliban-leaders-send-their-girl-children-to-school-un/1043135/ und cic.nyu.edu/sites/default/files/enhancing_access_education_may23_final.pdf

9 Vgl. www.theguardian.com/world/2006/sep/22/pakistan.usa

10 Wesley Clarks Rede vor dem Commonwealth Club of California, 3. Oktober 2007, ab 5:15 (youtu.be/TY2DKzastu8)

11 Vgl. edition.cnn.com/2004/ALLPOLITICS/10/10/bush.kerry.terror/

12 Vgl. www.longwarjournal.org/mapping-taliban-control-in-afghanistan

13 Vgl. www.ippnw.de/presse/artikel/de/opferzahlen-des-krieges-gegen-den.html

14 Vgl. www.afghanistan-analysts.org/the-state-of-aid-and-poverty-in-2018-a-new-look-at-aid-effectiveness-in-afghanistan/

15 Vgl. www.cia.gov/library/publications/the-world-factbook/rankorder/2091rank.html

16 Vgl. money.cnn.com/2017/08/21/news/economy/war-costs-afghanistan/index.html

17 Sieff, Kevin: »Interview. Karzai says 12-year Afghanistan war has left him angry at U.S. government«, in: *Washington Post*, 02. März 2014 (www.washingtonpost.com/world/hamid-karzai-says-us-afghan-relationship-has-been-at-a-low-point-for-a-long-time/2014/03/02/945dbc18-a1da-11e3-b8d8-94577ff66b28_story.html?utm_term=.9bc8b0af0c29)

18 Siehe www.ecoi.net/en/file/local/1318760/432_1176455753_vereinbarungafg.pdf9

19 Vgl. www.ippnw.org/pdf/2015-body-count.pdf

20 Ebd.

21 Vgl. www.thetimes.co.uk/article/civilian-death-toll-in-mosul-to-pass-10-000-8mtpgvpz5

22 www.euronews.com/2015/04/17/chomsky-says-us-is-world-s-biggest-terrorist
23 www.sipri.org/sites/default/files/2018-04/sipri_fs_1805_milex_2017.pdf oder www.sipri.org/sites/default/files/2018-06/yb_18_summary_en_0.pdf, S.6
24 Vgl. Gabler, Neil: »The Secret Shame of Middle-Class Americans«, In: *The Atlantic*, Mai 2016 (www.theatlantic.com/magazine/archive/2016/05/my-secret-shame/476415/)
25 Siehe nypost.com/2014/01/05/us-is-the-greatest-threat-to-world-peace-poll/ und www.strategic-culture.org/news/2017/08/07/polls-us-greatest-threat-to-peace-world-today.html

12. KAPITEL: JEMEN – DER VERGESSENE KRIEG

1 Siehe www.pewresearch.org/fact-tank/2018/01/26/the-share-of-americans-who-leave-islam-is-offset-by-those-who-become-muslim/ und www.pewforum.org/2017/04/05/the-changing-global-religious-landscape/
2 www.bbc.com/news/world-middle-east-35861374

13. KAPITAL: SYRIEN, EIN BLUTIGES SCHACHBRETT

1 mondoweiss.net/2017/01/watched-manage-leaked/
2 Siehe Wes Clarks Rede vor dem Commonwealth Club of California, 3. Oktober 2007, ab 5:15 (youtu.be/TY2DKzastu8)
3 Vgl. edition.cnn.com/2007/POLITICS/04/04/carter.pelosi/
4 lcp.fr/emissions/ca-vous-regarde/148110-syrie-les-preuves-du-massacre
5 www.judicialwatch.org/wp-content/uploads/2015/05/Pg.-291-Pgs.-287-293-JW-v-DOD-and-State-14-812-DOD-Release-2015-04-10-final-version11.pdf
6 www.washingtonpost.com/blogs/post-partisan/post/al-qaeda-affiliate-playing-larger-role-in-syria-rebellion
7 www.aljazeera.com/programmes/headtohead/2016/01/transcript-michael-flynn-160104174144334.html
8 Aktham Suliman, Gutachten für Jürgen Todenhöfer, August 2018
9 *Qatar Television* (youtu.be/nOdwO4XCwHk?t=1h30m55s)

10 https://orbisnjus.com/2017/10/25/nsa-memo-saudi-arabien-befehlte-angriff-auf-internationalen-flughafen-damaskus-mit-dem-wissen-der-usa/ sowie theintercept.com/2017/10/24/syria-rebels-nsa-saudi-prince-assad/
11 Vgl. www.npr.org/templates/transcript/transcript.php?storyId=542164025
12 Carla Del Ponte: »War Crimes Expert Quits UN Syria Inquiry«, *BBC*, 6. August 2017 (www.bbc.com/news/world-middle-east-40845771)
13 www.syriahr.com/en/?p=86573
14 Siehe www.battlefields.org/learn/articles/civil-war-casualties und www.kentstateuniversitypress.com/2011/volume-57-no-4-december-2011/ und www.nytimes.com/2012/04/03/science/civil-war-toll-up-by-20-percent-in-new-estimate.html
15 wikileaks.org/clinton-emails/emailid/18328

15. KAPITEL: DER IS – MIT CHAOS GEGEN CHAOS

1 Obama speaks to *VICE News* (youtu.be/2a01Rg2g2Z8?t=12m23s)
2 www.washingtonpost.com/blogs/post-partisan/post/al-qaeda-affiliate-playing-larger-role-in-syria-rebellion
3 www.dailystar.com.lb/News/Middle-East/2012/Aug-18/185017-syria-revolt-attracts-motley-foreign-jihadi-corps.ashx
4 Vgl. Joscelyn, Thomas: »Al Qaeda in Iraq, Al Nusrah Front Emerge as Rebranded Single Entity«, in: *FDD's Long War Journal*, 9. April 2013 (www.longwarjournal.org/archives/2013/04/the_emir_of_al_qaeda.php)
5 Vgl. Joscelyn, Thomas: »Al Nusrah Front Leader Renews Allegiance to Al Qaeda, Rejects New Name«, in: *FDD's Long War Journal*, 10. April 2013 (www.longwarjournal.org/archives/2013/04/al_nusrah_front_lead.php)
6 Vgl. archive.org/stream/710588-translation-of-ayman-al-zawahiris-letter/710588-translation-of-ayman-al-zawahiris-letter_djvu.txt
7 Vgl. kyleorton1991.wordpress.com/2014/04/03/isis-rejects-al-qaedas-command-to-return-to-iraq/#more-3492
8 kyleorton1991.wordpress.com/2014/07/02/the-leader-of-the-islamic-state-explains-the-caliphates-vision/#more-3391 und kyleorton1991.wordpress.com/2014/07/12/the-first-appearance-of-the-caliph/

9 Vgl. Fantz, Ashley: »How ISIS Makes (and Takes) Money«, 20. Februar 2015 (edition.cnn.com/2015/02/19/world/how-isis-makes-money/index.html)
10 Vgl. Koran, 22:39
11 Vgl. Koran, 5:32
12 Vgl. Koran, 22:40
13 Vgl. Koran, 2:256
14 Sunan Abu Dawud – Hadith Nummer 2614, siehe: archive.org/stream/SunanAbuDawudVol.11116oEnglishArabic/Sunan%20Abu%20Dawud%20Vol.%203%20-%202175-3241%20English%20Arabic#page/n263/mode/2up und Musnad Ahmad Bin Hanbal – Hadith Nummer 2729, siehe: islamimanihsan.com/wp-content/uploads/2014/04/Musnad-Ahmad-bin-Hambal-Vol-2.pdf
15 Abu Usama Al-Gharib – Wa Islamah! (archive.org/details/AbuUsamaAl-gharib-WaIslamah)
16 Vgl. Bolzen, Stefanie/Meister, Martina: »Die Schönheit, die neben dem Schlächter schläft«, in: Die Welt, 28. September 2915 (www.welt.de/politik/ausland/article146927973/Die-Schoenheit-die-neben-dem-Schlaechter-schlaeft.html)
17 www.bild.de/politik/inland/anne-will/emotionaler-sryien-talk-bei-anne-will-24532150.bild.html
18 www.spiegel.de/politik/deutschland/migrationspakt-warum-deutschland-nicht-unterzeichnen-darf-kolumne-a-1239796.html
19 Vgl. Cottee, Simon: »The Challenge of Jihadi Cool«, in: *The Atlantic*, 24. Dezember 2015 (www.theatlantic.com/international/archive/2015/12/isis-jihadi-cool/421776/)

16. KAPITEL: WAS AUS IHNEN WURDE. DAS ENDE UNSERES IS-BEGLEITKOMMANDOS

1 Abu Usama Al-Gharib – Wa Islamah! (archive.org/details/AbuUsamaAl-gharib-WaIslamah)
2 Vgl. Starr, Barbara: Military: »50,000 ISIS fighters killed«, 9. Dezember 2016 (edition.cnn.com/2016/12/09/politics/isis-dead-us-military/index.html)
3 www.facebook.com/JuergenTodenhoefer/videos/10152723644955838/

17. KAPITEL: ZU BESUCH BEI ZWEI TODFEINDEN: SAUDI-ARABIEN UND IRAN

1 Sigmar Gabriels Äußerungen zu Saudi-Arabien und Hariri, 18. November 2017 (www.fr.de/hintergrund/hintergrund-gabriels-aeusserungen-zu-saudi-arabien-und-hariri-a-1390942)
2 Vgl. Kusch, Regina: »Autos mussten wegen Ölkrise zu Hause bleiben«, Deutschlandfunk, 25. November 2013 (www.deutschlandfunkkultur.de/sonntagsfahrverbot-autos-mussten-wegen-oelkrise-zu-hause.932.de.html?dram:article_id=270005)
3 Vgl. Aboudi, Sami/Torchia, Andrew: »Saudi Government Says it's Seizing over $100 Billion in Corruption Purge«, *Reuters*, 30. Januar 2018 (www.reuters.com/article/us-saudi-arrests-attorneygeneral/saudi-government-says-its-seizing-over-100-billion-in-corruption-purge-idUSKBN1FJ1P7)
4 Vgl. www.laenderdaten.info/Asien/Saudi-Arabien/bevoelkerungswachstum.php

18. KAPITEL: DIE VERTREIBUNG DER ROHINGYA

1 www.unicef.org/bangladesh/Factsheet.pdf
2 Ebbighausen, Rodion: »Die Staatenlosigkeit der Rohingya«, *Deutsche Welle*, 2. November 2017 (www.dw.com/de/die-staatenlosigkeit-der-rohingya/a-41211268)

19. KAPITEL: DAS VERSAGEN DER MEDIEN

1 Z.B. Kohler, Berthold: »Im Weltkrieg«, in: *Frankfurter Allgemeine Zeitung*, 15. November 2015 (www.faz.net/aktuell/politik/kampf-gegen-den-terror/der-kampf-gegen-den-terror-kann-auch-fuer-deutschland-noch-folgen-haben-13913127.html)
2 Joffe, Josef: »Auch der Menschenrechtskrieg ist ein Krieg«, in: *Die Zeit*, Nr. 38/2013 (www.zeit.de/2013/38/syrien-menschenrechtskrieg-ist-auch-krieg/komplettansicht)
3 Z. B. Hackensberger, Alfred: »Iraks Truppen vertreiben den IS aus Mossul«, in: *Die Presse*, 9. Juli 2017 (diepresse.com/home/ausland/aussenpolitik/5249336/Iraks-Truppen-vertreiben-den-IS-aus-Mossul)
4 Siehe www.vdc-sy.info/index.php/en/martyrs und www.syriahr.com/en/?p=57451

5 Vgl. Hackensberger, Alfred: »Unsägliche Grausamkeiten, jede Stunde«, in: *Die Welt*, 13. Dezember 2016 (www.welt.de/politik/ausland/article160262565/Unsaegliche-Grausamkeiten-jede-Stunde.html)

6 Kohler, »Im Weltkrieg«, 2015

7 Kohler, Berthold: »Das Urteil der Iraker«, in: *Frankfurter Allgemeine Zeitung*, 9. April 2003 (www.faz.net/aktuell/politik/kommentar-das-urteil-der-iraker-198871.html)

8 Joffe, Josef: »Ein anderer Krieg«, in: *Die Zeit*, Nr. 41/2001 (www.zeit.de/2001/41/joffe_kommentar.xml)

9 Joffe, Josef: »Und nach dem Sieg?«, in: *Die Zeit*, Nr. 35/2011 (www.zeit.de/2011/35/P-Zeitgeist)

10 Ebd.

11 Joffe, Josef: »Auch der Menschenrechtskrieg ist ein Krieg«, in: *Die Zeit*, Nr. 38/2013 (www.zeit.de/2013/38/syrien-menschenrechts-krieg-ist-auch-krieg)

12 Kornelius, Stefan: »Von allen guten Freunden verlassen«, in: *Süddeutsche Zeitung*, 11. Februar 2003 (Kopie des Artikels auf: forum.boerse-online.de/forum/Da_tauchen_sie_wieder_am_Himmel_auf_die_Befreier-t152593)

13 Kornelius, Stefan: »Der hohe Preis der deutschen Enthaltung«, in: *Süddeutsche Zeitung*, 27. August 2011 (www.sueddeutsche.de/politik/deutschland-und-der-krieg-in-libyen-der-hohe-preis-der-deutschen-enthaltung-1.1135587)

14 Kohler, Berthold: »Gebrannte Kinder«, in: *Frankfurter Allgemeine Zeitung*, 18. März 2011 (www.faz.net/aktuell/politik/deutschlands-libyen-politik-gebrannte-kinder-1604249.html)

15 Siehe www.pnn.de/kultur/615844/ und www.zeit.de/2009/39/op-ed

16 Siehe hierzu: Taylor, Philip M.: *War and the Media. Propaganda and Persuasion in the Gulf War*. Manchester, New York 1992; DiMaggio, Anthony R.: *Mass Media, Mass Propaganda. Examining American News in the »War on Terror«*. Lanham (MD) 2008; DiMaggio: *Selling War, Selling Hope: Presidential Rhetoric, the News Media, and U.S since 9/11*, New York 2015

17 Vgl. Berger, Jens: »Lügen für den Krieg«. Interview mit Norman Paech, 21. April 2016 (www.nachdenkseiten.de/wp-print.php?p=33071)

18 Berger, Jens: »Der Einfluss der Eliten auf deutsche Journalisten und Medien«, 3. Juni 2013 (www.nachdenkseiten.de/?p=17471)

19 Todenhöfer, Frederic: »›Arrogant und unjournalistisch‹ – Jürgen

Todenhöfer gewinnt Rechtsstreit mit dem *Spiegel*, sein Sohn rechnet ab«, 30 August 2016 (meedia.de/2016/08/30/arrogant-und-unjournalistisch-juergen-todenhoefer-gewinnt-rechtsstreit-mit-dem-spiegel-sein-sohn-rechnet-ab/)

20. KAPITEL: WAS TUN?

1 Vgl. www.britannica.com/topic/satyagraha-philosophy
2 Hume, David: *Eine Untersuchung über die Prinzipien der Moral*. Hamburg 2003, S. 110
3 Lord Byron. George Gordon: *Don Juan. A Poem*. In: The Complete Works of Lord Byron, Bd. 2. Paris 1825, S. 384
4 Siehe hierzu u.a.: Bundesverwaltungsgericht, Urteil vom 26.6.2005 – Az.: 2 WD 12.04, vollständig veröffentlicht u.a. in: *Neue Juristische Wochenschrift* (NJW) 2006, Nr. 1/2, S. 77–108, sowie *Europäische Grundrechte-Zeitschrift* (EuGRZ), 2005, S. 636–678, insbes. S. 661 ff. (Abschnitt 4.1.4.1.1); Gillner, Matthias: *Gewissensfreiheit unter den Bedingungen von Befehl und Gehorsam. Das Urteil des Bundesverwaltungsgerichts vom 21. Juni 2005 zur Gewissensfreiheit des Soldaten und die katholische Lehre von der Kriegsdienst- und Gehorsamsverweigerung aus Gewissensgründen* (= Schriftenreihe *Gerechtigkeit und Frieden*, Heft 117), Bonn 2008; Bothe, Michael: »Der Irak-Krieg und das völkerrechtliche Gewaltverbot«, in: Boysen, Sigrid/Kotzur, Markus Tobias/Uerpmann-Mittzack, Robert (Hg.): *Archiv des Völkerrechts*, 2003, Bd. 41, Nr. 3, S. 255–271; Deiseroth, Dieter: »Deutschland im US-Irak-Krieg. NATO-Bündnisverpflichtungen im Konflikt mit Verfassungs- und Völkerrecht?«, in: Ambos, Kai/Arnold, Jörg (Hg.): *Der Irak-Krieg und das Völkerrecht* (= *Juristische Zeitgeschichte*, Bd. 14), Berlin 2004, S. 131–157; Deiseroth, Dieter: »Die NATO – Rechtliche Grundstrukturen, historische Wandlungen, aktuelle Rechtsfragen«, in: *Ad Legendum* 2017, Heft 3, S. 188–199 (auch unter: www.nachdenkseiten.de/upload/pdf/170703-NATO-Schwerpunkt_Deiseroth_15_06.pdf)
5 Vgl. Klöckner, Marcus: »Das schreit geradezu nach Aufklärung«, in: TELEPOLIS. 15. Dezember 2009 (www.heise.de/tp/features/Das-schreit-geradezu-nach-Aufklaerung-3383769.html)
6 Siehe dazu Schreyer, Paul: »Ramstein liegt auf deutschem Staatsgebiet«. Interview mit Dieter Deiseroth, 25. August 2016 (www.nachdenkseiten.de/?p=34744); Rudolf, Peter: »Präsident Obamas

Drohnenkrieg«, in: *SWP-Aktuell*, 2013, Nr. 37 (www.swp-berlin.org/fileadmin/contents/products/aktuell/2013A37_rdf.pdf) und Deiseroth, Dieter: »Verstrickung der Airbase Ramstein in den globalen US-Drohnenkrieg und die deutsche Mitverantwortung. Zugleich ein Beitrag zur Bestimmung der individuellen Klagebefugnis nach § 42 II VwGO«, in: *Deutsches Verwaltungsblatt* (DVBl), 132. Jahrgang 2017, Heft 16, S. 985–994

7 Grundgesetz, Artikel 26, Absatz 1 und Deiseroth, Dieter: »Zum Friedensgebot des Grundgesetzes. Die Uminterpretation des Art. 24 Abs. 2 GG durch das Bundesverfassungsgericht«, in: Koch, Christoph (Hg.): *Politik ist die Praxis der Wissenschaft*, München 2010, S. 229–266

8 Weingärtner, Dieter: »Zur Verteidigung?«, in: *FAZ Staat und Recht*, 22.11.2018 (epaper.faz.net/webreader-v3/index.html#/452841/14-15)

9 Vgl. Henze, Arnd: »Exporte in Spannungsgebiete auf Rekordhoch«, 24. Januar 2018 (www.tagesschau.de/inland/ruestungsexporte-drittstaaten-101.html)

10 Vgl. o. V.: »Rüstungsexporte für 1,3 Milliarden Euro an arabische Länder«, 22. Februar 2018 (www.handelsblatt.com/politik/deutschland/jemen-krieg-ruestungsexporte-fuer-1-3-milliarden-euro-an-arabische-laender/20990466.html?ticket=ST-5249803-Sqe1mPURovi3VFftLruK-ap4)

11 »Union will deutsche Waffen für Saudi-Arabien«, in: *General-Anzeiger*, 7. März 2015 (www.general-anzeiger-bonn.de/news/politik/Union-will-deutsche-Waffen-für-Saudi-Arabien-article1583381.html)

12 www.br.de/nachrichten/deutschland-welt/suedkorea-ruestet-mit-bayerischen-raketen,QSDLLbJ und Deiseroth, Dieter: »Das Friedensgebot des Grundgesetzes und der UN-Charta – … und die Bundeswehr?«, in: *Justizministerialblatt Schleswig-Holsteinische Anzeigen*, 2014, Teil A, Nr. 11, S. 423–433, hier S. 423 ff. (auch unter: www.friedenskreis-halle.de/attachments/article/934/UNO%20Charta%20und%20BW.pdf)

13 Vgl. Deiseroth, Dieter: »Die NATO – Rechtliche Grundstrukturen, historische Wandlungen, aktuelle Rechtsfragen«, in: *Ad Legendum* 2017, Heft 3, S. 188–199 (auch unter: www.nachdenkseiten.de/upload/pdf/170703-NATO-Schwerpunkt_Deiseroth_15_06.pdf)

14 www.tagesspiegel.de/politik/hans-peter-kaul-in-seinem-letzten-interview-wie-sieht-es-mit-der-finanziellen-unterstuetzung-aus/10284196-3.html

ORTS- UND SACHREGISTER

PERSONENREGISTER